心理学读心术沟通术

全精通

曲 哲◎编著

职场、情场、官场、商场人士都看得懂、用得到、行得通的心理战略宝典

中国纺织出版社

内 容 提 要

人际关系和沟通能力是闯荡社会的重要资本,懂心理让你看透他人的心思,读懂人心让人占尽优势,有效沟通让你提高效率,知己知彼,谋定而后动,充分了解他人的心理是一个人立足于职场和社交场的基础。

本书从心理学、读心术和沟通术三个方面入手,教会读者看人、读心、交流的技巧,并且结合这三个方面内容,为读者展示了如何打动人心、取得信任、有效沟通、消除隔阂的方法,从而给自己的工作和生活带来改变和惊喜,使自己的事业更进一步,生活更加美好!

图书在版编目(CIP)数据

心理学读心术沟通术全精通/曲哲编著.—北京:中国纺织出版社,2012.7(2024.4重印)
ISBN 978-7-5064-8495-4

Ⅰ.①心… Ⅱ.①曲… Ⅲ.①心理学—通俗读物②心理交往—通俗读物 Ⅳ.①B84-49②C912.3-49

中国版本图书馆 CIP 数据核字(2012)第 063046 号

策划编辑:曲小月 闫星　责任编辑:闫 星　责任印制:陈 涛
中国纺织出版社出版发行
地址:北京东直门南大街6号　邮政编码:100027
邮购电话:010—64168110　传真:010—64168231
http://www.c-textilep.com
E-mail:faxing@c-textilep.com
北京兰星球彩色印刷有限公司印刷　各地新华书店经销
2012年7月第1版　2024年4月第2次印刷
开本:710×1000　1/16　印张:19
字数:235千字　定价:82.00元

凡购本书,如有缺页、倒页、脱页,由本社图书营销中心调换

前言

人活着需要与周围的人交流，人想要活得好，便需要与他人进行更多的交流。在这个发展迅猛、竞争激烈的社会，交际能力成为衡量一个人的重要标准。成功与他人沟通往往能够让你事半功倍，甚至一跃成为成功者中的一员。交流和沟通并不是一蹴而就的事情，也不是一两句话就能够完成的，这里面包含一定的技巧，包括心理学、读心术与沟通术三个方面，如果你能熟练地掌握这三种技巧，相信在与人沟通方面你会游刃有余。

心理学在现今社会已经不再神秘，大多数人都接触过一些简单的心理学，如怎样调节情绪，怎样缓解压力，当然了解并不等于能够完全做到。心理学是一门博大精深的学问，它涉及很多方面的内容，想要完全了解它并不容易，所以如果你不是想成为这方面顶尖的专业人士，不如就选择其中如何读懂人心、如何与人交流这个方向，让心理学在你的实际生活中起到指引和帮助的作用，所谓"知己知彼方能百战百胜"，心理学正是这样一种能够让我们了解他人、战胜他人的最佳手段。

简单来说，读心术和沟通术都属于心理学范畴，只是前者用来看透他人、洞察世事，而后者用来掌控他人、影响结果。

那么，怎样才能做到"读心识人"呢？一般来说，首先要从外表入手，比如表情、行为举止、言谈话语，又如一些着装打扮的细节、个人的兴趣爱好、习惯等。当然也要考虑到男人和女人思考方式的不同。俗话说"知人知面不知心"，再熟识的人也会有说谎和隐瞒事实的时候，而现在的社会，人心本就复杂,各种聚会、社交充斥我们的生活,要想在极短的时间了解他人,以便作出有利于自己的判断,就需要我们熟练掌握读心术这种实用的识人手段。

而识人之后,沟通也是必不可少的。沟通的方式和手段也是多种多样的,比如在认识的初期打造自己良好的形象,给对方留下好印象;又或者用激将法、暗示法等让他人跟随自己的思想走;或者认准对方的弱点,或有的放矢,或心理感化,最后达到为我所用的目的。掌握沟通术可以让你在社交场上与成功人士结识、交往的几率大大增加,更可以让你在交际中始终处于有利位置。

在这个纷繁复杂的社会,每个人都试图做一个成功的社交家,然而社交并不是简单的对人好或者去认识别人,这其中有很多看似简单实则复杂的奥秘。要想在社交场上如鱼得水,心理学、读心术、沟通术这样的交际技巧是必须要掌握的。本书就从这三个方面,系统地阐述了如何在社交中灵活运用这些技巧,怎样才能让自己维持成功的人际关系。总而言之,读完这本书你会发现心理学、读心术和沟通术将在你的生活中发挥巨大作用。也希望在本书的引领下,你对人际交往有一个全新的认识,能够最快速地成为一个社交高手!

编著者

2012 年 4 月

目 录

上篇 ❋ 心理学：洞悉心理奥秘，掌握心理策略

第1章 ❋ 解码自己拨开点滴生活中的心理迷雾 3
心理问题不是能逃避得了的 4
解铃还须系铃人 5
要学会给自己减压 6
哪些因素影响人的心理健康 8
健康的减压方式 9
科学规划，将压力转化为动力 11

第2章 ❋ 心理影响，利用心理策略打动人心 13
想瞬间抓住人心，要会用心理"杀手锏" 14
运用心理战术，赞美可不简单 15
让对方获得心理优势，使其更乐意与你亲近 17
利用同理心原则，首先学会换位思考 18
交流中争取双方能产生"心理共鸣" 19
让对方有一种满足感 21
暴露些无伤大雅的小缺点，反令对方产生好感 22

第3章 ❋ 知己知彼，学会了解心理暗示之道 25
心理暗示鼓励自己，战胜他人 26
将"不可能"的事只留在人的心里 28

出于策略需要，为何虚张声势 ··· 30
运用心理暗示医治好自己或他人的心病 ······························· 32
有些话不必说，也能让对方懂你的意图 ······························· 34
警惕对方隐蔽的心理暗示，不要轻易接受 ···························· 37

第 4 章 ❋ 社交心理，主动应对的心理策略让你轻松交际 ············· 41

谨慎无害，多一分防备多一分安全 ····································· 42
看穿对方的心思，你能赢得先机 ·· 43
刺猬法则：社交距离没有那么好把握 ·································· 44
南风法则：温情攻势让你如鱼得水 ····································· 46
体谅与换位，子非鱼亦知鱼之乐 ·· 47
互惠互利原则：来而不往非礼也 ·· 49
对不同的人要掌握不同的心理特征 ····································· 50
巧妙击破小人内心软肋 ··· 51

第 5 章 ❋ 职场心理，灵动的心理策略令你前途似锦 ···················· 55

不妨尝试着去了解一下上司的心理 ····································· 56
学会表现自己，让上司对你"情有独钟" ······························ 57
解燃眉之急，是获得上司青睐的最佳时机 ···························· 58
分析你的上司类型，谋划好你的心理策略 ···························· 60
踢猫效应：别让他人的不良情绪传染自己 ···························· 61
毛毛虫效应：适时创新地走自己的路 ·································· 63
马蝇效应：对待下属巧用激励之道 ····································· 64

第 6 章 ❋ 婚恋心理，清甜的心理攻势为爱情保鲜 ······················· 67

不必惆怅，了解恋爱中普遍的心理曲线 ······························· 68
自私心理：男人渴望似水柔情，女人期待百般呵护 ················ 70
女人心理多疑，男人还是要先正己身 ·································· 72
适应"半糖主义"，甩掉婚恋中的依赖心理 ···························· 75
婚恋中为什么你没有安全感 ··· 77

动用撒娇策略,攻下爱情堡垒 …………………………… 79
寻求刺激的心理:出轨是条不归路 ……………………… 82

中篇 ❀ 读心术,知人知面知人心

第7章 ❀ 解读表情,他的神色就是密码 …………………… 87
我会看脸,别以为不说话就不知道你想什么 …………… 88
鼻子也会表达情绪,就看你是不是有慧眼 ……………… 90
瞳孔的变化你能发现吗 …………………………………… 92
解读嘴唇上的"微表情" …………………………………… 94
读懂眼神里的语言 ………………………………………… 96
撩动的眉毛正是他撩动的心 ……………………………… 98

第8章 ❀ 肢体语言,小心一个动作就能反映出真心 …… 103
手握的不是别的,正是隐蔽的内心 ……………………… 104
紧握成拳或者摊开双手,都告诉你了什么 …………… 106
塔尖似的手势说明自己有心理优势吗 ………………… 109
十指交叉的动作并没有那么简单 ……………………… 111
抱双臂在胸的人是在隐藏或者防御吗 ………………… 113
手摸下巴或鼻子时说的话可信吗 ……………………… 114
忠诚的腿脚是表露内心的晴雨表 ……………………… 117

第9章 ❀ 言谈话语,说话的方式吐露出个性心理 ……… 121
语速的快慢急缓是对方内心的写照 …………………… 122
声调音色里蕴含着人的内心情感 ……………………… 124
也许你没发觉口头禅人人都会有 ……………………… 126
回答问题的方式展露最真实的内心 …………………… 128
寒暄客套并不是没有实际的意义 ……………………… 131

幽默千百种,需要你来解读 ……………………………… 133

第10章 勿轻细节,某个不经意就会暴露出真实心意 …… 137

接电话时的表现也能反映对方真实的品性 …………… 138
注意对方放松下来的吃相,告诉你他的真性情 ……… 140
学会读懂对方不自然的细节 …………………………… 142
小意外发生时会出现下意识的动作或叹词 …………… 144
站姿或坐姿告诉你的真性情 …………………………… 146
通过他打招呼的方式,解读他的心 …………………… 148

第11章 靠近女人,她们的心并非是海底针 ……………… 151

怎样看穿女人的"口是心非" ………………………… 152
口红颜色诉说着女人的唇之心语 ……………………… 154
女人的手是女人的第二张脸 …………………………… 157
闻到哪种香味,就知道她是哪种女人 ………………… 159
再粗心的女人也有她细腻的那一面 …………………… 161

第12章 读懂男人,他们的行为举止会告诉你什么 ……… 165

"坏男人"是不是真的那么有吸引力 ………………… 166
男人也有柔情的一面 …………………………………… 168
为什么要看男人的袜子从而了解他 …………………… 170
从男人的吸烟状态中发现他的秘密 …………………… 172
男人的钱包往往藏着他隐蔽的心 ……………………… 175
由酒品男人,酒后的男人是否吐真言 ………………… 177

下篇 沟通术:有效沟通,把优势攥在手中

第13章 消除心理戒备,打开对方心扉 …………………… 181

言语间暗示他人你不是敌人 …………………………… 182

注意坐的位置和姿势,消除对方戒备心 184
对方看到你的缺点,会放松戒备心 186
积极向对方表示关心,可唤起对方相同的回应 188
从对方无意识的行为入手,让其开口说话 191
站在对方的立场上思考问题 193
叫对方的名字,是打开坚厚戒备心的钥匙 196
热情打招呼,可拉近彼此之间的距离 199
牺牲个人的自我,成全他人的"自我" 201

第14章 矫正关系、消除隔阂,让人对你另眼相看 205

遇到误会,急切解释不如平心静气地沟通 206
犯错后,表达要尽显你的悔意 208
赢得对方的信任,点滴之处透露你的诚意 211
幽默沟通能令彼此轻松地冰释前嫌 213
言谈间适度表现一下,让对方对你重视起来 215
言语暗示,毫无尴尬地消除解彼此隔阂 217

第15章 巧妙表达,扭转对方想法全凭入心沟通 221

多说感同身受的话,拉近双方之间的距离 222
说话自信才能获得对方信任 224
表面不以说服为目的,委婉曲折更易深入人心 226
遇上"硬柿子",巧妙试用激将法 228
动之以情地说服,对方更易动心 230
先认可对方,再提出建议维护对方自尊 232
抓住对方的"软肋",合情合理地说服对方 235

第16章 灵巧回旋,聪明沟通更易搞定难缠之人 239

"夸奖"得法,让你轻松拒绝对方 240
多用敬语,利用"特别尊重"疏远难缠之人 242
对待小人,沟通中不伤和气但也无需情意 244

用言语刺激对方神经,激发"拖后腿者"的热情 …………… 246
对于热衷"杀熟"的人,妙语拉远与其的距离 ……………… 248
对于"死缠烂打"之人,不如放点狠话 …………………… 250
面对顽固之人,给他们制造困难令其自己改变…………… 252

第17章 ❀ 从容应酬,交际场上更胜一筹 ……………… 255

寒暄不是简单的客套话,步步深入有学问 ……………… 256
应酬场合不做"话唠",话要说得精致才讨巧 …………… 258
让对方多说你多听,巧妙套到有利信息……………………260
逢人减岁遇物加价的说话之道 …………………………… 263
你不可不会说的助兴祝酒词 ……………………………… 265
用机智的幽默巧妙解除应酬中的尴尬事儿 ……………… 267
突发情况来临,需要处变不惊的沟通术………………… 270

第18章 ❀ 顺心工作,沟通有心机职场才有人气 ……… 273

沟通时不卑不亢,同事喜欢谦逊的人…………………… 274
彼此出现异议,不予纷争而冷静探讨 …………………… 276
抓住上司心理,恭维要得体 ……………………………… 279
交谈沟通时切忌不要参与谈论他人的隐私 ……………… 281
谈判沟通有技巧,做好全方位的准备再上场……………… 284
真情关切同事与领导,亦要保持好适度距离……………… 286
遇到难题,学会灵巧地请教同事和上司………………… 288

参考文献 ……………………………………………………… 292

上篇 ▶ 心理学：洞悉心理奥秘，掌握心理策略

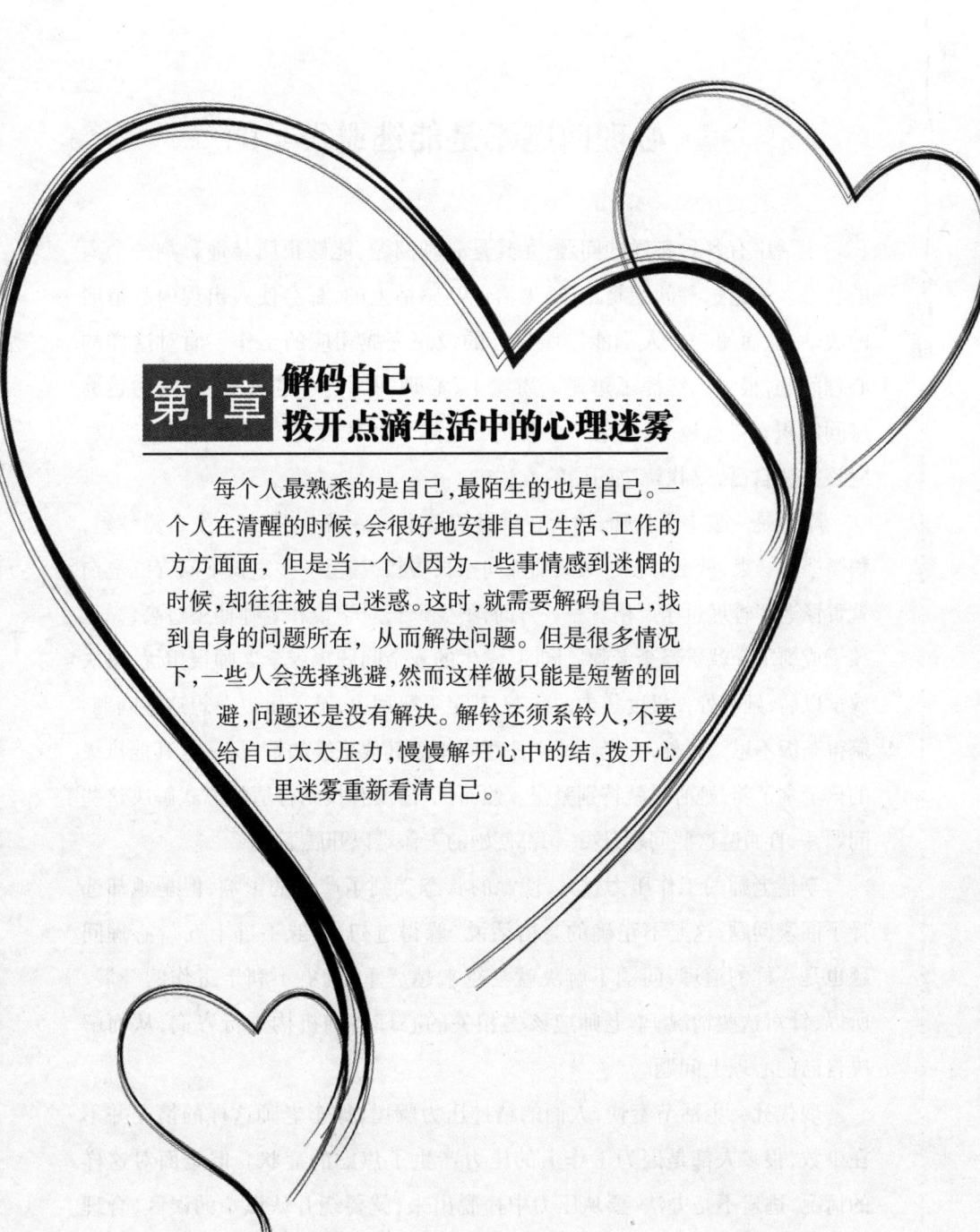

第1章 解码自己
拨开点滴生活中的心理迷雾

每个人最熟悉的是自己,最陌生的也是自己。一个人在清醒的时候,会很好地安排自己生活、工作的方方面面,但是当一个人因为一些事情感到迷惘的时候,却往往被自己迷惑。这时,就需要解码自己,找到自身的问题所在,从而解决问题。但是很多情况下,一些人会选择逃避,然而这样做只能是短暂的回避,问题还是没有解决。解铃还须系铃人,不要给自己太大压力,慢慢解开心中的结,拨开心里迷雾重新看清自己。

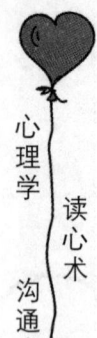

心理问题不是能逃避得了的

生活中有各种各样的问题,尤其是心理问题,能够很明显地影响一个人的状态。无论这种问题是工作、生活还是感情上的,都会使人出现内心情绪的波动,从而使一个人不能按照自己的设想完成相应的工作。面对这样的心理问题,很多人选择了逃避。事实上,心理问题是不能逃避的,因为越逃避问题积累得就越多,在某一个时刻一起爆发时就会变得不可收拾。所以,应该关注自己,寻找解决问题的方法。

李倩是一名小学教师,她所在班级的学生年龄偏小,不少学生自觉性差,稍微严厉管束,就会有孩子哭哭啼啼向家长告状,甚至一些家长不问青红皂白就责怪老师管理过于严格。另一方面,不少家长对学校和老师期望过高,一旦孩子成绩下降就责怪李老师。同时,学生的安全问题也令李老师很担忧,每次放学以后,她都处在极度焦虑的状态,甚至下班回家,脑子里也在想这些问题,搞得茶饭不思。另外,李老师特别注意同年级其他班级的情况,一旦其他班级的孩子拿了奖,她心里就特别紧张。然而,李倩没有找到合适的方式解决这些问题,一直回避这些问题,这一切都使她的工作难以开展下去。

李倩老师的工作压力过大,使她的状态受到了严重的影响,但是她却选择了回避问题,这是不正确的。俗话说"躲得过初一,躲不过十五",心理问题也是一样的道理,问题不解决就会越来越严重,就更不利于工作的开展。所以,针对这些情况,李老师应该去相关的心理咨询机构进行咨询,从而解决自己的心理上问题。

现代社会生活节奏快,人们的精神压力骤增,像李老师这样的情况并不在少数,很多人都是因为工作上的压力产生了焦虑的症状。但是面对这样的情况,逃避不是办法,要从压力中挣脱出来,就要绕开认识中的误区,合理宣泄压力,以积极的态度面对挑战。

在面对问题和困难时不去积极寻找解决的办法，而是选择寻找退路，这种退缩往往伴随着自卑的心理。很多挑战不但不能激起他的斗志，反而会刺激他选择回避，这种没有能力去应对而采取回避问题的态度又叫做回避型人格。产生逃避心理的原因一般有两种：一是由于缺乏自信。一个不自信的人，心理承受能力要比具有自信的人小得多。二是因为害怕惩罚。一个人因为做错事而担心受到指责，而他本身又恰恰不愿意接受这种指责时，往往就会找各种借口推卸责任。然而，面对心理问题，逃避是无用的。心理问题就像"感冒"一样，几乎人人都会遇到。有资料显示，目前我国存在心理障碍人群的比例在20%左右。所以，要正视心理问题，要想办法解决心理问题，这样才能真正保持心理健康。

解铃还须系铃人

一些心理问题是可以通过相关的咨询机构或者专家来解决的，但前提是存在心理障碍的人能正确看待问题，能够从内心去接受一些自己本不愿意接受的现实，这样，这些机构和专家才能真正帮助你将问题解决，正所谓"解铃还须系铃人"，心结还是需要自己解开。

据明代《指月录》记载，金陵的一个寺庙里，有一个法灯和尚，他性情豪逸，但终日无所事事，众和尚都看不起他，法眼和尚却很器重他。一天，法眼问众和尚道："老虎项上系着一个金铃，哪个人能把它解开来？"众僧皆回答不出。恰好法灯和尚走进来，法眼也用同样的问题问他，法灯和尚随即答道："系铃的人能够解开。"法眼和尚十分满意，对众和尚说："你们对他可不能小看。"后来，就用"解铃还须系铃人"这句话说明谁造成的问题仍由谁去解决。

正如这个故事所讲的，给老虎系铃铛，一般人都会问这是怎么系上的，当你百思不得其解的时候，自然会想到给老虎系铃铛的人，因为只有知道如何系铃铛才知道怎么把铃铛按照原来的步骤解下来。同样的道理，当一个人遇到心理问题时,只是漫无目的地想怎么去解决这个问题是徒劳的。因为只有清楚这个问题产生的原因,才能找到解决问题的最好方式,所以可以针对问题产生的过程寻找解决方案。很多有心理问题的人都试图用一些别人的方法解决自己的问题,但是往往效果不佳,这是因为别人不能代替自己,只有自己最清楚问题的来源,就像别人不能替自己生存一样,治疗者只能起到疏导的辅助作用。所以解决心理问题就像解铃铛,还是需要系铃铛的人自己来解决。

人们遵循这个程序,不是想当然,因为心理有顺其自然的因素,不能强迫心理活动。两千年前荀子就在《解蔽篇》中指出心(按今人观点应为脑这个器官)是身体的支配者,是精神智慧的主宰,它对身体的各个部分发出指令,而不接受命令。所以,虽然人可以控制自己的嘴巴去说什么或者不说什么,但是对意志的改变不是那么容易的。

两千年前管子就在《心术》中说不要代替马去奔跑,使马能够发挥它的能力;不要代替鸟去飞翔,使其羽翼得到锻炼,不至于衰败。心理治疗的道理应该是大同小异的,主要就是把阻碍心理问题的过程去除掉,帮助患者形成一种应对能力,最好能够激发患者的潜在能力,从而使其获得一种类似于重生的感觉,在这个过程中其实他已经超脱了,获得了新的能力。解铃还须系铃人就是这个道理。

要学会给自己减压

压力大了就要放松,一个人就好比一座大坝,水太满了就要往外放,否则大坝就会崩溃。那么对于在职场上打拼的人来说,懂得一两套放松的方式是非常必要的。在自己压力大了的时候,要懂得给自己减压,使自己的内心时刻处在一个平稳的状态,一个有利于工作的状态。

张强是一家保险公司的客户经理,平时工作十分努力,业绩在公司中的排名也不错。随着生活水平的提高,人们对保险的认识也逐步加深,投保的人数越来越多,公司的业绩也开始了新一轮的大涨,但是张强所在的区域业务量总是上不去,这使他感到十分苦恼。看着其他同事与客户签订一单一单的协议,业绩不断创新高,张强感到了巨大的压力,尤其是公司集中开会后,张强没有在会上得到表扬,反而被渠道经理责怪了一番,这让张强心里很不是滋味,无形中又增加了他的压力。张强干脆给自己放了几天假,约上朋友出去游玩、听轻音乐,思想上没有了负担之后,他重新投入到工作中,结果取得了惊人的业绩。

张强的例子就是典型的工作压力过大导致状态出现滑坡的类型,这样的例子在我们的生活中屡见不鲜,快节奏的生活是这些问题产生的主要原因。人们为了更好的生活,都在努力着,所以难免会遇到压力。遇到压力后,如果能扛得住当然好,如果感觉压力过大了,那么用适当的方法给自己减压是很必要的。

有很多常用的方法,遇到压力时不妨试一试。有的人喜欢用香熏疗法,香熏能够使人的大脑清醒并能够保持镇定,这种方式可以从精神上使人感到轻松,将压力驱散到九霄云外,使人们能够重新精力充沛地投入到学习、工作中去;有的人喜欢在压力比较大的时候到比较安静的地方呆上一段时间,例如离开喧嚣的城市到那些僻静的郊区或者乡村,从而使自己完全脱离压力产生的环境,起到减压的作用。另外,还有的人喜欢在压力大的时候选择去洗一个热水澡,这样能使自己全身轻松,从而达到放松的效果。

在很多时候,我们的时间非常紧张,充满了压力,休闲和放松似乎变得越来越奢侈,这样的生活经常会使我们陷入一种无序和混乱的状态,使我们难以平静,其实,这样的感觉是不正常的,是需要我们进行调节的,否则我们就难以掌握生命的节奏。压力本身就对我们造成了伤害,它会使我们变得焦虑不安,心情也会受到影响,而坏心情会使我们的免疫系统受到影响,降低我们的免疫力,从而有害于身体健康。所以我们应该寻找一种合适的解压方式,面对压力时能够释放压力,放松自己,使自己时刻都能找到平衡,发挥出自己的能力,从而使人生目标顺利达成。

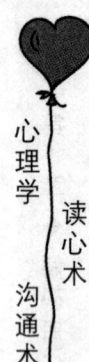

哪些因素影响人的心理健康

人们的心理健康是不可忽视的一个方面,是和身体健康同等重要的,但是现在生活、工作的压力使人们承受的东西要比以前多很多,这样的心理压力对人们的心理健康构成了严重威胁,进而使人们的身体也受到了影响。这些影响人心理健康的因素是不容忽视的,要引起足够的重视,从而保证人们的身心健康。

第一,生活环境因素

生活中的物质条件差,又没有足够的资金去改变现状,而人们一直在向往一种更好的生活状态,这种理想与现实的差距时间长了便会成为一种影响人心理健康的因素;或者一个人曾经的生活非常舒适,但是遭遇了一些变故后变得十分糟糕,给人们带来了极大的心理落差,从而使心理上变得不稳定。其次,工作环境差,比如工作的时间持续很长、工作中遇到很多不顺利的事、不被领导信任、工作单调乏味、经济收入差等,都会影响人们的情绪,使人产生焦虑、烦躁等心理状态,这种状态持续的时间长了,人们的健康自然会受到影响。有的人会在心情不好的时候过量饮酒,或者大量抽烟,或者暴饮暴食,这些不良生活习惯的形成不仅不能解决心理上的问题,反而会给人的身体造成不良影响,不利于人们的身心健康。

第二,突发事件因素

生活中有很多事情是无法提前预测的,让人防不胜防。这些突发事件往往会使人们的心理受到一定的冲击,这些突然的变化往往是人们产生心理问题的重要原因。这些事情有很多,例如家人突然病故、感情上遭遇挫折、婚姻遇到问题、自然灾害带来的巨大损失等。这些都会给人们的精神带来巨大的冲击和刺激,这时,人们必须学会调整,否则精神压力过大会引起心理失调,使人处于崩溃的边缘。因此,如果在一段时间内发生的不幸事件太多或事件较严重、突然，个体的身心健康就很容易受到影响。

第三，文化教育因素

教育因素主要有两个方面：一是来自家庭的，一是来自学校的。早期的教育主要是在家里进行的，这个时期的教育对一个人早期的心理发展有着至关重要的作用。如果一个人的早期教育过于单调贫乏，这个人的潜能就不会被挖掘出来，甚至会影响他未来的发展。如果能够得到良好的开发，接受好的教育，就有可能成为同龄人中的佼佼者。另外，孩子与父母的关系，父母的教养态度、方式，家庭的和睦程度等也会对个体以后的心理健康产生影响。

遇到压力时，不要担心，找到解压的方法才是应该去做的。其实，解压的方法有很多，从肢体的运动到静坐冥想，几乎可说是成百上千种，但是这些方法与技巧，却只有少数的人能做到，其主要原因是人们在遇到压力时很难保持一种清醒状态，从而想不起这些解压的方法或者选择回避。所以平时一定要重视给心理健康造成影响的因素，同时要敢于去面对，不回避面对难题的痛苦，努力寻找解决问题的方法，这样才能获得精神上的成长。

❧ 健康的减压方式

压力大了不利于工作和生活，这时选择一种合适的减压方式就成了人们关注的主题。很多人生活非常随性，这种人有一个特点就是让自己舒服，认为做自己喜欢做的就是减压了，也许这样做他自己感到舒服，但是身体健康却受到了影响。例如，有的人在感觉压力大时会不停地从烟盒里拿烟抽，不一会烟头就堆满了烟灰缸；有的人会在压力大时独自饮酒，想借酒浇愁，结果喝的酩酊大醉；还有的人喜欢做一些能够转移注意力的事情，比如晚上看通宵电影或者打通宵游戏等等。虽然这些方法能够让这些人从心理上缓解压力，但是第二天的工作经常会被耽误，因为他们的身体会感

到不适,即使没有明显的不适症状,身体也受到了很大的损害,因此这些减压方式都是不提倡的。减压是正确的选择,但是正确的减压方式同样不能少。

周伟是一家商贸公司的业务员,由于业绩不好,上司又总是责怪他,他每天都过着一种担惊受怕又感到十分不满的生活,生活和工作压力让他经常失眠。有朋友建议他多听轻松的音乐或者去跳跳舞,从而达到减压的目的。之后周伟回家后就打开电脑,放一曲欢快的音乐,然后自己一个人在屋里跳着舞,他顿时感觉心里的压力减少了。当他累了,坐在电脑前休息的时候,突然发现自己能够冷静下来,思考着如何应对工作上的事。通过总结,他找到了一个好方法,工作上也有劲头了,不久便扭转了颓势,获得了领导的认可。

周伟的减压方式可谓健康有效,不仅有效将压力消除,而且使自己的工作业绩扶摇直上。周伟的健康减压正是现代减压提倡的方式。另外,一个人在压力大的时候,脑子也是不清醒的,这不利于一个人工作的继续开展,当压力减轻时,一个人的思路往往会打开,就像周伟。压力小的时候,自己能够思考,并找到问题的解决办法,这是非常重要的。

近些年,随着网络的不断发展和完善,出现了一种特别的减压方式,那就是登录专门的"发泄网站"进行发泄。这些网站提供了网民可以发泄的地方。在这里,人们可以用文字的方式将自己的不满写出来,然后会受到网友的关注,有感兴趣的网友就会与你交流,一些话只要能够说出来,心里就会舒服得多,从而达到减压的效果。其实,倾诉本身就是一种发泄,郁积在心中的事情多了,人自然就会感到压力重重、喘不过气来,只要把这些无形的"重物"从心中搬运出来,自然会感到轻松,因为每个人的心理空间都是有限的。

今天的生活节奏飞快,生存的压力不期而至,特别是今天的职场,人们在工作中会遭遇激烈的竞争,想要生存,是很有难度的。再加上房价等生活压力,一个人每天都处在高压之下,无法喘气,时时刻刻都在想着怎么挣钱怎么生活得舒服一些。这样的生活既然使人疲惫,那么减压成了不二的选择,既然可以轻松一些活着,为什么要和自己过不去呢?所以如果你是压力一族,还是想想怎么减压吧。这里要注意的就是不要为了一时的痛快,让减压坏了自己的身体,身体是革命的本钱,所以一定要注意科学减压,这样既能放松又能有利于身体健康,也才能真正享受生活。

科学规划,将压力转化为动力

一个人忙碌是很正常的,但是一直处在高压状态,神经一直紧绷就不正常了。我们说生活节奏快、压力大、职场竞争激烈等客观因素的确可以造成很大的压力,但是很多时候我们忽略了一个环节,那就是为自己的生活合理规划。很多人之所以会有巨大的压力,恰恰是因为自己的规划不合理,工作起来比较乱套,结果工作效率低、质量差、受到上司的批评或者得不到公司的认可,这样一来压力自然就找上门了。所以必须对自己的生活和工作进行合理的规划和安排,这样往往可以使自己的工作和生活更加有序,从而把压力平均分配,成功将压力转化为动力。

小张从事写作工作,平时很享受在文字的海洋里徜徉的感觉,但是有时候手头上的稿件繁多,交稿时间又比较紧,再加上生活中的一些事情,时常让他感觉压力重重。小张在压力大的时候就没有灵感,写不出任何东西所以很烦心。后来经朋友建议,他把自己的写作时间和要处理的其他事情写在一张纸上,什么时候做什么事,很有条理。这样一来,他每做完一件自己规划好的事情就有一种成就感,心情大好,从而使自己有更充足的精力去做接下来的事情。

小张科学合理的规划让自己的工作和生活良好地融在一起,大的压力转化成小的动力,每天都给自己一点动力,让自己总是能够看到希望,这样工作起来就会有好的心情,星期天也不过如此。很多人在工作上喜欢一下把眼前的事情做完,想着做完了就可以轻轻松松地做自己的事了,殊不知在

自己工作到一生或者接近尾声的时候,另一件工作接踵而至,应接不暇的工作让你疲惫不堪,压力不请自来。所以作为一个聪明人,要懂得合理分配自己的时间和精力,把工作规划一下,不要盲目地做事,不要自己给自己找压力。

有的人觉得应该给自己一个大的人生规划,这当然没有错,但是,把眼前的事情先做好更重要。其实,只有把小的规划做好,才能真正把自己的人生规划好。人生规划不仅是一个实现你终生目标的时间表,也是一个实现那些影响你日常生活的、无数更小目标的时间表。所以要着眼现实,脚踏实地。科学规划不仅能使你在有限的时间内集中注意力去做一件事,而且它还是一种很好的减压方式,因为只有将工作顺利完成才能真正将压力化解。所以在遇到难题时不要急,一时解决不了就分成几部分解决,让自己一直保持一种良好的状态。幸福通常属于这样一类人,他们的职业规划往往与自己的生活方式紧密相连。例如,一个很有组织能力,又有着文字天赋又能给他人建议的人,通常都会从事编辑、教师等职业,这样的职业让他们能够发挥自己的特长,从而获得满足和幸福感。那么我们做工作也要根据自己的兴趣和喜好来安排时间,从而更加高效优质地完成任务。

很多时候,人们之所以不能将压力转化为动力,是因为压力过大,一时无法转换。其实,我们可以通过科学规划生活和工作来将压力分割成小段,小压力再转化为动力就容易得多了。这样一来,不仅不会让工作枯燥,也不会让生活无趣,还有一个好的心情做事,每天都像星期天。

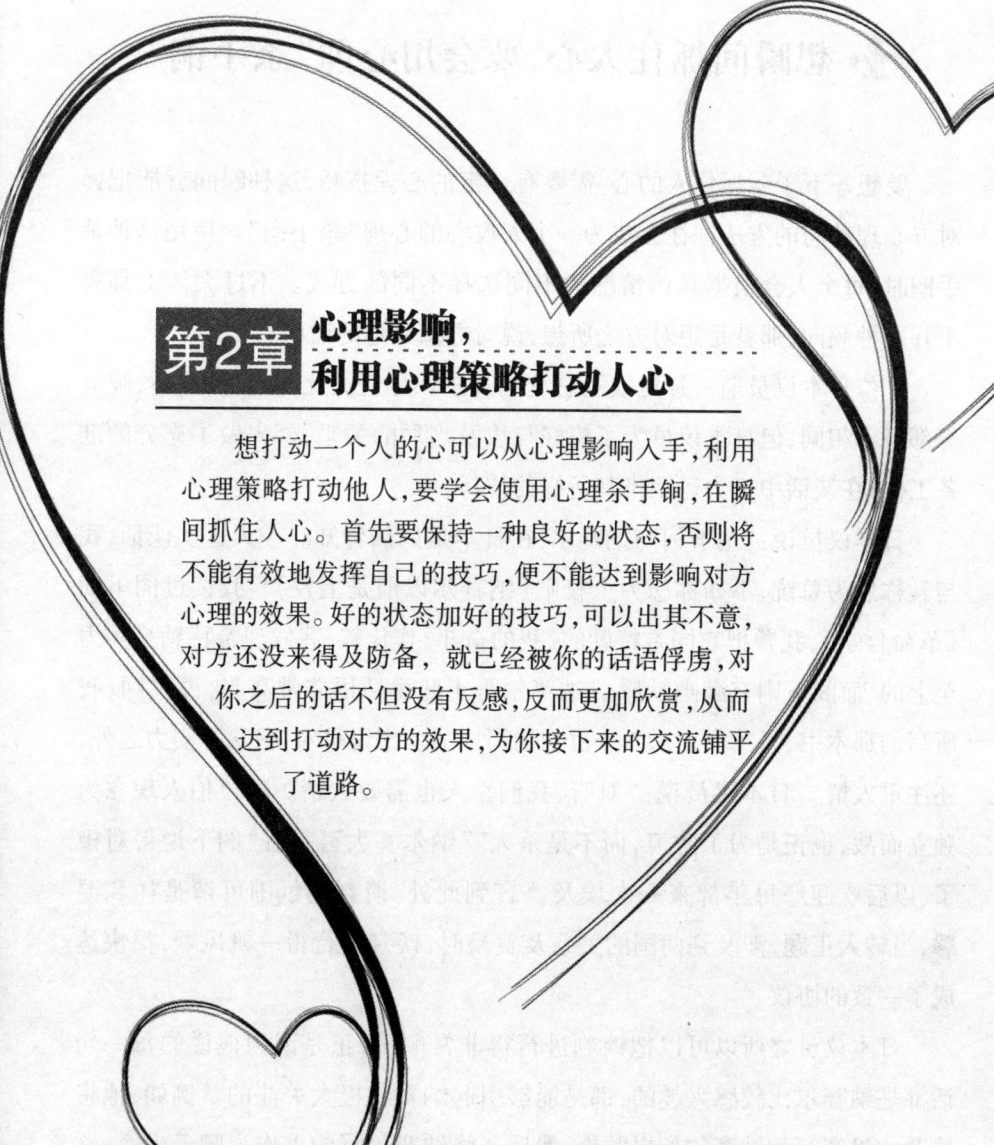

第2章 心理影响，利用心理策略打动人心

想打动一个人的心可以从心理影响入手，利用心理策略打动他人，要学会使用心理杀手锏，在瞬间抓住人心。首先要保持一种良好的状态，否则将不能有效地发挥自己的技巧，便不能达到影响对方心理的效果。好的状态加好的技巧，可以出其不意，对方还没来得及防备，就已经被你的话语俘虏，对你之后的话不但没有反感，反而更加欣赏，从而达到打动对方的效果，为你接下来的交流铺平了道路。

想瞬间抓住人心,要会用心理"杀手锏"

要想一下子就抓住人的心,需要有一定的心理技巧,这种瞬间就能把握对方心理动向的方法往往会成为一个人攻心的心理"杀手锏"。使用这种杀手锏时,每个人会根据具体情况的不同选择不同的方式。不过大体上都离不开一种倾向,那就是想对方之所想,说对方感兴趣的话题。

一位日本议员前去拜见埃及总统纳赛尔。尽管彼此的经历、兴趣、脾气等都极不相同,但日本议员为了搞好与埃及当局的关系,事先做了充分的准备工作,在谈话中极力运用投其所好的技巧。

日本议员说:"尼罗河与纳赛尔,在日本是妇孺皆知。今天这次谈话,我与其称您为总统,不如称您为上校吧(纳赛尔以前是上校)!我读过阁下的《革命哲学》,我曾把它同希特勒的《我的奋斗》作比较,我发现希特勒是实力至上的,而阁下则充满幽默感。"纳赛尔听了此番话语非常高兴,说:"呵,我所写的那本书,是革命之后3个月匆匆写成的。您说得对,我除了实力之外,还注重人情。"日本议员说:"对呀,我们军人也需要人情。阿拉伯人现在为独立而战,也正是为了防卫,而不是杀人。"纳尔赛大喜,说:"阁下说得对极了,以后欢迎您每年都来一次埃及。"言到此处,谈判的氛围可谓是祥和温馨,当转入正题,涉及到两国的关系及贸易时,谈判进行得一帆风顺,很快达成了一致的协议。

日本议员之所以可以把谈判进行得非常顺畅,正是因为他说的每一句话都是纳赛尔比较感兴趣的,都是能够引起纳赛尔极大关注的。例如,他将埃及的母亲河和纳赛尔相提并论,然后还将纳赛尔写的书作为聊天内容,这都是纳赛尔非常喜欢的,所以能够瞬间抓住纳赛尔的心,使纳赛尔对这个之前从未谋面的日本议员充满好感,为谈话的进一步深入铺好了道路。

我们在平时的交流中会遇到这样那样的问题,往往是话题不能够引起对方的兴趣,不能瞬间抓住人们的心造成的。事实上,许多谈话之所以陷入僵局,常常是基于谈话双方在立场、感情、原则上存在着一些分歧,其实这些分歧是可以通过谈话者的努力消除的。通过打通心理渠道,逾越人为障碍,是能够重新抓住人心,取得谈话的成功的。

心理学表明,情感能引导行为。积极的情感,比如喜欢、愉悦、兴奋往往产生理解、接纳、合作的行为效果;而消极情感,如讨厌、憎恶、气愤等则带来排斥和拒绝。谁都喜欢和一个面带笑容的人交流,因为这种情绪可以给对方积极的影响,使其更加愿意说出心里的话。没有人喜欢和一个哭丧着脸的人谈话,因为这样的情绪只会让对方感到消沉,如果不能及时扭转,势必给接下来的交流带来障碍。那么,在使用自己的心理杀手锏时要注意给自己一个积极的心态,一种能够使自己发挥出良好技能的情绪。

这种心态常常不能长久保持,例如遇到了突发情况,严重影响人们的心情,但是这并不是不能解决的。在遇到突发情况时,不要慌,常言道"东方不亮西方亮,黑了南方有北方。"谈话并不是自始至终都是一帆风顺的,出现僵局也是情理之中的事,关键在于谈话者本身要有健康成熟的心态,才能从容地面对问题和矛盾,用自己的诚恳去征服对方的心。而这种诚恳的态度,不仅是缓和僵局的有效手段,也是交谈的基础和继续合作的条件。所以要调整好自己,使出自己的心理杀手锏,瞬间抓住对方的心。

运用心理战术,赞美可不简单

每个人都喜欢别人肯定自己、夸赞自己,只不过有的人表现比较明显,而有的人则比较平淡,不过在听到别人对自己肯定的评价时,通常都会有比较愉悦的心理反应,这种反应会使其愿意打开本来关闭的心扉,从而能比较畅快的交流。但是赞美一个人不是只是说话就可以了,很多时候需要了解对方的心理动向,根据对方的心理来赞美,这样的效果会更加明显。因此,运用心理战术说美言，必须将赞美技巧熟练掌握。

刘政是从事公关工作的一名青年，平时有很多饭局，虽然面对的人纷繁复杂，但是每次都有亮点，使其在很短的时间里就成为了一名社交能手。一次，在与客户吃饭的时候，饭桌上大家没有什么话题，一时很沉寂，刘政看了一眼坐在自己旁边的一名女士，发现女士脖子上的项链很特别，于是他说："您佩戴的这个挂坠很少见，非常特别，不过很适合您。"原来这挂坠是女士在法国买的，并有一段有趣的故事，这段故事一下就打开了大家的话匣子，饭桌上的氛围融洽了许多，这名女士也对刘政有了比较深刻的印象。

刘政的话语非常得体，他赞美了女士的挂坠，不但让女士因为自己的心爱之物被赞美而感到开心，大家也会纷纷向女士投去欣赏的目光，让女士顿时成为了饭桌的中心，大家的话题瞬间打开了。这样一来，当刘政再次与这名女士见面时，肯定就有"饭桌趣事"的话题了，女士也因此对刘政有一个比较深刻的印象，从而为刘政与这名女士的交流打下了良好的基础。

赞美一个人最好不要以对方的性格作为赞美对象，尤其是初次见面，一句"你人真好"可能会让别人误会，甚至引起戒心，因为初次见面怎么就能知道一个人的好坏。而把对方取得的成绩或者一些配饰之类的所属物作为赞美对象，往往会收到比较好的效果。

赞美也分好坏，好的赞美可以让人的心情美好，可以使人获得乐趣，不断地回味。相反，不好的赞美就像一颗臭了的瓜子，磕到嘴里让人难受。

要建立良好的人际关系，恰当地赞美别人是必不可少的。每个人都希望得到别人的赞美和赏识，所以我们不要吝啬自己的赞美之词。其实，周围充分理解自己言行的人并不多，而我们自己也很少注意周围发生的事和人们所做事情的闪光点。所以人们一旦被别人赞美或者自己去赞美别人，那么心中的那扇门就会被推开，从而以一种愉悦的态度去交流。所以正确运用赞美的艺术，会使被赞美者心情愉快、作为赞美者自己，也会从中感到快乐甚至幸福。

❧ 让对方获得心理优势，使其更乐意与你亲近

让对方占据心理优势，能够使对方内心产生一种比较舒服的感觉，从而使对方认为你是一个非常容易接近的人。另外，因为可以从你这里得到一种心理优越感，从而更加乐意和你接近。让对方占据心理优势不是示弱，而是一种以退为进的好办法。通常人们在心理上不占上风时，会比较被动，不会主动地说话、交流，这样就不会有成功的沟通。所以在交流时，不要只顾着让自己心里感到舒服，而是要适时地让对方获得一种心理优势，只要对方感觉良好了，就会愿意与眼前的人接近，从而获得更好的沟通效果。

第一，给对方展示的机会

每个人都需要别人的肯定，这往往也是一个人前进的重要动力。但是并不是自己所有的行为都会得到别人的认可，这样的状态持续的时间长了，就会使一个人自我表现的欲望变得强烈，所以，现在很多人在交往时，往往会不分场合地展示自身的优越，情不自禁地高谈阔论，生怕别人把自己看低了。殊不知这样一来，不知不觉中把别人的优越压了下去，对方的荣誉感和自尊心都受到了一定的伤害，最后肯定不愿意继续与你交谈下去。所以一定要注意展示自己的时机和程度，要恰到好处。

我们平时在与人交往时，可以适当提供让对方展示自己的舞台，这样能让对方感到他很重要，至少在你的眼里是这样，从而对你产生好感，愿意与你接触。

第二，意见在事后提

在别人说话时一定不要打断对方，当对方说到自鸣得意的时候，更要倾听，这样对方会有一种被尊重的感觉，会有一种继续和你说的冲动。在这个过程中也许对方会出现错误，那么不要马上指出他的错误，尤其是周围还有很多人在听的时候。但既然是想诚心诚意地交流沟通，也不能有错不管，这

时可以在对方说完话后告诉他哪里是错的,这样对方不仅认为你能够认真倾听,从心理上感到一种优越感而愿意与你接触,而且还会因为你在众人面前为他着想而感激你。这样一来,不仅使这次交往获得了成功,而且还会为之后的交往铺平道路,打好基础。

第三,在沟通出现问题时主动道歉

在人海中摸爬滚打,再小心谨慎的人也会与人产生矛盾,就像在熙熙攘攘的大街与人摩个肩接下踵一样平常。冒犯他人后,要紧的是化解矛盾。道歉是一种不错的选择,因为诚恳的道歉不仅可以化解矛盾,而且可以使对方有一种心理优越感,从而更愿意与你交往。

法国哲学家罗西法古说:"如果你要得到仇人,就表现得比你的朋友优越吧;如果你要得到朋友,就要让你的朋友表现得比你优越。"所以平时交往中一定要注意让对方有心理优势,这对你们的进一步交往是很有用的。

利用同理心原则,首先学会换位思考

同理心其实就是在交往的过程中能够体会他人的感受和想法,并且能够理解他人的立场,懂得换位思考,站在他人的角度思考和处理问题想他人所想。同理心通俗的说法就是换位思考。所以在交往中,自己要先真诚,要设身处地为他人着想,理解他人的难处,对他人的缺点错误能够包容,感动对方,从而获得良好的人际关系。

杰克打完仗回到国内,从旧金山给父母打了一个电话:"爸爸,妈妈,我要回家了。但我想请你们帮我一个忙,我要带我的一位朋友回来。""当然可以。"父母回答道,"我们见到他会很高兴的。"儿子继续说:"他在战斗中受了重伤,他踩着了一个地雷,失去了一只胳膊和一条腿。他无处可去,我希望他能来我们家和我们一起生活。""孩子,"父亲说,"你不知道你在说些什么,这样一个残疾人将会给我们带来沉重的负担,我们不能让这种事干扰我们的生活。我想你还是快点回家来,把这个人给忘掉,他自己会找到活路的。"就在这个时候,儿子挂断了电话。父母再也没有得到他们儿子的消息。然而过了几天,接到旧金山警察局打来的电话,被告知,他们的儿子从高楼上坠地而死,警察局认为是自杀。悲痛欲绝的父母飞往旧金山。在陈尸间里,他们惊愕地发现,他们的儿子只有一只胳膊和一条腿。

杰克的悲剧之所以会发生就是因为父母没能站在杰克的角度考虑一个因为战争致残的人的痛苦,同时,杰克也没有站在父母的角度去考虑他们只想自己的儿子能回来,而不是带一个残疾的战友回来一起生活,结果双方产生了误会,悲剧就这样发生了。

人们常说"人同此心,心同此理",强调的也是同理心。无论在日常生活还是工作中,凡是有同理心的人,都是善于体察他人意愿、乐于理解和帮助他人的人。这样做不但能够让他人感到温暖,而且能够使自己更加受欢迎,获得大家的信任,也可以让自己心里感到舒服。把同理心作为一种思维方式和行为准则,是东西方都赞同的一种行为。同理心不仅为人们的交往奠定了一定的基础,而且也为人们以后的发展打牢了基础。社会学家发现,同理心是人社会化的一个重要环节,而社会化则是一个人发展与成功的前提。

所谓"己所不欲,勿施于人",要换位思考,理解他人。利用同理心原则,自己要先真诚才能使双方的交流更加有诚意。

交流中皱取双方能产生"心理共鸣"

心理共鸣是交流中非常重要的一环,如果两个人在交流时没有共同话题,那么交流一定只能停留在表层,因为话语不多就不可能有深入的交谈,没有深入的交谈又怎么能深入人心。所以要想在交流中深入人心就一定要寻找双方能够产生心理共鸣的东西,因为这是能够无形中抓住对方的兴趣的,从而打开对方的心扉,获得深入交谈的机会,这样的机会不容错过。

心理共鸣是在自己和对方都感兴趣的事的基础上产生的,一般情况下,这种共鸣要先从对方感兴趣的问题找起。

赵晓丽是一名中学教师,她平时上课很严谨,给学生上课总是能把问题分析得非常透彻,但是她的语言总是非常专业,缺乏一些日常用语,缺少一些比较形象的例子,这不但使学生们理解起来比较费劲,而且时间长了,学生们会失去兴趣,这让赵老师有点头疼。不过之后赵先师在备课时注意加入一些比较生动的例子,另外把一些费解的语言转化成通俗易懂的话语,这些工作使赵老师的教学有了明显的改变,同学们提高了学习兴趣,而且经常主动和赵老师讨论一些问题,这些可喜的变化使全班同学的成绩都有了明显的提高。

赵老师认识到了自己之前教学中的一些问题,主动改进了自己的教学方式,使同学们的成绩有了显著的提高。这里很重要的一点就是她成功地抓住了学生们的兴趣点,调动了他们的学习积极性。生活中,很多交流都和教学十分相似,当听者感兴趣时,那么交流的效果自然会好,所以一定要注意打破"一言堂"的教育或者交流方式,努力寻找对方的兴趣点,然后自己根据实际情况调动自己对相关内容的了解,从而使双方在交流中产生共鸣。

在与人交流时,我们往往会遇到这样的情况,那就是对方并没有听我们说,而是手头做着一些其他的事情;要么就是嘴里应付着你,注意力却放在别处;或者转移话题,说一些不着边际的话。遇到这种情况,你应该放弃原来的话题,寻找对方的"兴趣点",即能够和你产生共鸣的内容。苏格拉底曾说过:"世间有一种成就可以使人很快完成伟业,并获得世人的认识,那就是讲话令人喜悦的能力。"所以,想深入人心,一定不能错过"心理共鸣"的机会。

❧ 让对方有一种满足感

生活中有这样一些人：他们看到促销派送就想方设法多拿一些，看到什么事情有利可图就赶紧介入。所以在交流时不妨尝试一种满足对方此类心理的方式，多给对方好处，让对方因为自己有了某种满足而感到欣喜，从而为打开对方的心扉铺平道路。

张玲是一名销售人员，她的业绩在公司总是处于前列，并且有一个明显的现象就是张玲总是会遇到回头客，这让许多同事都羡慕不已。后来人们发现张玲经常会让利于客户，虽然这一点点的让利不足挂齿，但是也正是这些小的让利让张玲的客户源一直保持着旺盛的状态，也是她的业绩居高不下的重要秘诀。

张玲的销售思路具有长远性，她不会只在乎眼前的利益，而是放眼于未来，所以她会在与客户谈时让利于客户，让其在得到好处后有一种满足的心理，从而愿意去与张玲谈，愿意与张玲达成协议。创业者每每会琢磨怎样把产品卖出去，很多人第一思路就是"教育"别人，然而这种"教育方式"往往会让人厌倦。例如，有的人会把产品的各项优势表达得无比精良，无比先进，无比有益，然而对客户没有任何让利的意思，客户得不到一点点实惠，怎么可能愿意去购买？一个好的经营者都会具备一种能力，那就是让买家得到实惠。钱散则人聚，钱聚则人散的说法是不无道理的。其实让买家得到实惠并不难，不是非要让买家能够以较少的价钱买到东西，而是可以采用很多其他的方式，例如可以送礼物，只要买家高高兴兴买到东西，就是成功利用了买家的满足心理。

有满足感是大多数人都喜欢干的事，不要去否认这样一个事实。我们可以去观察年幼的孩子，能够"六岁让梨"的已是少见，他们身上都具有原始的占有欲。在我们让对方获得满足时，不仅会让对方感到心里舒服，我们自身也会有一种轻松的感觉,因为"吃亏是福"是一种大智慧,这样的人往往有比较长远的目光。所以在交往中不妨利用这种心理,让对方有一种满足感,从而更加愿意进行进一步的交流。

❦ 暴露些无伤大雅的小缺点,反令对方产生好感

有些人很喜欢展示自己优势的一面,总是把自己优秀的一面秀给人们,这样的做法并无错误,但是这样的人往往不能够获得人们的认可,因为你的优秀遮挡了他人的光芒,这让别人感到很窘迫,所以不仅不会获得他人的夸赞,反而会令对方产生反感。相反,适时暴露一些无伤大雅的小缺点,不仅不会有大碍,而且还会令对方产生好感。

正所谓"金无足赤,人无完人",所以一个人没必要太在意自己的缺点在别人面前暴露,面对这些缺点的时候要坦然。其实这样的做法说起来容易,做起来却很难,这是需要勇气和自信的。一个不自信、胆子小的人是不会主动将自己的缺点暴露的,因为在他们内心深处不愿意被人们否定,所以会极力地掩饰,这种掩饰往往就表现为向他人展示自己的优势,给人们一种他很强、很完美的印象。心理学家认为,如何对待自己的缺点实际上反映了一个人内心深处的动机。不敢正视自己的缺点,想方设法"藏短"的人,背后的深层动机是自我美化,而敢于承认并改进自己缺点的人,背后的深层动机则是自我提升。所以很多时候那些总是表现自己优点,努力给他人一个好的形象,从来不会给别人机会、时间注意自己缺点的人,往往是一些比较缺乏自信的人,因为他们没有勇气去面对。

所以在平时要正视自己的缺点,要以一颗平常心来对待缺点,从而在与人交流时更加自然。不时暴露一些无伤大雅的小缺点,这样不仅会让自己显得更加真实,而且对方会因为你的这种真实愿意与你交流。另外,其实敢于暴露自己缺点的人才是内心强大的人,他们能够更容易达到自我实现的

目标。马斯洛认为,能够接纳自己缺点的人不会因为自己的过失而过分担心或自责,相反,他们会以积极的态度去改进自己的缺点,而对那些不可改变的缺点,他们则会顺其自然,不会跟自己过不去。

所以,要记住人无完人,每个人都是有一些缺点的,不用故意掩饰这些缺点,因为缺点是掩盖不住的,早晚都会被人发现,那时人们会觉得你这个人比较虚伪,反而会影响自己的社交。相反,适时地暴露一些小缺点,并且抱着一种虚心接受批评的心态,这样对方不仅不会因为你的缺点责备你,而且会被你的真诚打动,从而对你产生好感,这对你的深入交流是非常有益的。从另一个角度来看,他人的意见还会使你自己真正认识到不足,从而能很好地改进自己,获得自我的提高。

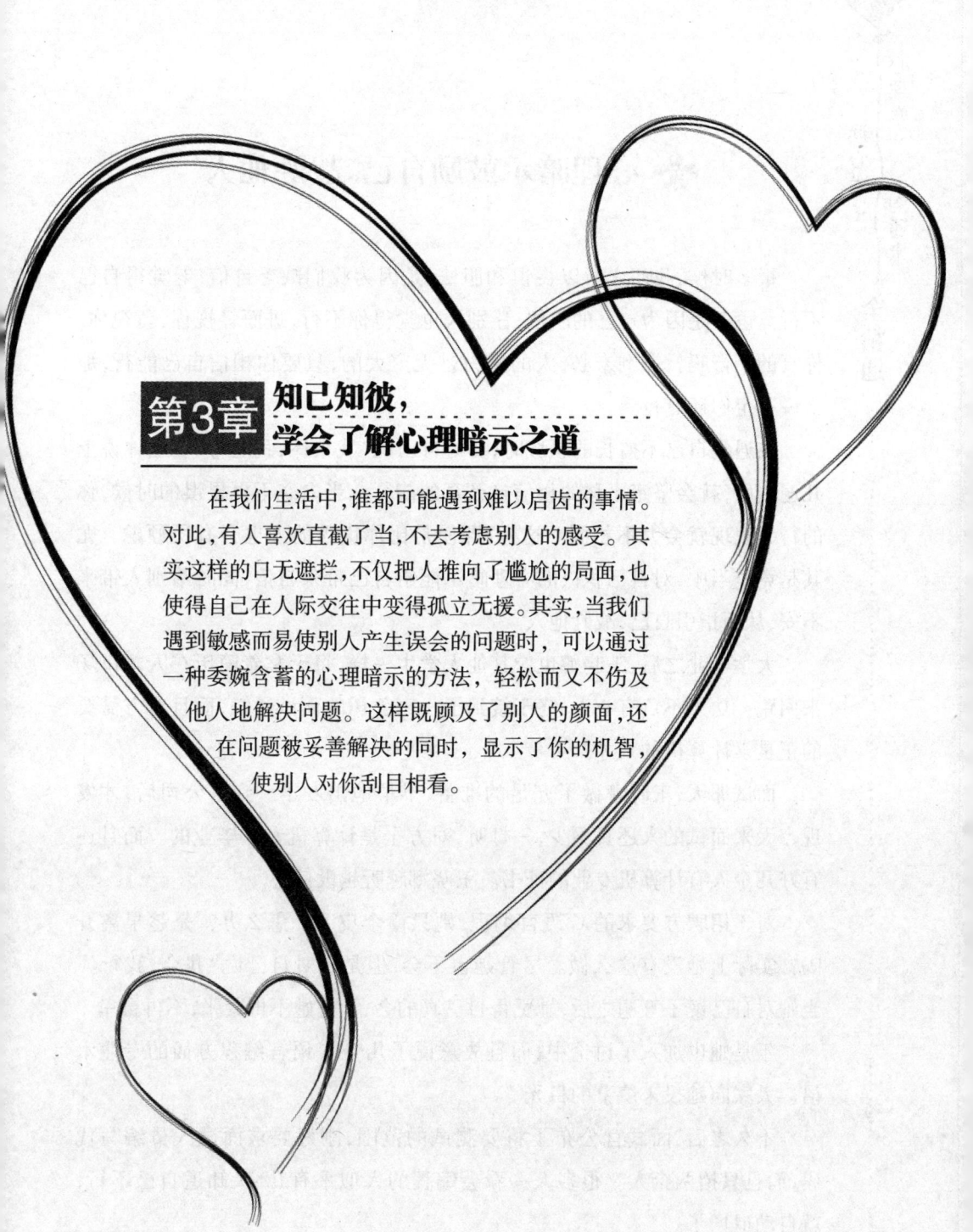

第3章 知己知彼，学会了解心理暗示之道

在我们生活中，谁都可能遇到难以启齿的事情。对此，有人喜欢直截了当，不去考虑别人的感受。其实这样的口无遮拦，不仅把人推向了尴尬的局面，也使得自己在人际交往中变得孤立无援。其实，当我们遇到敏感而易使别人产生误会的问题时，可以通过一种委婉含蓄的心理暗示的方法，轻松而又不伤及他人地解决问题。这样既顾及了别人的颜面，还在问题被妥善解决的同时，显示了你的机智，使别人对你刮目相看。

❧ 心理暗示鼓励自己，战胜他人

很多时候，我们之所以畏惧和胆怯，是因为我们缺乏自信，老觉得自己不行。也正是因为自己的胆怯，让别人也觉得你不行，进而轻视你、藐视你。你真的不行吗？那倒未必，人的潜力是无穷大的，只要你相信自己能行，那么说不定你还真行。

在遇到自己不擅长的领域时，要对自己说"我很棒，我能行"。当你说上几遍之后，就会坚定不移的相信自己真的能行。当内心不再畏惧的时候，你的行为表现就会大不相同。这样，即使是比你优秀的人也会有所顾虑。尤其是竞争当中，对自己积极的心理暗示能给自己带来自信，同时给别人带来不安，从而指引自己，战胜他人。

大学毕业之后，王晓娜也像其他大学生一样，每天拿着简历在人才市场来回跑。功夫不负有心人，终于接到了一家公司的面试通知，而且对方需要的正是学计算机的人才。

面试那天，王晓娜做了充足的准备，早早地出发了。到了公司后，才发现今天来面试的人还真不少，一打听，对方全是计算机专业毕业的。而且还有好几个人有计算机专业的证书。王晓娜越听越没信心。

对于招聘方要求的 C 语言编程，她只懂个皮毛。怎么办？是趁早离开吗？实际上她没有这么做。尽管她也不会，但是她对自己说"我会，我行。"当她对自己说了五遍之后，她觉得自己真的会、于是她不再紧张，不再自卑。

于是她也加入了讨论中，而且故意说了几个 C 语言编程方面的专业术语。大家向她投来羡慕的目光。

不久之后，面试官公布了将要测试的范围，刚好要求面试人员编写代码，而且只招两个人。很多人一看会编程的人似乎有几个，知道自己不行，就自动退场了。

最后参加了考试的,算上王晓娜一共就三个人。另外两人确实会编程,但是他们对基本的网络维护和网页制作却懂得不多,而这块恰巧是王晓娜的强项。就这样,王晓娜凭借着自己的表现,最终获得了理想的工作岗位。

故事中的王晓娜在没有优势的情况下,利用心理暗示及时地对自己进行了鼓励,并在这个过程中,迫使他人放弃和自己的竞争。那么,究竟如何用心理暗示来实现鼓励自己,战胜别人呢?

1. 对自己说"我能行"

积极的心理暗示能增强信心。尤其是当我们感到自卑和胆怯的时候,多说几个"我能行"能让我们信心大增。即使你真的不行,多说几遍,你也会很有信心。当一个人信心十足的时候,他的自信和勇气就能弥补能力上的不足。多对自己说几个"我能行",对自己进行积极的心理引导,让自己信心倍增。

2. 给自己一个假设的身份

很多时候,一些人胆怯、紧张是因为很自卑。他们觉得自己身份卑微、所说的话也就没有分量,不会引起别人的重视。这时候,不妨给自己一个假设的身份,对自己进行积极的心理暗示,让自己觉得做某些事,说某些话是应该的,这样你就会底气十足,信心百倍的去做你想做的事情。

3. 无论如何不能输气势

一个气势很强的人,即使实力不行,也会给别人造成相当大的心理压力。相反,实力很强的人,如果气势很弱,一样会遭到别人的歧视和冷眼。所以,不管你实力如何,气势一定要强。相信自己,不要轻易对自己产生怀疑。即使你不优秀,也要相信自己是最优秀的,这样,你的对手便不敢小瞧你。

4. 抓住他人的致命弱点

要想用积极的心理暗示去战胜别人,那么就要了解对方的弱点。在关键时候提及与他弱点有关的信息,从而引起对方内心的不平静。这时候,对于你来说,也就胜利在望了。

5. 利用气场让他人退却

一个拥有强大气场的人,会对对方造成强烈的心理压力,让别人在你的面前,感觉到自己的不足。当一个人有了这样的心理之后,往往会选择主动退却和避让,因为他知道相互竞争的结果会是什么样子的。

⚜ 将"不可能"的事只留在人的心里

常常的,人都会给在潜意识里给自己贴上标签,把自己限制在一定的模子中。如果超越了这个模子,我们都会摇头对自己说"不可能"。而实际上,正是因为你所谓的"不可能"让你放弃了努力,进而断送了将"不可能"变为"可能"的机会。

人的潜力是无穷大的,当你面对困难和压力的时候,要对自己进行积极的心理暗示,让自己鼓足勇气,消除内心的模子,将自己的潜力挖掘出来,你会发现,世上没有"不可能"的事情,只有不努力的结果。

王野是一名新闻专业的学生,在学校时对自己的专业兴趣并不大,毕业后,他也不想从事新闻事业。他也参加了很多面试和招聘,但都被人家以专业不符而拒绝了。

无奈之下,他只好参加了当地报社的招聘,最后获得了一份当记者的工作。虽然不喜欢,但是为了生存,他还是接受了。因为他明白,如果再放弃了这份工作,那他就会无法生存。

第一天上班,领导就交给了王野一个任务:采访当地政府办公室的秘书长。当王野听到这个消息时,并不是欣喜若狂,反而是愁眉苦脸。因为这位秘书长是一位很有名气的人物,而且王野所在的单位也只是普通报社,更要命的是王野也只是一名刚刚出道、名不见经传的小记者,以这样的身份去采访这位政府秘书长,多少有些异想天开。

王野刚来报道,领导就给了这么重要的一项任务,在周围的同事们看来,上司很器重王野。同事们也都很羡慕他,可是王野却有苦说不出,他还觉得是领导在故意给他下马威。

想着被秘书长拒绝和训斥的情景,想着完不成任务被领导批评,被同事笑话的尴尬……他越想越害怕,甚至觉得,自己根本不是当记者的料。看着一筹莫展的王野,报社里的热心人刘姐走过去,对王野说:"我很理解你。让你第一天来就接受这么重的任务,是有些不合适。但是如果你把这个任务出色的完成了,想象一下,不也是对你自己的肯定吗?你现在好比躲在阴暗的房子里想象外面阳光多么炎热。其实外面究竟如何,最简单有效的办法就是向外跨出一步……"

听完刘姐的话,王野明白了。他耳边回响着刘姐说过的一句话"你把困难想象得有多大,那困难就会变成多大。"随后,王野想,拜访对方首先得预约一下,贸然前去肯定不礼貌。想到这里,他拨通了对方的电话,并直接对对方说出了自己的要求,就这样他成功的约到了秘书长接受采访。

自从这件事情后,王野在工作中不管遇到多大的困难,他都会对自己说"别让困难在你心中变大。"也就是在这种积极的心理暗示下,王野在面对困难时,总是能够很好地调整自己,以最积极的心态面对工作和生活。多年以后,昔日羞怯的王野成为了当地媒体的台柱记者。

故事中的王野是一位刚刚到报社报到的新人,正是因为他是新手,没有经验,对方的身份地位那么高,他给自己贴上了标签,他被自己内心的模子给套住了,所以畏惧和恐慌。后来,他撕掉了标签,用自己的行动突破了限制自己的这个模子。由此可见,没有什么事情是不可能的。关键在于你是否有勇气突破内心的模子。那么,如何才能突破内心的模子,让不可能的事在行动后变成可能呢?

1. 抹掉内心的"自我认识"

每个人内心之中都有一个自我的认识。事实上,也正是因为这个自我认识造成的刻板效应,让我们认为曾经吃了一个苹果,所以每次也只能吃一个苹果。而实际上只要你想吃,努力去吃的话,说不定你完全能吃两个。因此,要对自己进行积极的心理暗示,要抹掉内心之中的"自我认识",这样,你才能最大化的挖掘自己的潜力,将"不可能"只留在别人的心里。

2. 不要把困难无限放大

很多人之所以觉得"不可能",除了在心中给自己设定了限制之外,还把本身很小的困难无限制的放大了自己变得渺小,相比之下,遇到的压力就会凸显出来。无形之中,让可能的事情看起来"不可能"。因此,要对自己进行积极的心理暗示,把自己的能力看强一些,把遇到的困难看得简单一些。这样你会发现,你完全有能力将事情做好,"不可能"只是神话。

3. 凡事未定,不妨放手一搏

任何事情,不做你永远不知道结果,究竟能不能做好完全取决于你。因此,不要还没做就给自己罩上了肯定会失败的阴影。在失败阴影的笼罩下,你的心理会恐慌,你的斗志会降低,即使能做好的事情也会失败。所以,做事前一定要有信心,要有把事情做好的信念。结果未知,不妨放手一搏,用你的努力来证明"不可能"只留在心里,而并不是最终的结果。

出于策略需要,为何虚张声势

生活中,我们无法说服别人,很多时候是因为对方知道实际的情况,所以才会对抗而不肯妥协。这时候,如果想让对方顺从于你,那么就要讲究策略,学会虚张声势,装腔作势,给对方造成认知上的混乱,当对方真假难辨的时候,也就是内心之中最疑惑的时候。这时,即使对方再坚持对抗,也是信心不坚,心理堡垒随时都有瞬间崩塌的可能。

小王是某高校大三的学生。他平日里脑瓜就好使,面对窘境总能迅速的做出相应的反应。很多次,他都化险为夷,帮助了大伙儿,因此大家都很喜欢他。

这天下午,小王坐公交车去郊区看望朋友,刚坐上车不久,他下意识的摸了一下口袋,浑身吓出了冷汗。因为他昨天花了一千多块钱买的高档手机竟然不翼而飞了。他意识到遇上小偷了,而且是个高手,竟然让他没有一点的觉察。身边的人自从上车就没有动过,很显然小偷还在身边。

小王不动神色的从身边的人脸上搜寻着线索。可是这个时候,每个人都拉着脸,面无表情,他没有得到任何有用的信息。但是他又不想自认倒霉,他觉得那也太憋屈了。

没有看到是谁偷的手机,又不能搜身,着实让人无计可施。要是遇上别的人可能自认倒霉,或者骂骂咧咧半天,无益于问题的解决。

正在这个时候,他想起随身携带的学生证。由于证件都差不多,再加上,很少有人注意证件的真伪。他灵机一动,拿出随身带的学生证高高的举了举,扯着嗓子大声说:"我是警官,现在我的手机不见了。我知道就是你们中间的一个人拿的。谁拿了,在下午5点之前送到派出所,我不作任何的追究。否则的话,我会着手调查此事,非要查个水落石出不可,到时候大家也知道结果是怎么样的。"说完,便轻松的下车了。

下午5点以后,小王去派出所拿回了自己的手机。

故事中的小王通过虚张声势的方法,震慑了小偷,最终如愿以偿的拿回了丢失的手机。由此可见,在适当的时候不妨虚张声势,如果"装"得好,可以在短时间内让对方的心理防线崩溃,从而达到被你说服的目的。但是如果应用不当,不但不能让对方屈服,还有可能成为对方的笑柄。那么,如何才能成功地运用虚张声势的方法,让你"装"得以假乱真呢?

1. 心态一定要好

在虚张声势的时候,心态一定要好。不要因为你说的是假话而感到心虚,人一旦感到心虚,就会有说话结巴或者是冒冷汗的现象。这样无异于告诉对方你说的是假话。因此,要想装得像,就要把谎话当作真话一样说,要装作一本正经,说话大声一些,要显得理直气壮。同时,眼神也不要游离,让对方觉得你说的是事实,毋庸置疑。

2. 把情况说的严重些

在装腔作势的时候,不妨把情况说得严重些,这样让对方产生畏惧,只要对方心里一乱,防线就会全线崩溃。这时候,要说服对方就会容易得多。当然,严重的程度也要符合基本的规律,千万不可信口开河,胡乱说话,要知道你的对手是个有正常思维的人,他也一样会辨别真伪。

3. 别把话说太死

在虚张声势的时候,还要注意,千万不要把话说得太死。如果把话说得太死,万一对方不为所动,你就会陷入被动,这样对方的心理堡垒将会更加坚固。你所说的后果和预料的情况没有发生。那么,你将要怎么办？这时候你肯定装不下去。而且会被别人耻笑和讽刺。因此,在虚张声势的时候,要给自己留条后路,别把话说得太死。

4. 要理直气壮地说

很多人在装腔作势、虚张声势的时候,因为自己知道是在说瞎话,说话的时候没有底气。即使演得再像,也毕竟是假的。事实上这是没有说服自己。要想让别人信以为真,看不出来你在装,那么就要说服自己,要自己先相信所说的话是真实的。这样你说起话来才会理直气壮,让别人不会产生任何的怀疑。

5. 不妨机灵一些

因为你在装,随时都有可能被别人发现破绽,当对方提出疑问的时候,要随机应变,能自圆其说,给予合情合理的答复。这就要求我们机灵一些,随时将一切可能引起对方怀疑的地方扼杀在摇篮当中。千万不要呆若木鸡,别人一问,就露了馅。

❧ 运用心理暗示医治好自己或他人的心病

一个人遭受的失败和挫折多了,他就不会相信自己能成功,甚至会失去继续努力奋斗的勇气。这样下去,心理就会产生阴影。每每提及往事就觉得浑身不舒服,让其再尝试,更是心惊肉跳,谈虎色变。

要想让他重新站起来,那么首先要解决的问题,就是要他相信自己通过努力是可以跨越障碍的。只有相信了自己,他才会去努力、去拼搏。这时候,不妨通过一些积极的心理暗示,让自己或者他人,相信自我,重新站起来。

在很小的时候,小丽曾从高处摔下来过,从那之后,她再也不敢站在高处往下跳。有一次,学校老师为了让同学们学好跳水,特意将同学们带到了市里的跳水训练馆。

在课堂上,同学们都在练习跳水,而且也都很勇敢,他们从高达三米的跳台上往下跳,顺利的完成了任务,全班只有小丽自己躲在角落里暗自神伤。

其实,小丽表现得也很好,她以完美的动作从一米、两米的跳台上跳下,可是到了三米跳台的时候,她退缩了。站在三米跳台板上,她心跳顿时加速,眼睛也不敢往下看,尤其当全班同学都完成三米跳水后,她更害怕。

这时候,老师走到小丽的身边说:"小丽,老师相信你一定可以的,你试着对自己说'我一定行',那你就一定会成功。"小丽抬起头迷茫的看着老师,老师又说:"相信你自己!"这时候,小丽站起来,走到了三米跳台板上。

站在三米跳台板上,小丽还是很胆怯,她不敢往下看,也不敢往前走。这时候老师大声对小丽说:"小丽你是最棒的,你一定可以的!"小丽也小声的对自己说:"小丽,你是最勇敢的,你一定可以漂亮的完成这个任务的。"说完,她长长的吸了一口气,一闭眼,以一个很完美的姿态落入了水中,旁边响起了一阵热烈的掌声。

故事中的小丽因为小时候从高处摔下来,因而恐高。这给她带来了心病,从此不敢往高处站。老师和同学们的鼓励,再加上自我积极的心理暗示,让她最终克服了心理障碍,走出了心理阴影。由此可见,当一个人遭受挫折和失败后,需要别人的鼓励,需要自我积极的心理暗示。那么,究竟如何用心理暗示来医治好自己或者他人的心病呢?

1. 对他人进行言语上的鼓励

当一个人遭受了挫折和失败之后,最渴望得到的是别人的肯定和认可。这时候要在言语上对他人进行适当的鼓励,给对方加油,让他觉得自己并不笨,这样就会慢慢的走出内心的恐惧,继而加倍努力。

2. 肢体接触,对他人表示鼓励

有时候语言的鼓励并不能激发对方,让他有勇气面对一个失败的自己。

这时候,要适当的用肢体的接触,让对方感受到安全感。你可以给对方一个拥抱,也可以拍拍他的肩膀,或者握着他的手摇一摇。俗话说空间的距离能缩短心的距离,肢体的接触更能让对方感觉到你和他在一起。因而信心满满,敢于面对一个失败的自己。

3. 目光真诚,并点头肯定

当一个人遭受了挫折和打击之后,想要再次拼搏的时候,往往会担心自己再次失败。这时候内心之中对自己充满了怀疑,会从别人那里寻找帮助和支持。这时候当你和对方的目光碰触了之后,用你的眼神告诉他,他一定能行,并适当的点点头。这样,对方得到了你的鼓励,便会更加有信心。

4. 对自己说我是"最棒的"

别人的鼓励都是外部原因,如果一个人不想站起来,不敢站起来,那么即使别人再鼓励他,他也站不起来。因此走出心理阴影的关键还是要自己进行积极的心理暗示。要对自己说"我是最棒的,我一定能行的。"说这句话的时候,不妨举起你的右手,紧握着拳头,向自己表示,你愿意努力,愿意站起来。这样,你会觉得浑身都是劲。

5. 给自己一个轻松的微笑

当我们内心彷徨和疑惑的时候,如果你能给自己一个真诚的微笑,则会让你的身心放松很多。你的彷徨和疑惑也会顿时消除了很多、紧张的心会变得轻松。所以,当你对自己不够坚信的时候,不妨用一个真诚的微笑来暗示自己,你有能力把事情处理好,你一定能处理好。这样,你的心理阴影也就会不复存在。

✤ 有些话不必说,也能让对方懂你的意图

生活中,很多话如果直接说出来,势必会给别人带来感情上的伤害,不说吧,对方又没有办法明白你的意思。在这种情况下,很多人不知所措。有

的人为了不让自己委屈，把话说得过于直接，伤害了他人情感，给两个人的关系蒙上了阴影；有的人委曲求全，让自己难受。

事实上，这时候不妨把话说得委婉一些，或者言此即彼，把你的寓意隐藏起来，让对方自己去思考。这样，通过暗示对方明白了你的意图，也顾及了对方的面子和情感，可谓是一举两得。

宇峰和妻子是大学同学，两个人在大学里谈了三年的恋爱，毕业后，为了爱情都留在了上海。宇峰的妻子叫做袁芳，在大学的时候，袁芳就是个很爱美的女孩，每个月的生活费，她总是会把一多半花在穿衣打扮上，宇峰追求她的时候，也总喜欢让宇峰给自己买这买那，那时候宇峰虽然也不是很宽裕，但也还是会竭尽所能的满足袁芳的要求。

结婚以后，小两口的生活也不是很宽裕。结婚时，宇峰自己在这座城市按揭买了一套一室两厅的房子，所以结婚以后，不但要还房贷，还要维持生计。而袁芳虽然收入不是很高，可非常爱花钱、买衣服买零食，家里的开销一分不出。有时候，宇峰希望袁芳能够节省一点，可是袁芳不但不愿意，还会冲宇峰大吼："你一个大男人，连我都养不起，你还有什么用！"这话把宇峰气的够呛，宇峰也只好作罢。

因为这个事情，宇峰和袁芳发生过好几次争吵，可是每次都以宇峰的道歉结束。宇峰觉得这种方式不能够解决问题，于是就决定换一种方式来暗示自己的妻子，希望她可以节省一点。

自此之后，宇峰总会在袁芳面前提到，什么什么东西又涨价了，什么什么费用又该交了。有一次，宇峰和袁芳来到超市买日用品，无意间走到了卖婴儿用品的专柜。这时候，宇峰就故意指着上面的奶粉说："袁芳，你看现在小孩的奶粉都这么贵，以后我们的小孩都可能吃不起呀！"听完宇峰的话，袁芳抬起头看了看，然后陷入了沉思。其实对于袁芳来说，孩子一直都是她梦寐以求的，宇峰的这一句话算是戳到了她的痛处。

袁芳沉思一会后，将购物篮中的很多自己很喜欢吃的小零食统统放到了商品架上。这一举动让宇峰大吃一惊，宇峰忙问袁芳怎么了，袁芳很干脆的回答说："我要为我们以后的小孩攒奶粉钱！"

故事中宇峰,面对自己妻子的大手大脚,也曾通过沟通,试图让自己的妻子改变,可是最终都是以失败结束。后来,宇峰通过心理暗示的方法,成功的使自己的妻子接受了自己的意见。由此可见,说话的时候委婉一些,把话说得含蓄一些,用暗示的方法让别人认识到问题才是解决问题的关键。那么,如何才能暗示对方,有些话不必直说,也能让对方懂你的意思?

1. 批评同类的错误,影射对方

批评同类的错误,进而表达自己的不满,暗示对方所犯的错误。因为没有所指,所以没有针对性,即使对方不愿意听,或者是有想法,也不会有直接的反击。但是,由于所批评的错误和对方有相似性,所以即使是最笨的白痴,也能感受得到这份责备。当对方领会到你的不满和意见后,自然会注意,会改正。否则会受到更多批评的暗指。

2. 做正确的示范和对方错误成对比

人都不愿意承认自己比别人弱,即使自己真的做错了,也不希望别人说。毕竟被人否定是一件让人难受的事。那么你一定要做出正确的示范,强调自己的正确性。尽管你不去否定别人,但是你一定要肯定自己,通过明显的反差对比让对方意识到自己的错误。这远比直接指出对方的错误要高明得多,同样也不会引起别人的不满和抱怨。

3. 把对方的缺点当成是优点来夸奖

夸奖对方还没有形成的优点,是一种不满情绪的表达,是一种赞扬性的批评。因为对方在这方面没有优点,甚至是严重的失误,是不可弥补的缺点,本应该受到批评,但是却受到了表扬,而且缺点成了优点。乍一听是在赞扬,实际上传递的却是不满。别人只是在强调这些方面,希望能引起自己的注意。

4. 自言自语,不经意说出对方的错误

人们都不太容易接受直接的指责,但是只要你在表达自己不满情绪时,以一种无意的心态说出,更容易让对方接受。比如,你觉得这件事对方做得不对,但又不好直接说出来,这时候你就要学会对自己讲,让对方听。因为没有针对性,所以没有攻击性,自然就不会有反击,但是却有暗指对象。一般面对这种情况,对方更容易从心理上意识到你对他的不满情绪。

5. 搭幽默的顺风车暗示对方的缺点

用幽默的表达方法,将对方的缺点形象化地表达出来,这样可以避免过于严肃的指责和埋怨,也避免了彼此之间的尴尬,避免伤害感情。比如对方太懒了,在向对方暗示的时候,不妨学几声猪叫。这样对方知道自己的毛病,再加上你既幽默又形象化地表达,对方会意识到自己的缺点,也会愉悦地接受你的批评。

警惕对方隐蔽的心理暗示,不要轻易接受

现代社会犹如一个网状组织,置身其中后,就会身不由己地同来自四面八方的"触角"结成千奇百怪的网络,从而形成各种各样的人际关系。也正是因为这种复杂的人际关系,最终导致了人与人之间各种利益冲突和心理压力。

所以,在面对日益激烈的竞争时,有很多人就会为了自己能获得成功,不择手段地欺压对方,有时候"明"的方法达不到目的,他们就会选择"暗"的方法。所以,不管是在生活中,还是在工作中,都要学会保护自己,要提高警惕,提防对方隐蔽的心理暗示,以免因自己一时不慎而落入别人的暗示陷阱。

古时候,有一个官宦老爷,家里很有钱,他有三个老婆。虽然每一个老婆都是貌似天仙,可是,这位老爷偏偏最中意小老婆。

大老婆名叫柳絮,是一位大家闺秀;二老婆名叫杨柳,是从窑子里被这位老爷赎出来的;而三老婆也就是这位老爷最疼爱的那位,名叫小翠,以前是个丫鬟。

刚开始,杨柳总是在老爷面前说小翠的坏话,可是不管她怎么说,老爷还是一如既往的对小翠好。

有一天,杨柳自己做了一些点心,准备和小翠一起尝一尝。她对小翠说:"妹妹真是天生丽质呀,不施粉黛的时候都是这么妖娆动人,难怪老爷总是喜欢和你腻在一起呢!"

小翠不好意思的笑着说:"姐姐也很不错呀,老爷经常在我面前夸奖姐姐呢,说姐姐做得一手好菜。"

这时候,杨柳说:"是老爷过奖了。其实,妹妹,你知道你什么地方最吸引老爷吗?"小翠摇摇头。杨柳又接着说:"你最美的时候,就是你捂鼻子的时候,那一瞬间最迷人了!老爷常在我面前提起,说我们一点都比不上你。"

自此之后,小翠见了老爷总是喜欢捂着鼻子,做出羞答答的表情来讨好老爷。可是老爷一看到小翠捂鼻子就火冒三丈,一怒之下将小翠赶出了大宅。

后来,小翠才知道,原来老爷的母亲是被人活活捂死的,所以他自那之后,就吩咐所有人都不可以在自己面前捂鼻子。而小翠在杨柳错误的心理暗示下,犯了老爷的忌讳,老爷自然也就会火冒三丈了。

从这个故事,我们可以发现,如果在生活中我们对别人的话,不懂得辨别真伪,那就有可能落入对方的陷阱。尤其是与你存在利益关系的人,不要被对方的暗示误导,就像小翠一样,她就是接受了杨柳的错误暗示,把对方不怀好意的暗示当作是邀宠的手段,进而落入了别人为她设计好的陷阱。由此可见,不管是在生活中还是在工作中,都要警惕别人隐蔽的心理暗示,如果不小心接受就要被人操纵。那么,如何才能避免别人的心理暗示呢?

1. 凡事多留个心眼

很多时候,我们觉得自己是个光明磊落的人,可是突然有一天却被小人算计,被别人利用和操纵,成为别人手里的枪。甚至有的人被人卖了,还在替人数钱。为了避免受伤害,凡事都要多留个心眼,注意留意你身边的人,他们的一言一行都有自己的目的。要弄明白谁最不希望你有所作为,这样你就会提防他的暗示,不会被操纵和利用。

2. 遇事要冷静思考

不管遇到什么事情,都要保持足够的冷静。说不定别人正是在挑拨离间,利用你的情绪来达到目的。只有你冷静了,才会去思考,才能把幕后的主使者找出来。事实上也只有这样,才不会被对方利用。所以,不管遇到什么事情,都要保持足够的冷静。

3. 别人的话不要全信

对于身边的人所说的话,不要不信,但是也不要全信。这就要求我们学会用脑子去思考,千万别做头脑简单,四肢发达的人。别人说的话并不是真理,所以也不需要你当作戒律一样遵从,说不定别人正是想通过告诉你的信息,来达到操纵你,控制你的目的。

4. 不让自己成为流言源

很多人为了让你慌乱,让你焦头烂额,往往会采用媒介和人际传播来散布一些对你不利的信息,从而达到控制你、操纵你的目的。因而,平日里要检点一些,不要给别人留下成为流言的口实,这样,别人在你的身上抓不到小辫子,你就是安全的。

5. 有自己的主见不从众

不管做什么事情,一定要有自己的主见。不要随便的从众,说不定你周围的人都是别人为了引诱你而设置的圈套呢!别人之所以蜂拥而上,就是给你一种暗示,让你也从众,当你从众了之后才发现上当了。因此,不论做什么事情,都要有自己的主见,不要随便的从众,避免被别人操纵。

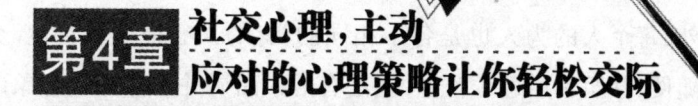

第4章 社交心理,主动应对的心理策略让你轻松交际

在社交过程中每个人都会怀着一种心理,这种心理也许会促进交流的顺利进行,也许会阻碍沟通的有效进行。相信谁都不愿意处在一种被动的态势,不能进行成功的社交。所以在社交中可以采取主动应对的心理策略,这样可以让自己更加轻松自如地进行人际交往。这些策略的实施可以根据每个人的个人习惯进行,交往初期要保持一种谨慎的态度;交往中时刻注意观察,努力看穿对方的心思,把握好社交距离和尺度等等,都可以有助于自己时刻掌握交往的主动权,从而进行较为成功的社交。

谨慎无害，多一分防备多一分安全

交往看似就是语言的交流，实质上这仅仅是表面上的现象，交流并不像人们想象的那么简单。因为每个人都是独立的个体，每个人都有自己想法，在交往时会有不同的目的，所以在交往时一定要谨慎和小心，不要中了别人的圈套。另外，每个人的为人也是各不相同的，有的人心地比较善良，交往中可以比较随便，甚至不用过于警惕，但是有的人品质并不像人们想象的那样符合道德标准，所以一定要引起足够的重视，要谨慎，多一分防备就多一分安全。

随着社会的发展，人们的社交范围也越来越广，会在社交场合遇到各种各样的交往对象，所以自己一定要有一套交往方式，在不同的情况下，面对不同的交往对象都能轻松自如地应对。

就拿男女之间的交往来说，男女之间的交往，本是一种正常的社交活动。异性间建立纯正的友谊，会使人的视野更开阔，人际关系也更和谐，精神生活更充实。但是随着"信息时代"的到来，互联网使交友的渠道多了，交际的范围广了，于是各种诱惑和欺骗便充斥在交友的过程中，在这种情况下人们的交往就充满了变数，也更不安全了。尤其是婚后异性间的交往，更要谨慎，不但要保证夫妻之间的信任，还要避免人们的流言蜚语。已婚女性可以从以下几个方面引起注意：

首先，自然得体的姿态是不可缺少的。作为已婚女性，与异性交往要让丈夫知道，要对丈夫坦诚。同时，对待异性朋友也要坦诚，为了避免误会可以让自己的丈夫也与这些人认识，介绍他们认识的好处是很多的，一方面可以避免朋友误会，另一方面可以减少丈夫的担忧，避免不必要的误会。这样就不会影响夫妻间的感情，也会使自己的人际关系得以拓展。

其次，要热情大方。已婚女性在与异性交往时，通常不存在择偶的因素,所以要避免少女在交往中的腼腆,没有什么不好意思的,纯洁的友谊是落落大方的。但是这种热情要注意一点就是不要过度,以免让对方产生不必要的误会。

最后,要洁身自爱。或许你还年轻,或许你已人到中年,也许你性格开朗,也许你相貌出众并多才多艺……不管怎么样,你都要在与异性交往过程中把握好度。因为异性之间的爱慕是很自然的,这个无论是已婚还是未婚女性,都可能引起异性的爱慕。在引起异性的爱慕时,一定不能虚荣,不能轻佻玩弄感情。因为这样做是非常危险的,最后只能引火烧身,被丈夫发现后,可能使婚姻不保,幸福也随之东流。另外,不能见异思迁,一个成年人要学会控制住自己的感情,能够抵制诱惑,不可轻易背叛自己的爱情。

除了异性间的交往外,还有很多其他的情况也需要谨慎,例如国家重要机关的工作人员,在交友时更是需要注意,以避免泄露国家机密给国家带来损失。总之,在社交中多几分谨慎并无害处,多一分防备就会多一分安全。

✠ 看穿对方的心思,你能赢得先机

与人交往,很多人都喜欢跟着感觉走,但是这样的做法往往不能够准确把握对方的想法,从而在交往中没有针对性,在这样的情况下人们往往会因为自己说的某些不适当的话破坏了双方的沟通,不能进行成功的交往。如果能够知道对方心里在想什么,很好地安排下一步的交往方案,从而抓住对方的心,为自己赢得先机,成就成功的社交。

汤米是一家公司的业务经理,他平时喜欢同事交流,但是比较喜欢掩饰自己,所以很多时候真假难辨。一次,汤米在回答同事杰西卡的提问时耸了一下左肩,然后说:"我不知道。"杰西卡又问了一遍这个问题,汤米盯着杰西卡又说了一遍不知道。当杰西卡问汤米公司的职位招聘是否已经终止了时,汤米吸了吸鼻子,并且揉了揉。杰西卡又问现在有没有合适的人选,汤

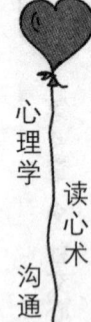

米先是轻轻地点了点头,然后又用力地摇了摇头。最后,杰西卡和其他同事说:"汤米在说谎。"

杰西卡针对汤米的在谈话时的一系列反应做出的判断是有一定的根据的。汤米是单肩耸动了一下后回答杰西卡的,这样的回答方式是一种不自信的表现,表明他对自己的话不自信。而杰西卡第二次问他时,他则盯着杰西卡的眼睛,并且重复了一次自己所说的话。有研究指出人在试图说假话蒙骗他人时会选择盯着对方的眼睛,这样做是为了验证对方是否相信自己的谎言,再加上比较生硬的重复,这都是典型的撒谎标志。后来杰西卡在询问汤米是否真的终止了职位招聘时,他吸了吸鼻子并且揉了揉。有研究表明,因为男人的鼻腔下方有海绵体,当他想要掩饰的时候鼻子就会不自觉地发痒。所以综合这些细微的动作,杰西卡看穿了汤米的内心活动,并断定汤米在说谎。

如果了解了对方在想什么,做起事情来就会更有针对性,就会使自己赢得先机。在中医理论里面,有一个基本原则:望、闻、问、切。其实在识人、辨人方面,道理也都是一样。其中的望就是要观察,观察的内容包括一个人的衣着、神态、眼神等。闻,自然就是听,听对方的声音、语气、语调。问,自然就是要向他提问。切,就是根据自己掌握的信息做出相应的判断。当然,所有的这些能力不是一朝一夕形成的,而是还要靠经验和积累,留心身边和见过的每个人的性格特质,时间久了,就会形成一个自己的数据库,甚至是数学模型。这是个硬功夫,没有捷径可走。所以平时要注意观察和总结,建立自己的模型库,有一套判断的体系,从而能够比较顺利地看穿对方,了解其内心想法,有针对性地交往,赢得交往的先机。

刺猬法则:社交距离没有那么好把握

很多时候,人与人之间的距离是不能太近的,只有保持适当的距离才能有良好的效果,才能使彼此间的感情处于最佳状态。刺猬法则就是人与人之间如果太近就会刺伤对方,只有保持适当的距离,才能使两个人有一定的默契。刺猬法制来源于西方的一则寓言,说的是在寒冷的冬天,两只刺猬要相依取暖,一开始由于距离太近,各自的刺将对方刺得鲜血淋漓,后来它们调整了姿势,相互之间拉开了适当的距离,不但互相之间能够取暖,而且很好地保护了自己。在社交中,刺猬法则同样适用,把握好社交距离,能够使双方处在一个最佳状态,从而使交往一直在正常的轨道上运行。

通用电气公司的前总裁斯通在工作中就很注意刺猬法则,尤其在对待中高层管理者上更是如此。在工作上,斯通对管理者们从不吝啬,总是给他们最好的待遇,让他们没有后顾之忧,可以安心工作。但在工作之外的时间,他从不邀请管理人员到家做客,也从不接受他们的邀请。正是这种保持适度距离的管理,使得通用的各项业务能够芝麻开花节节高。

其实与员工保持一定的距离,是可以把彼此间的关系处理得非常好的,既不会因为太远,而疏远了员工,也不会因为太近使自己没有了威信。所以,刺猬法则是有利于彼此的最佳状态。

当员工和领导不分你我,称兄道弟时,也是领导者将遇到麻烦的时候,虽然可以跟员工打成一片,但是很多时候自己的执行力是在下降,领导能力和效力大打折扣,不利于工作的开展。相反,当领导和员工的距离过远时,员工会把领导看得高高在上,虽然会树立威信,但是也不利于管理,员工不了解领导,对领导意图的领会也会产生偏差,从而使工作不能按照设想的方向进行。因此,领导和员工应保持适当的"心理距离",不要太近,也不要太远。

刺猬法则强调的就是人际交往中的"心理距离效应",当双方离得太近时,必然会产生摩擦,而离得太远,人际交往会形同虚设,所以不近不远、刚刚好的程度是人际交往能够保持一种良好状态的法宝。

这种心理距离运用到管理实践中,就是领导者一方面为了做好工作与下属保持亲密关系,另一方面要把这种亲密关系限制在一定范围,要亲密有间,即一种不远不近的恰当合作关系。与下属保持心理距离,一方面可以减少下属和上司交往而产生的紧张和防备心理。另外,还可以减少下属行贿自己，产生麻烦的机会。这样做既可以获得下属的尊重，又能保证在工作中不丧失原则。一个优秀的领导者和管理者，要做到"疏者密之，密者疏之"。社交中同样要遵守这个原则，只有这样才能很好地把握交流的节奏，能够将交流有序顺畅地进行下去。

南风法则：温情攻势让你如鱼得水

南风给人的感觉是温暖和煦的，南风法则强调的就是用温情去对待他人，用温情去感动他人，从而在沟通上实现顺畅。紧张的社会生活，让人们体验不到真情，心中的冷漠使自己逐渐封闭起来，南风法则的运用可以逐渐暖化人们的内心，从而展现真正的自我，做真正的知心朋友。

南风法则源于法国作家拉·封丹写过的一则寓言：北风和南风比威力，看谁能把行人身上的大衣脱掉。北风首先来一阵冷风，寒冷刺骨，结果行人把大衣裹得紧紧的。南风则徐徐吹动，顿时风和日丽，行人因为觉得春意上身，开始解开纽扣，继而脱掉大衣，南风获得了胜利。

这个寓言告诉我们：温暖胜于严寒。在很多管理者看来，下属是需要管理的，为了树立自己的威信，他们每天都是板着脸，对下属也没有关心，这样做虽然让上司很有控制力，但是下属不会喜欢领导。南风法则要求管理者要尊重和关心下属，多点人情味，多注意解决下属日常生活中的实际困难，使下属真正感受到温暖。这样，下属出于感激就会更加努力地为企业工作，维护企业利益。

日本著名企业家岛川三部曾自豪地说："我经营管理的最大本领就是把工作家庭化和娱乐化。"索尼公司董事长盛田昭夫也说："一家日本公司最主要的使命，是培养它同雇员之间的关系，在公司创造一种家庭式情感，即经理人员和所有雇员同甘苦、共命运的情感。"

其实日本企业内部管理制度非常严格，但日本企业家深谙刚柔相济的道理。他们在严格执行管理制度的同时，又最大限度地尊重员工、善待员工、关心员工的生活，使家属也感受到企业这个大家庭的温暖。

不要把员工当成会说话的机器，不要像仆人一样，随意地使唤员工，不要把自己的下属放在最容易被人遗忘的角落，这样做只会激发员工的反抗情绪，不愿意合作。古语云："得人心者得天下。"只有真正俘获了员工的心灵，员工才会为企业死心塌地地工作。因此，在管理中用南风法则，这样可以让下属感受到自己是公司很重要的一员，感受到自己存在的价值，从而更愿意在公司中工作，享受这种感觉。

这种现象不仅适用于企业管理，在日常交往中，对南风法则同样可以比较灵活地加以运用。因为没有人会愿意与那些态度强硬、尖酸刻薄、毫不讲理的人交谈，即使因为一些因素迫不得已，最后也会选择远离避免继续接触。所以在交流中要以诚相待，将心比心。不要只顾着自己的利益，目光短浅，要用情，使双方在一种比较和谐的氛围中交流，从而能使对方从内心感到温暖，愿意将心中的话与你分享。南风法则可以化解彼此间因为陌生而产生的隔膜，温情攻势能让你如鱼得水，使交流能够更进一步。

❧ 体谅与换位，子非鱼亦知鱼之乐

俗话说"子非鱼焉知鱼之乐？"每个人都有自己的想法，我们不是别人，所以不知道别人内心所想，似乎这样的说法是众人认可的，然而这种说法并不一定完全正确。因为一个人的内心所想大多会随着行为流露出来，或者通过话语有所表现，那么这时注意对说话者的观察，可以大体推测出对方内心的活动。另外，如果因为一些因素不能推测的话，那么可以进行换位思考，这样就能从对方的角度思考问题，从而获得相应的信息，即使子非鱼，也能知鱼之乐。

老郑退休在家，平时就喜欢逛逛商场，买点菜回家做饭和老伴一起吃。

但是他家小区附近商店的门很大很沉,每次老郑都要很费力地把它推开。一次,他正准备走进这家商店,走在前面的年轻女士推开沉重的大门,一直等到他进去后才松手。老郑向她道谢,女士说:"我爸爸和您的年纪差不多,我只是希望他这种时候,也有人为他开门。"听了女士的话,老郑心里热热的,感慨很多。

年轻的女士不是老郑,她并不知道老郑心里在想些什么,但是她站在了她父亲的角度,在想如果自己的父亲遇到了这样的情况会有怎样的反应,于是她做出了帮老郑开门的举动。结果,这样的行为正好是老郑所期待的,温暖了老郑的内心。其实生活中,很多事情就是需要我们去换位思考,因为人们的思维总是会受到一定的环境的影响,这种影响也许是促进,也许是阻碍,那么当一个人的思维受到阻碍的时候,换位思考就显得比较重要了。从孔子的"己所不欲,勿施于人"到《马太福音》的"你们愿意别人怎样待你,你们也要怎样待人",不同地域、不同种族、不同宗教、不同文化的人们,说着大意相同的话。

不要以为自己不是别人就不能了解对方的内心,就不能很好地根据对方的想法做出相应的反应,使交流顺畅地进行下去。因此平时要注意体谅对方,注意观察,时不时地站在他人的角度上看问题,这样往往会得到一个自己没有预料到,但是却恰到好处的结果,从而使双方产生共鸣,获得理想的沟通效果。

换位思考不是简单的一种想法,而是人类经过长期博弈,付出惨重代价后总结出的黄金法则。人与人之间是联系的,而不是独自存在,所以不要忘记彼此间的联系。克鲁泡特金在《互助论》中证明:只有互助性强的生物群才能生存。对人类而言,换位思考是互助的前提。所以只要懂得体谅和换位思考,即使子非鱼,亦能知鱼之乐。

❧ 互惠互利原则：来而不往非礼也

　　互惠互利原则在很多方面都存在着，运用最多的就是在贸易方面，它又称对等原则。在多边贸易谈判中，只有遵循平等、互惠互利的原则，才能在成员间达成协议，维护成员方的利益平衡，谋求全球贸易自由化。从这个原则本质来看，它非常适合平时人们的社交活动。首先，在交往中，双方要平等，这样才能在同一个平台上交流。其次，在交往中享受对方的优待的时候，也给予对方对等的优待，让对方感受到你的诚心诚意。心中，使双方能够在一种和谐融洽友好的氛围中进行好的沟通。

　　韩信少年时家中贫寒，父母双亡。他虽然用功读书、拼命习武，却仍然无以为生，迫不得已，他只好到别人家吃"白食"，为此常遭别人冷眼。韩信咽不下这口气，就来到淮水边垂钓，用鱼换饭吃，经常饥一顿饱一顿。淮水边上有个为人家漂洗纱絮的老妇人，人称"漂母"，见韩信可怜，就把自己的饭菜分给他吃，天天如此，从未间断。韩信深受感动。韩信被封为淮阴侯后始终没忘漂母的一饭之恩，派人四处寻找，最后以千金相赠。

　　韩信之所以会成功，就是因为他有着一颗感恩的心，他知道报答。也许之前老妇人对他的施舍算不了什么，仅仅是一些饭菜而已，但是这对韩信的意义是非常重大的，因为吃不上饭他将面临饿死，所以在他飞黄腾达之后，他没有忘记老妇人，用加倍的好处来报答她。在我们的生活中，人们之间的交往也是如此，当对方向你示好，给你一些好处时，不要觉得是理所当然的，这样做的话一方面会让对方觉得你不识好歹，另一方面，在礼数上也过不去，俗话说来而不往非礼也。所以在对方给你一定的好处之后一定要还对方一定的好处，这样一来不仅礼数上到位，而且一来一往能够促进彼此情感的沟通，能给对方留下一个好的印象，促进彼此间的交流。

　　光是自己得好处，一点都不让别人占，那是绝对行不通的，因为在现在这个重视交流需社会，与人分享是必须要具备的一种素质和心态。别人对你有帮助，自己当然要回报，来而不往非礼也，只有遵循互惠互利的原则，人们之间的交往才更加有弹性，才能更加持久地维持下去。所以，不要只是一味为自己的利益着想，不要只是为了自己的那部分利益努力。要在交往中让对方也尝到甜头，使双方在情感上有一个融洽度，再加上一些共同话题，会越聊越开心，越聊越投缘，使交流进一步深入，这样的沟通效果一定会出奇的好。

❦ 对不同的人要掌握不同的心理特征

每个人都有不同的生活背景，不同的受教育程度，所以每个人都有属于自己的心理特征，就像一千个人眼里有一千个哈姆雷特一样，因此针对不同的人要采用不同的心理攻势。不过并不是说有百种人就要百种心理攻势，而是有很多具有许多相似、相同的元素，可以把他们总结、归类，形成自己的一套体系，这样一来，在面对不同的人时心里就自然而然地产生一种对待方式，并且极容易产生联想，获得更好的处理方式。

有的人性格比较温和，平时和人相处时话不多，别人说的时候他总是认真倾听，当别人需要向他请教一些问题时，他也非常有礼貌地回答，并且十分谦虚，没有任何炫耀的架势，给人一种很舒服的感觉，相信谁都愿意和这样的人相处。但是在和这样的人交往时，也不要过于随意，因为并不是他们性格随和就容易敞开心扉，相反，他们大多很敏感，对事情想得比较多，考虑得比较全面，他们会权衡利弊，然后做出自己认为可行的行动。所以，在和这样的人交流时，可以先心平气和地说出自己想要表达的内容，尽量表现得轻松，但是内心不要轻松，要注意观察，要对这个人有一个大概的了解。当你想进行深入的交流时，要注意把握好自己的话语，给对方一种可以信任的感觉，一种安全感，这种方式对性格温和的人来说比较有效。

有的人平时比较外向，表现得很阳光，但是实际上他的内心并不像他的外表一样那么容易接近，这种人很可能会当着面有一种做事的方式，背着人的时候又是一种做事的风格。所以在面对这样的人时，要想探寻其内心世界是比较困难的，这时要做的是耐心，然后和他正常交谈，但在这个过程中要学会辨别真假，因为这种人很可能会出于保护自己或者其他目的而将虚假信息释放出来，迷惑对方。如果你发现他说的话是假的，那么就保持一定的距离，寻找机会，最好要表现出自己很弱势的一面，争取博得对方的同情，然后适时地套对方的话。当然这样做的时候一定要有较为真实的内容，否则会被警惕性很高的对方觉察，从而使自己的努力中途夭折。

还有的人比较外向，性格比较直爽，这样的人平时交友范围很广，并且喜欢和自己喜欢的人来往，那些自己看着不顺眼的人，他一般选择远离。在和这样的人交往时，可以表现得自然一点，有什么就说什么，不用顾忌太多，当然也不要哪壶不开提哪壶。这种人讨厌的人一般就是那些小肚鸡肠，比较爱算计的人，所以在他们面前表现得直率自然会使其觉得你们是一路人，从而能够获得进一步的交流。

不同的人有不同的心理，掌握他们的心理特征，根据不同的情况做出相应的心理攻势，这样才能获得深入的沟通，建立良好的人际关系，成就成功的社交。

❦ 巧妙击破小人内心软肋

在我们的生活中有着这样一群人，他们喜欢造谣生事，唯恐天下不乱，但是他们并不是以此为乐趣，而是另有目的，这样的行为背后往往隐藏着更大的阴谋。这种人会为了达到一些目的不择手段，例如有的人擅长挑拨离间，为了某种目的，他们可以利用同事间的某些误会或者一些不确定的因素去挑拨，使他们在感情上不合，从而使自己从中获利。还有的要用到别人时溜须拍马，好话说尽，但是事情办完了，或者此人没有什么利用价值了就一脚踢飞，根本不再理睬。上述人被人们称之为"小人"，以上这些只是他们种种劣行中的一部分，在社交中如果遇到这种人一定要提高警惕，避免吃亏上当，另外不要硬碰硬，要用巧妙的方法击破小人内心软肋，使其阴谋不能得逞。

郑伟是一家公司公关部门的主管，他经常利用自己手中的权力为自己谋私利，不顾公司的利益，让公司蒙受了较大的损失。后来经过调查发现了郑伟的不正当行为，公司领导找到他说工作做得一塌糊涂，应该做的没做好，不该做的却做了。一顿劈头盖脸的批评让郑伟一时没有话说，但是郑伟当时的态度还好，他对领导主动承认错误，并且向领导保证以后不会再犯。领导看郑伟的态度十分诚恳就没有再说什么，说了句"认识到错误就得改"然后就走了。领导走了之后，郑伟的态度一百八十度大转变，在那骂开了，然后唾了一口吐沫离开了，这个举动正好被同事看到。之后，郑伟不但没有改正自己的错误，反而变本加厉，同事们都因此大受其苦，最后郑伟被公司开除。

郑伟这个人是典型的阳奉阴违的小人，他为了满足自己的私欲不惜牺牲公司的利益，牺牲同事们的利益，在领导教育批评时满口承认错误，并答应以后不再犯，然而转脸就发泄私愤，继续做着损人利己的事情，最后被公司清除出门是理所当然的。

小人的种类有很多，这些人大多为了自己做着损人的事情，他们不仅不会因此感到羞耻，反而会因为别人的揭露或者批评而愈加阴险，变本加厉。所以在遇到这类人时，不要一时冲动硬碰硬，因为我们很难去改变他，另外，他们很可能会怀恨在心，寻机报复，所以要用巧妙的方式予以回击。

当小人对你进行人身攻击时，千万别去招惹，因为，这样你很可能会落入他的圈套，所以在遇到小人攻击时，要用自己的君子本色，要大度，让小人尽管展示，让人看白、看透、看清其丑恶嘴脸，这样便是其最大的失败。

有些人不擅长斗争，遇见小人的时候大多采用不去理睬的态度，平时多回避，不主动接触，其实这也是一种处理方式。不过，要注意的是如果他主动找你说话,不能轻易相信他的话,要思考哪些可以说哪些不可以说,哪些可以信,哪些一听就有疑点,自己心里要有数。如果他话里有刺,你以德报怨,不但不发火,而且风度翩翩,就让他碰个软钉子。如果找不到什么好说的就不去理睬,自己做好自己的事,因为为这些人生气是不值得的。

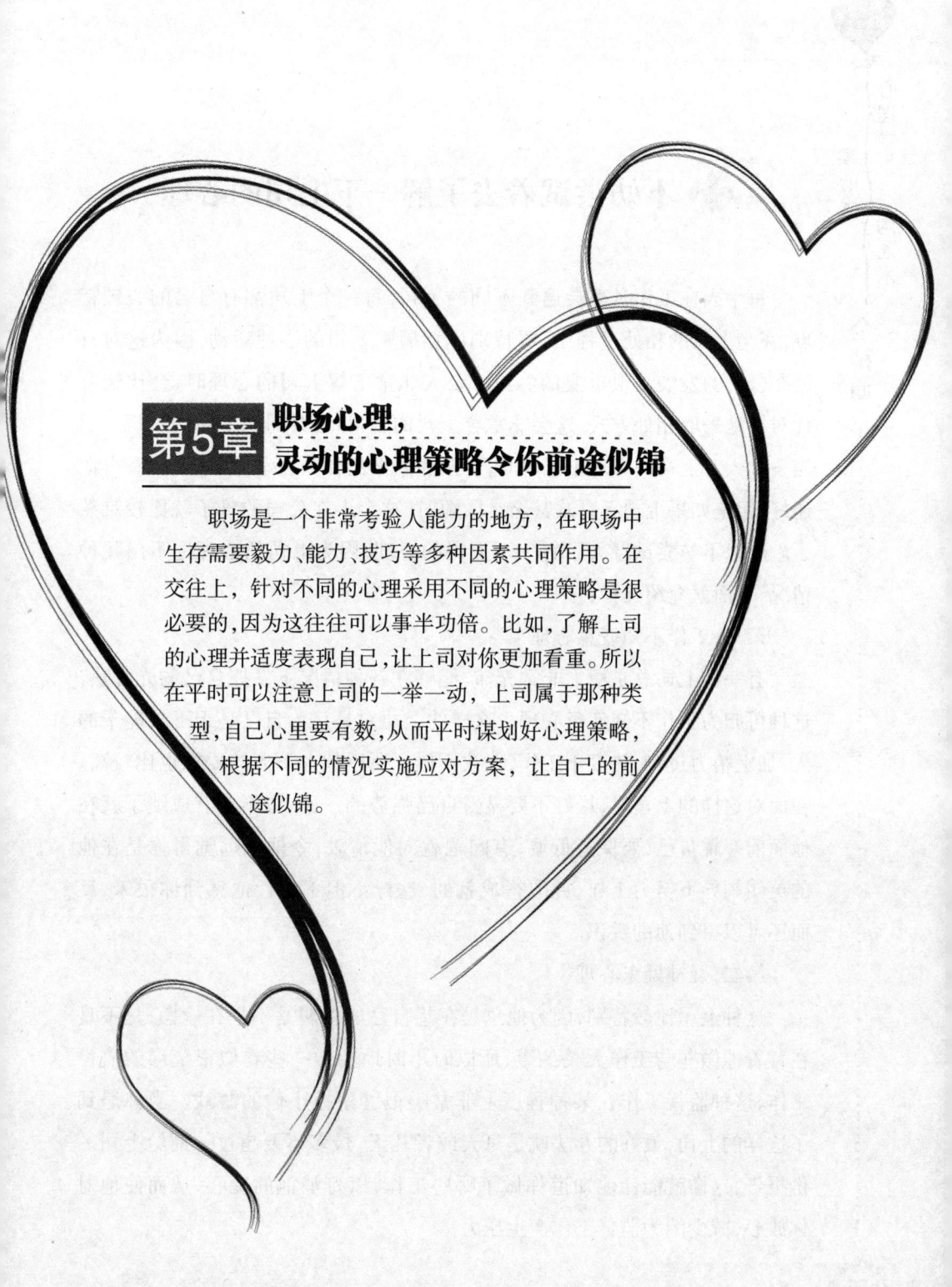

第5章 职场心理，灵动的心理策略令你前途似锦

职场是一个非常考验人能力的地方，在职场中生存需要毅力、能力、技巧等多种因素共同作用。在交往上，针对不同的心理采用不同的心理策略是很必要的，因为这往往可以事半功倍。比如，了解上司的心理并适度表现自己，让上司对你更加看重。所以在平时可以注意上司的一举一动，上司属于那种类型，自己心里要有数，从而平时谋划好心理策略，根据不同的情况实施应对方案，让自己的前途似锦。

不妨尝试着去了解一下上司的心理

每个人在工作时都会遇到不同的上司,每一个上司都有自己的心理特点,在与上司的相处过程中,要特别注意揣摩上司的心理活动,因为这对自己在公司的发展是很重要的。当一个人非常了解上司的心理时,会比较有针对性地采取相处方式,这会非常合上司的胃口,容易得到上司的赏识。而当一个人对上司的心理不了解时,自己随意做出什么行动,如果上司看得惯还好,但是如果上司不喜欢甚至是厌烦时,这个人在公司的日子就比较难熬了。所以不妨尝试着去了解一下上司的心理,因为上司的心理逃不出几种情况,下面就介绍几种:

第一,工作不知疲惫心理

有一种上司总是精力非常充沛,能够在各种情况下发挥自己的光和热,这种可归为工作不知疲惫心理。这样的上司总是认为自己是天下最能干的人,加上精力过剩,热衷于工作,孜孜不倦。所以他对下属的要求也比较高。在面对这样的上司时,最好不要显露自己强势的一面,更不要有成绩了就在他面前夸耀自己,要保持低调,有问题就向他请教,令他永远觉得你是在他的英明领导下努力工作,并取得成就的,这样不但不会让他感到你很笨,反而还可以得到他的赏识。

第二,疑神疑鬼心理

这种上司比较特别,因为他总是在想自己的下属是不是在偷懒,是不是在背着他做些与工作无关的事,所以时不时地会做一些看似很荒谬的监督工作,这种监督工作在某种程度上非常类似警察抓小偷的游戏。当你遇到了这样的上司,最好的办法就是每天或者几天,最多不要超过一周给上司一份报告,这样就能让他知道你做了哪些工作,以打消他的疑心,从而使他对你放心,减少因为监督工作产生压力。

第三，健忘型上司

有一种上司，刚刚做的事转眼就忘了，放在一个地方的东西过会就找不到了，这种上司被称为"健忘型上司"。这种上司的心理特点是只顾眼前的事，所以会经常出现拿着这个，忘了那个，昨天做的事，今天就记不清了。他的秘书往往需要很强的能力，因为他经常把一个东西放在了一个地方，转天就忘记自己把东西放到哪里了。当你遇到这种上司的时候，最好的办法是，当他在讲述某个事件或表明某种观点时，你可以多问他几遍，或者根据上司的观点提出自己的看法，从而使上司与你讨论，进而能够加深上司对你的印象。

职场中，你会遇到各种各样心理和性格的上司，有的性格温和，为人谨慎；有的脾气暴躁，做事草率。总之，每个人都有与众不同的心理。在对待不同的上司时不能用相同的方式，而应该有不同的相处之道，既然你在他手下做事，当然就要掌握应对的"心理战术大全"，从而使自己在上司面前行动自如，时不时还受到褒奖，让自己的职场充满精彩。

⚜ 学会表现自己，让上司对你"情有独钟"

人才对于一个团队的发展可谓有着举足轻重的作用，但是在这个人才济济的时代，人才是需要让自己闪光才能被管理者发现的，所以在上司面前要学会表现自己，使自己的行为让让上司满意，让上司对你情有独钟，这样就达到了既定目标。

比如，当上司在说一些事的时候，大家多会仔细聆听，上司说完了也没有人提出疑问，那么这样就不会有人给上司留下比较深的印象。所以，可以在上司说完的时候找一些并不重要的点进行提问，尤其是那些没有明确的具体要求，既可理解成这样，又可理解成那样的问题。这样一来，上司就会对问题再进行一次解答，这个过程不仅会让上司彰显个人的权威，而且向上司展现了自己认真仔细的一面，会让上司对提问的你有一个印象，这往往会让你被上司记住。

上司虽然是管理者，但是他并不是全能，一些问题还是会难倒他，所以在这样的时候不妨伸出援手，这会有令人意想不到的效果。例如，一些上司会在面对自己不懂的问题时略显尴尬，这时他需要别人来帮助他，但是人们又往往考虑到上司的面子问题不敢轻易去说，这样一来就形成一种比较僵化的局面。所以，如果你对问题比较了解，可以伸出援手，但是要注意的是一方面要把问题解释清楚，另一方面又不要忘记你是要给上司圆场，所以最后不要忘了说一些"这是上司曾经教导过"之类的话。这样一来，上司不仅会心怀感激，而且会对你印象深刻，情有独钟。

有的时候，一些上司比较霸道，他们比较喜欢大权独揽，经常威胁下属，让下属服服帖帖地干活。这时，你要做的不是唯唯诺诺地敬畏，而是要让上司感受到你存在的价值。但是这时要注意的一点就是措辞，一方面要让上司服气，又不能伤上司的面子。这样一来，本来大家都是因为上司的强势而很少说话，你的建设性建议会让上司眼前一亮，从而使自己在上司心中留下浓重的一笔，为自己成为其"情有独钟"的下属做好铺垫。

与上司相处，保持良好的心态很重要，上司也是与你一样的普通人，同样承受着各种压力，多从他的立场上考虑，你和上司之间自然会建立一种和谐的关系。在对待上司的技巧上，观察是非常重要的一点，要知道上司心里所想，他思考的习惯，性格特点等等都应该成为你观察的对象。只有摸清了上司的心理特点，才能真正对症下药，投其所好，使上司对你的好印象与日俱增，最后使自己成为上司眼中"情有独钟"的人。

解燃眉之急，是获得上司青睐的最佳时机

每个上司都希望自己有得力的下属，能在自己处于困境或者需要帮助的时候做出让自己满意的工作，解救自己于危难之间。但是这样的得力干

将不常有,解决上司的燃眉之急,就能够使上司对自己更加青睐,对自己更加器重。

小丁是一家公司的总经理秘书,他平时工作雷厉风行,给人一种非常干练的感觉,做事效率高并且错误少,让总经理也很欣赏。然而,小丁似乎自我感觉过于良好,一次总经理需要一份发言材料,非常紧急,但是小丁却没有及时出现,理由是他正在处理一些别的重要的事情。很多同事都说小丁是不是晕了头,同事小张见状将工作揽了过来,并很好地完成了工作。结果小丁在公司的地位一落千丈,小张及时解了上司的燃眉之急,成功地获得了上司的器重和青睐。

小丁作为秘书在关键时刻不在场,在上司有燃眉之急时不能及时出现,严重失职。而小张则成功地把握了机会,使自己博得了上司的青睐。其实,在上司有燃眉之急的时候,作为下属这时不要退缩,要鼓起勇气,没有任何畏惧地把工作揽过来,显示自己的能力。这一方面可以显示出你的胆量,这本身就会得到上司的赏识,其次通过完成工作,一显身手,这种能力可以再次获得上司的青睐。所以在面对挑战时,不要退缩,要发挥自己的才能,一举攻破难关。

如果你的工作效率高,能做得又快又好,那么你的能力就会被上司看中,可是如果交给你的工作不立即去做,总是因为别的事情拖着,那么你的上司很可能就会认为你怠慢、无意去做、甚至于对你的热诚与工作能力产生怀疑。这样的情况千万不能出现,因为有时候是不会获得解释的机会的,那么误会只会耽误了自己的前程。然而,要注意的一点是公私要分明,在办公室里要专心处理公务,不要做私人的事,以免招来流言蜚语。

然而不是上司一有情况,作为下属就什么都不考虑马上献身。很多时候,面对上司的燃眉之急是需要具备一定的素质和事先准备的。例如,需要有好的判断力,在答应帮助上司做事前要想想看上司正在做什么,要思考解决这些问题是不是处在自己的能力范围之内。如果自己不能完成,却大包大揽,结果一定会很惨。所以在能够确定是在自己的能力范围之内时,再主动请缨,展示自己。另外,不要在接过任务前自吹自擂,这样不但会给自己很大的压力,而且如果失误了,上司愤怒,自己颜面扫地。所以要时刻保持一种谦虚谨慎的态度。再有就是要能体谅他人,上司也是人,他也会有困难,所以,要体谅上司,这样会让上司十分感动,你的无私无疑在关键时刻发挥了重要作用。

❦ 分析你的上司类型,谋划好你的心理策略

人的性格有千百种,同样上司也有千百种类型,上司的性格类型不容忽视,因为在工作中,他不是我们调侃的对象,如果对上司置之不理,那么工作一定会遇到更多的挫折,这样一来,自己的自信就难以建立,长远的发展就更成问题了。所以不但要分析上司的类型,而且要根据上司的类型做工作,这样不但容易使上司赏识自己,而且自己的工作能更加顺利地开展,所以要谋划好自己的心理策略,成为职场高手。

上司类型一:优柔寡断,左右掂量

有一种上司在做决定的时候总是需要很长的时间,因为他要权衡利弊,趋利避害,但是又拿捏不准不知如何取舍,这时就会左想想,右念念,很长时间过去了,还是没有结果。所以这时他非常需要一些建设性的意见,在这时,只要给他留够面子,在不让他有失身份的前提下,大胆地和他商讨一些决策,帮助他下决心,能够让他如释重负,也对你认可有加。另外,还有一种犹豫的情况是上司心里已经有了决定,只是需要人们的支持,这时你提出倾向于他想法的意见,就会使其顺势而下,说出决定,并且对你的"提议"感谢有加。

上司类型二:话不多说,性格内向

这种上司的特点很明显,他话不多,总是在做事,这种人往往比较喜欢实干派,也就是如果你说的比你做的多,那么他就会觉得你没有那么大的能力,反而把重要的工作安排给别人。所以不要在这样的上司面前说空话,要能干,并且想办法让上司看在眼里。另外,这种上司在与下属沟通时,应该

比较喜欢单独进行,相对于面谈或者打电话来说,他更喜欢用 E-mail,所以在给上司发邮件时可以花一些心思,用一些较为新奇的制作方法,例如彩色动画的电子邮件,可以时不时给他点小惊喜。但是在发电子邮件要注意,不要不分时间地进行,尤其是工作时间,以免招致他人的口舌。另外,如果当你要与上司谈一件重要的事时,别用 E-mail,而要通过面谈来表示你的诚意和决心,一起吃午餐是个很好的方式,既不会受到其他同事的干扰,又能和上司作最直接有效的沟通。

上司类型三:平庸却好大喜功

如果你的上司没有什么大的作为,较为平庸,你不用太在意,完全可以以一颗宽容的心对待。这样的上司有一个特点,那就是一遇到有困难的工作就交给下属去干,自己坐等工作成果。遇到这种无能的上司不一定是件坏事,因为对于下属来讲,自己多了很多磨练的机会,多了显露才华的机会。如果上司喜欢把别人的功劳揽到自己身上,不肯分出"一杯羹",错了却要下属承担,也不要因此愤怒,要刚柔相济,既不要逆来顺受不敢反抗,也不要过于直接顶撞上司。在上司面前适当地维护一下自己的利益也是理所当然的,一定要让上司知道你是一个有原则的人,忍让也是有限度的。

上司的类型还有很多,在这里就不一一介绍了,总之要把握好上司的类型,分析好,谋划好,做好心理对策。

⚜ 踢猫效应:别让他人的不良情绪传染自己

工作中总会有这样的现象,那就是当领导的上司对他发泄不满的时候,领导会将身上的怒气发泄到下属身上,下属就会接着找其他人发泄,因为一个人总不能向自己的领导泄愤,除非他不想干了。踢猫效应就是指在自己有不良的情绪时对下属发泄自己的不满,从而使下属继续找泄愤对象。人的不满情绪和糟糕心情,一般会沿着等级和强弱组成的社会关系链条依次传递,呈一个金字塔形状,由塔尖一直扩散到最底层,无处发泄的最底层,则成为最终的受害者。

张戈是一家公司的主管,上有经理,下有职员,他的协调工作不容忽视,然而很多时候却是十分难做的,尤其是在领导心情不好的时候。一次,经理不知什么原因气冲冲地走进办公室,嘴里还叨咕着一些气话。正当张戈感到疑惑的时候,经理将无明火发到了张戈身上,说张戈平时做的都是什么工作,让人感到遗憾,张戈本来心情不错,这一下跌落到了谷底。张戈回到自己的办公室后看到小李正在整理东西,他也没管是谁,就开始发泄,吼了小李一顿,说他工作不努力。小李一脸无辜,回到自己的工作位置后心里非常憋屈,只好一个人默默承受。

很明显的一点就是张戈的经理将与他无关的怒气发到了他的身上,这让张戈一时无法接受这种无理指责,但是不能和经理顶撞,于是他将气转嫁到了自己的下属小李身上,小李无奈只有自己承受,成为最终的受害者。在日常生活中,有一种现象很常见,那就是一个人在受到他人的批评后,不是冷静地想一下自己哪里错了,自己哪里做得不好,而是一味地感到心里不平衡,心里不舒服,总是想找个人把自己心中的不满发泄一下才痛快。被批评,心情自然不会好,但是找人发泄怨气是一种没有认识到错误的表现,从而使他人遭受无明业火,使他人心中怒火燃烧并寻找发泄对象,这样就产生了"踢猫效应"。这样的过程根本不利于问题的解决,反而会激发更大的问题。

所以,在他人因为一些事情将无明业火撒到自己身上时,先不要因为这个影响自己的情绪,使自己的情况变得很糟糕,而是可以对这种无端的指责不理睬,微笑面对,置之不理。这样一来,发火的人在冷静下来后会发现自己很愚蠢,于是会向你做出一些近似道歉的举动,而如果你被这种情绪影响了,找别人去发泄,那么受这种坏情绪影响的人会越来越多,不但不会把矛盾解决,反而会把矛盾越积越多,最后激发更大的矛盾。

不过,如果对方说的有理时,不要因为自己受到批评就开始发火,要怀有一颗宽容的心,要虚怀若谷。这时你如果能够从对方的话中吸取一些东西，不但能够使自己减少犯错误的机会，而且在对方冷静下来后觉得你是一个能够交往，值得信赖的人，使自己的人际关系网更加发达。相反，如果一听见批评就暴跳如雷，只能让人觉得你不够大度，因自己也不冷静产生踢猫效应，也会殃及更多的人。职场营生，你需要一颗强大的心，所以一定要能够控制自己，不做情绪的奴隶，纵使身边大风大浪，自己要保持风平浪静。

毛毛虫效应：适时创新地走自己的路

毛毛虫效应是指一些人一味习惯跟着前面的路线走，结果导致了失败。这往往与人们的惰性心理不喜欢思考的习惯有关，一个人不能只顾着自己眼前这点事，要把头抬起来，向前展望一下，这样对自己的发展是有益处的。

法国心理学家约翰·法伯曾经做过一个著名的实验，称之为"毛毛虫实验"。这个实验的具体步骤是把许多毛毛虫放在一个花盆的边缘上，使其首尾相接，围成一圈，在花盆不远的地方，撒了一些毛毛虫喜欢吃的松叶。毛毛虫开始一个跟着一个，绕着花盆的边缘一圈一圈地走，一小时过去了，一天过去了，又一天过去了，这些毛毛虫还是夜以继日地绕着花盆的边缘在转圈，一连走了七天七夜，它们最终因为饥饿和精疲力竭而相继死去。

这个实验前曾经设想毛毛虫会很快厌倦这种绕圈活动，因为这毫无意义，它们应该转向它们比较爱吃的食物，但是毛毛虫并没有这样做，很令人遗憾。后来，科学家把这种盲目跟着前面的路线走的习惯称之为"跟随者"的习惯，把因跟随而导致失败的现象称为"毛毛虫效应"。

清朝"扬州八怪"之一郑板桥自幼酷爱书法，经过苦练，终于和前人写得几乎一模一样了。但是大家对他的字并不怎么欣赏，他自己也很着急，比以前学得更加勤奋，练得更加刻苦了。一个夏天的晚上，他和妻子坐在外面乘凉，他用手指在自己的大腿上写起字来，写着写着，就写到他妻子身上去了。他妻子生气地把他的手打了一下说："你有你的身体，我有我的身体，为什么

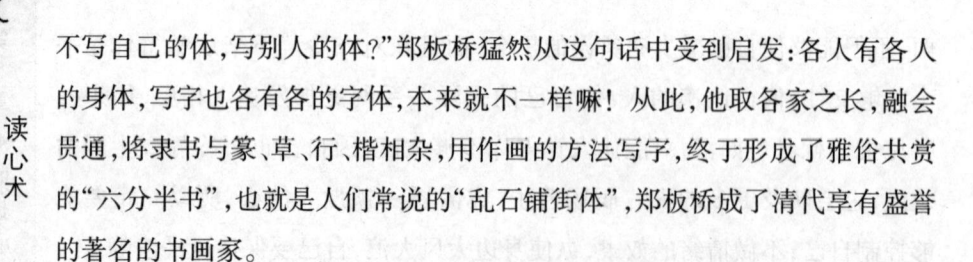

不写自己的体,写别人的体?"郑板桥猛然从这句话中受到启发:各人有各人的身体,写字也各有各的字体,本来就不一样嘛!从此,他取各家之长,融会贯通,将隶书与篆、草、行、楷相杂,用作画的方法写字,终于形成了雅俗共赏的"六分半书",也就是人们常说的"乱石铺街体",郑板桥成了清代享有盛誉的著名的书画家。

郑板桥之前为了获得人们的认可去模仿那些成名作家的字体,但是那毕竟是人家的独创,自己模仿得再好也不能是自己的,在妻子的一番话中他悟出了要有自己的特点,于是他不再一味模仿,而是有独创,最后自成一家,留名青史。

有很多人在跟随前面的人的时候会选择强者,那些强势的成功人士往往会给人们足够的信任感,于是在公司内形成了一大批坚定的"跟随者",相信他们的头绝对正确,"领导的话就是真理",理解的要执行,不理解时是自己的脑子笨,也要执行。很多时候出现错误了,自己还没有意识到,最后成为了无辜的"牺牲者"。

所以不能盲目追风,不能迷信一些书本理论,盲目崇拜名人。效仿成功人士可以,但是那些优点自己汲取一下,学习一下就可以了,不能完全复制,所以一定要适时创新,走自己的路。

马蝇效应:对待下属巧用激励之道

马蝇效应是指再懒惰的马,只要身上有马蝇叮咬,它也会精神抖擞,飞快奔跑。林肯少年时和他的兄弟在肯塔基老家的一个农场里犁玉米地,林肯吆马,他兄弟扶犁,而那匹马很懒,慢慢腾腾,走走停停。可是有一段时间马走得飞快。林肯感到奇怪,到了地头,他发现有一只很大的马蝇叮在马身上,他就把马蝇打落了。看到马蝇被打落了,他兄弟就抱怨说:"哎呀,你为什么要打掉它,正是那家伙使马跑起来的嘛!"没有马蝇叮咬,马慢慢腾腾,走走停停,有马蝇叮咬,马不敢怠慢,跑得飞快,这就是马蝇效应。就像一个人,什么时候都需要他人的激励,有的人不是懒惰,而是需要别人的认可,一旦获得认可,他们会有足够的动力和冲劲,把工作做好。作为上司一方面要树立自己的威信,把工作做好,另一方面还要注意鼓励自己的下属,让他们对自己肯定,这样就会使他们心中更有激情,更有做好的信心。

另外,马蝇效应不仅是说人需要激励,还有一层意思就是刺激,鞭策。一个人只有被叮着咬着,他才不敢松懈,才会努力拼搏,不断进步。

1860年,美国大选结束后几个星期,有位叫作巴恩的大银行家看见参议员萨蒙·蔡思从林肯的办公室走出来,就对林肯说:"你不要将此人选入你的内阁。"林肯问:"你为什么这样说?"巴恩答:"因为他认为他比你伟大得多。""哦。"林肯说,"你还知道有谁认为自己比我要伟大的?""不知道了。"巴恩说,"不过,你为什么这样问?"林肯回答:"因为我要把他们全都收入我的内阁。"

林肯之所以会说要把比自己伟大的人都收入自己的内阁,就是因为他希望这些人能激励自己,让自己看到自身的不足,从而鞭策自己,使自己更加进步。作为一个管理者,你最大的成就就在于构建并统帅一支由各种不同的专业知识及特殊技能的成员组成的、具有强大战斗力与高度协作精神的团队,不断挑战更高的工作目标,不断创造更大的绩效。人的欲求是千差万别的。有的人比较理想,可能更看重精神上的东西,比如荣誉、尊重;有的人比较功利,可能更看重物质上的东西,比如金钱。针对不同的人,要对症下药,投其所好,用不同的方式去激励他。总之,要让这匹马儿欢快地跑起来。

不要放任不管,员工不工作自己也不说什么,最后只能是养闲人。当然,也不要过于严厉,这样只会让员工处于高度压力之下,喘不过气来,工作效率也不会高,甚至产生抵触情绪。所以,应用马蝇效应,对下属巧用激励之道,做一名深谙激励之术的出色领导。

第6章 婚恋心理，清甜的心理攻势为爱情保鲜

爱情和婚姻是一个永恒的话题。看似简单，其中却有很多玄机。当然，如果你了解在婚恋中的一些基本的心理知识，爱情也并不是你想象的那么高深莫测，婚姻也许并不是爱情的坟墓。男人为什么会对女人感兴趣？女人为什么总是喜欢说反话？如何轻松处理男人与女人之间不可调和的矛盾？这些都是这一章我们要学习的知识。千万别小看了，这些基础的东西往往能决定你的爱情，决定你的婚姻。

❧ 不必惆怅，了解恋爱中普遍的心理曲线

很多人在感情的路上风风雨雨的走了好几年，可是渐渐的两人的关系却剑拔弩张，感情也经营惨淡。在伤怀之余，发出感叹：是自己老了，还是世界变了，怎么谈了这么多年的恋爱，突然发现不会谈恋爱了？

事实上，不是你老了，也不是世界变了，而是你对恋爱的认识不够，没有了解清楚恋爱中普遍的心理曲线，以至于爱人的所作所为，让你不解，你觉得是对方不爱你了，实际上恰恰相反。所以，不必惆怅，当你明白了恋爱中的心理状况之后，你就会理解和明白对方。

慧伦和爱民牵手已经有大半年了，在这半年里，他们品尝到了爱情的甜蜜，也享受了幸福的浪漫。那段日子，他们每天都盼望着见到对方，尽管两个人在同一个城市里，可是每天还是要打好几个电话才能罢休。用爱民的话说，"听不到她的声音，我浑身不自在。"

可是，也不知道从什么时候起，他们也不再在网上卿卿我我了。每天的短信也不像之前那样来个没完没了了。手机偶尔响一下，还是天气预报。每天的电话也只能接到一个，少了想念，只是一句简单的问候，再到后来，两三天也接不到一个电话。

当慧伦质问爱民的时候，换来的是两人激烈的争吵。要是换做以前，爱民会紧紧地抱住慧伦，亲亲她的额头，动情的说："小坏蛋，我要缠着你，一生一世。"慧伦伤心极了，在争吵中，她吼出了分手的要求。回到家里，她不吃饭也不喝水，一个人伤心流泪呢。

慧伦有个嫂子，刚好这天在家。她和慧伦聊了起来。

嫂子得知事情的始末之后，笑着说："其实，两个人在一起，时间久了，会对对方产生反感，这时候正如你现在所感受到的一样，感觉对方不爱你了。实际上并非如此，只是情感的表达方式也变了。以前你们需要用言语来表

达才能让彼此理解对方的情感。现在你们很熟了,一个眼神、一个动作都能明白对方的情意。你要用心去感受他对你的好。"

慧伦不解地望着嫂子说:"真的是这样的吗?"

嫂子笑着说:"这个过程是谁也避免不了的,关键在你的选择。有的人选择了放弃,有的人选择了坚持,你要做怎样的选择自己想清楚。"

慧伦低下头不说话了。嫂子望着迷茫的慧伦说:"要不这样吧,嫂子给你提个建议。如果爱民打电话过来向你道歉,说明他在乎你,爱着你,你就原谅他。如果不打电话,那么就选择放弃,行吗?"慧伦点了点头。

半个小时过去了,爱民打来了电话,给她道歉。两人和好如初了。

故事中的慧伦因为不了解恋爱中的一些规律和心理曲线,还和爱民争吵,当她通过嫂子得知了之后,原谅了爱民。在恋爱中,彼此的心在一步步地靠近对方,双方的距离慢慢地发生着变化,继而带来表达方式的变化。如果你不了解,那么你可能在爱情的路上栽跟头。那么,在爱情当中,有哪些心理曲线呢?

1. 先做朋友,慢慢地靠近

如果你喜欢对方,那么首先就要做对方的朋友,去慢慢地接近他,继而走进对方的内心深处。很多年轻人觉得喜欢对方,就要和对方要像谈了几年的恋人一样好。事实上,这是不可能的事情,对方接受你也会有个过程的,你一下子站得太近,会让对方产生抵触情绪。因此,不要觉得你的对象没有接受你,而感到惆怅,实际上他需要时间来接受你。

2. 让对方有心理期待

很多恋爱高手总是在和恋人玩的最开心的时候,突然消失,让对方陷入一个期待之中,因为在这个时候,对方会焦急地想见你。越是想见,越是见不着。这样,对方的内心之中对你的渴望就会增加,对你的情感倾斜就会越快。很多年轻人在恋爱的时候,天天黏在一起,却总是感觉对方不在乎自己、这时候不妨想办法让对方对你有一个心理期待。

3. 让自己成为对方的习惯

很多人觉得自己在谈恋爱,但是却感觉对方根本不在乎你,你的出现与否对对方都没有任何的印象。事实上,不是对方心里没你,而是你还没有成为对方的习惯,感受不到没有你的不一样,自然不会在乎你。所以,要想让对方离不开你,那么就要想办法成为对方生活里的习惯。当有一天你没在的时候,对方就会感觉到不习惯,这样就会更加在乎你。

4. 在对方最需要帮助时出现

当一个人在最需要别人帮助的时候,内心深处是没有防备的。如果你在这时候及时地出现,那么无疑是告诉对方,不论遇到什么不好的情况,你都会第一时间出现,这样,对方对你就有了依靠,你让对方有了绝对的安全感。因此,如果你觉得你的爱人总是觉得没有安全感,那么不妨留意一些,在对方最需要的时候出现。

❦ 自私心理:男人渴望似水柔情,女人期待百般呵护

在生活中,很多恋爱中的男女都会时不时地发出这样的感慨:眼前的这个人真的是自己的所爱吗?如果是,为什么她一点也不温柔呢?如果是,他为什么不关心我,不照顾我呢?事实上,不是对方不爱你了,而是因为你们都更爱自己。

在男人的内心深处,总是渴望着女人能够柔情似水。而在女人的内心深处,总是希望男人百般呵护自己。在审视对方的时候,都会下意识地将对方拉进自己设置好的模型中,按着自己的要求去要求别人。事实上,别人不是你,怎么可能按着你的思维模式去迎合呢?

琪琪和海龙拍拖已经有两个多月了。可是在琪琪的心里,始终感觉不到那份温暖。她渴望海龙能跟她煲电话粥,能听她无聊的絮絮叨叨,尽管他们经常见面,但是在琪琪的心里依然渴望这份感动。

可是,海龙很少给琪琪打电话,即使通了电话也是像履行惯例一样,说些不咸不淡的话,然后就迫不及待地挂了。每次海龙打完电话,或者是两人

约会后,琪琪总是感到非常的孤独。

而对于海龙来说,他更渴望琪琪能像只小猫咪一样,依偎在自己的怀里,更渴望琪琪温柔的关怀和深情的拥抱。可是每次琪琪都表现得那么的强势,每次约会吃什么饭由她决定,去那里玩也由她决定,根本不给海龙一个选择的机会。更让海龙受不了的是,琪琪从来没有向他妥协过。

为此,两人的感情一度亮起了红灯。琪琪说,海龙根本不爱她,而海龙的理由是两个人的性格或许并不合适。于是考虑再三之后,两人选择了分手。当时谁也没有感到有什么遗憾,并且坚定地觉得自己的决定是正确的。

可是刚刚过了一个星期,他们开始想念彼此,这时候他们才发现原来自己是爱对方的。就在海龙准备拨通琪琪电话的时候,琪琪的短信发到了海龙的手机上,海龙拨通了琪琪的电话,在电话里琪琪什么话也没有说,只是一个劲地哭。

海龙问她在哪里,她什么也没有说。海龙说了声,你等我,然后挂了电话。当他赶到他们第一次约会的地方时,琪琪憔悴地坐在那里。看到海龙,琪琪跑过去紧紧地抱住了他。那天,她像一只听话的小猫咪一样依偎在海龙的怀里。后来,海龙把琪琪依依不舍地送回了家。那晚他给她打了电话,他们聊了整整三个小时。

故事里的海龙和琪琪不是不爱对方,事实上他们更爱自己,说简单点,是他们过于看重自己,总是将自己的想法和意愿强加到对方的身上,希望对方怎样,可是从来没有想过对方希望自己怎么样。在恋爱中,男人总是希望女人能温柔一些,女人总是希望男人更关心自己一些。那么,了解了婚恋中男女的不同心理,究竟该如何去对待才能使感情更加和谐和甜蜜呢?

1. 女人要懂得示弱

很多女性朋友能力很强,这使她们表现得也非常强势,在与男人相处的时候总是发号施令,咄咄逼人。长期下去,男人便受不了了。因为在男人的心里,总是希望女人温柔一些、顺从一些、这样男人便会因为女人的温柔和顺从而感到由衷的高兴。因此,作为女人,一定要适当地示弱,让男人找回面子和尊严。

2.女人要懂得表达

很多女性朋友情感很丰富,但是不会表达。可是你不表达,男人怎么会明白你内心的情感呢?因此这样给男人造成了假象,觉得这个女人太过刚烈和坚强,不需要自己的保护。这样男人便会失去对女人呵护的欲望。要想激起男人的保护欲,女人就要学会表达自己的情感,把你对你男人的所有情感及时地表达出来。

3.男人不妨多个心眼

男人的心比较粗,很多时候考虑得不周全,往往忽视了女人的一些细微的感受。这样女人觉得男人对自己不够用心,不关心自己,不呵护自己,觉得男人不爱自己了。事实上,男人不善于表达情感,尽管热情似火,但是却让女人感受不到。因此,作为男人,要想让你的女人疼你爱你,那么就要学会多个心眼,多考虑女人的一些细微的情感。

4.对女人要有耐心

很多女人总是喜欢没完没了地说一些无关紧要的小事,这是她们发泄情绪的一种方式。一些不了解的男人听女人唠唠叨叨,觉得很烦。这样,女人觉得男人不爱自己,对自己不够好,烦自己了,造成了两人的情感危机。事实上,如果你明白这是女人的一种情绪表达了之后,你就会耐心一些,她们只是倾诉而已。

❦ 女人心理多疑,男人还是要先正己身

相对男人来说,女人的情感更丰富,更细腻,因而他们的感觉也很敏锐,男人稍微有个风吹草动,女人就会清晰地感觉得到。这就是女人所津津乐道的"第六感觉"。对于女人来说,没有任何的事实依据,就是凭借感觉,但是有时候她们的感觉却是出奇的准。

正所谓无风不起浪,女人的感觉不会是"空穴来风""捕风捉影",她们之

所以有这样的感觉，是因为她们细腻的情感，感觉到了男人身上不一样的东西，然后再通过丰富的联想，得出自己认为正确的结论。

这天晚上，凯伦回家晚了整整两个小时，当妻子小海打电话询问的时候，凯伦说，自己正在公司里开会。而实际上是他的初恋情人从外地回来了，他应邀去吃了个晚餐。回家后，小海接过他脱下来的外套，挂在了衣架上，然后把做好的饭菜端了上来。

凯伦庆幸自己的谎言瞒过了妻子。可是渐渐地他感觉有些不对头，平日里性格开朗的小海，在吃饭的时候总是讲她们单位的一些繁琐小事。可是今天却表现得异常平静，低着头，一个劲地往自己嘴里扒饭。

凯伦关切地问："亲爱的，你今天是怎么了，怎么不说话了啊？"

小海抬起头，冷冷地看着凯伦，狠狠地将嘴里的饭菜咽了下去，一句话也没有说，眼神非常毒，仿佛要给凯伦判刑一样。凯伦本来就说了谎，心里发慌，赶紧低下头吃自己的饭。此时，小海愤怒地站起身，将手里的碗砸在了地上，一声脆响，仿佛砸在了凯伦的心上。

他抬起头，小心翼翼地狡辩道："你这是怎么了吗？我真的是在公司开会，最近一个案子出了点问题，公司全体员工都在加班加点地赶呢。我是领导，不能搞特殊嘛！"

小海没有说话，两只眼睛直直地盯着凯伦，凯伦越发心虚，他从妻子的眼神中可以断定，她是知道了事情的真相。他吞吞吐吐地问："你，你给公司打过电话了？"

小海依旧没有说话，眼睛一眨不眨地盯着凯伦。凯伦知道，她在等自己把整个事情说出来。于是他低着头，像个认错的小孩子一样，支支吾吾地说："其实公司没有加班，是小倩出国回来了。她说好几年没见了，一起去吃个饭。我心想，大家都是朋友，人家邀请我如果不去的话，显得我太没气量。之所以没告诉你，是担心你为此……"

还没等凯伦说完，小海走上前去，对着凯伦的脸狠狠地抽了一记耳光。在凯伦的印象中，小海下手从来没有这么狠过。由于没有防备，那一巴掌打得凯伦两眼直冒金星，这一下顿时激怒了凯伦，他咆哮着："你这女人怎么这样呢？不就是吃了个饭吗？又能怎么地！"

小海也吼道："我这样怎么了？吃了个饭，你还想怎么样？你的谎也编得够圆的，你咋不说你去拯救国家了呢，啊？"

故事中的凯伦和初恋女友一起吃饭的事，小海并没有得到任何的信息。但是她和凯伦每天生活在一起，对彼此的脾气、性格以及生活习惯了解得非常清楚。所以，当凯伦说谎了之后，她就感觉到了。这就是女人的第六感觉，导致了她们的多疑。事实上，如果男人没有任何的猫腻，那么女人的多疑从何而来呢？所以，要想让女人不再疑神疑鬼，那么就需要男人先正己身。男人如何正身，才能防治女人疑神疑鬼的毛病呢？

1. 不要轻易对女人撒谎

女人天生敏感，对自己男人的每一句话都能听出个八九不离十来。但是很多男人总是抱有侥幸心理，觉得对方不知道，可以完全掩饰过去。殊不知女人善于捕风捉影，从你的一个眼神、一个动作上都能勾勒出一大堆情景来。本来没什么的事情，男人的一个谎言让女人把事情想象得更加糟糕。所以，作为男人，最好不要对自己的女人撒谎。

2. 应酬不妨带上女人

有时候男人确实需要应酬，但是女人总是疑神疑鬼，尤其是一些有女性参加的应酬，更是让女人坐立不安。因此，作为男人，如果你觉得可以，不妨带着你的妻子，让她一起参加，这样会打消对方的疑虑。和其他女性接触的时候，也要让女人在场，让她听到你所说的话，这样对方的疑心自然就会消失。

3. 和周围女性保持距离

当然，男人不可能不和女性接触，也不可能永远把妻子带在身边。那么，在和女性接触的时候，不妨保持足够的距离，用空间距离拉远心的距离，工作上的事情，尽量不要在私下里接触，这样就避免了女人的疑心病。当然，在私人空间里也最好别提与别的女人有关的事情，即使没什么，女人也会疑神疑鬼的。

4. 突发事情做合理处理

对于一些超出工作时间外的突发应酬，男人不妨做个合理的解释。当然,这样的解释是为了打消女人的多疑心理,比如你真的有应酬,那么不妨告诉你的女人具体的地址,和什么人在一起。如果有可能,邀请女人一起参加,如果不方便可以让女人在周围等。你表现得越真诚,女人才会越相信你;如果你什么都不说,女人便会多想。

❖ 适应"半糖主义",甩掉婚恋中的依赖心理

有些人谈了恋爱,结了婚便把自己的空间和时间压缩,完全像个狗皮膏药一样,黏在对方的身上,一天24小时,都要跟对方黏在一起。相对来说,女人更为明显这往往压得男人喘不过气来。毕竟一个人生活中,不是只有恋人。

挤压男人的私人空间,只能让他们选择逃离。这时候,作为女人,不妨学会点"半糖主义",除了经营爱情和婚姻,学着去经营和打理自己的生活。慢慢地你就会发现,你的爱情越来越有滋味,你的生活也越来越有意义。

和俊逸结婚之后,艾菲的生活发生了翻天覆地的变化,昔日好友约她去逛街,她找借口推辞了,同事找她去聚餐,她一样找借口给推辞了。当然借口都是一样的,不是给俊逸做饭,就是去看望俊逸的爸爸妈妈。时间久了,她渐渐淡出了朋友们的视线。对于艾菲来说,也没有什么不好,总之,她的心思全在丈夫俊逸的身上。

对于妻子艾菲的热情,俊逸非常感动。她放弃了自己的生活,在自己的生活里充当了一个配角,简单点说,俊逸觉得妻子爱他胜过了爱自己。确实也是这样的,在艾菲的眼里,俊逸就是她的全部。

可是时间久了,俊逸就觉得非常压抑。上班期间,艾菲总是不停地打电话,嘘寒问暖,吃饭的时候又不断叮嘱他,就连下班了之后,艾菲也一个劲地催他回家。三分钟一个电话,五分钟一个电话,询问他的位置。更要命的是,昔日的好朋友一起聚会,艾菲总是一个不落地要参加。很多时候,因为

她的存在,朋友们都不能尽兴。

后来,俊逸忍无可忍,狠狠地跟艾菲吵了一架。直到那个时候,艾菲才意识到自己的爱太过沉重,让俊逸已经到了忍受不了的程度,她知道俊逸很爱她,几乎没有跟她发过脾气,可是这一次,俊逸非常愤怒。

明白了这一切之后的艾菲重新开始打理自己的生活。她主动给以前的朋友打电话,精心打理和安排自己的生活。慢慢地,她发现,自己的生活也可以多姿多彩。而正是因为少了很多对俊逸的关心,反而得到了丈夫的关怀。

现在的艾菲再也不在家里等着俊逸回来了,而是一有时间就和朋友、同事逛街。她再也不有事没事给俊逸打电话了,而是去关心她的亲戚朋友。两人的关系并没有因为彼此的忽视而"疏远"相反正是因为"忽视",才尊重了对方,给了对方自由,两人的感情更加的甜蜜了。

故事中的艾菲在结婚之后,把所有的精力都放到了丈夫俊逸的身上,在爱的同时也给了俊逸极大的压力。后来,艾菲明白了爱情和婚姻要使用些"半糖主义",要给对方空间。由此可见,爱情并不是你付出的越多就越好,在你付出的同时,也要考虑对方能否接受,也要给对方付出的机会。那么,在婚恋中,如何做才能使用"半糖主义",甩掉婚恋中的依赖心理呢?

1. 要有自己的生活

即使结了婚,还是两个独立的人。所以,要学会精心设计和打理自己的生活。要有自己的朋友和社交圈子。这样,你在经营生活的同时,也能经营好爱情和婚姻。毕竟爱情和婚姻并不是一个人的全部。用婚姻这个笼罩来把自己或者对方的生活完全隔离在两个人的世界里,无疑对谁都是不公平的,也是不健康的。

2. 付出一定要适度

有些人觉得自己恋爱了,结婚了,就要全心全意地去对待对方。当然这样的想法没有错,对爱情和婚姻的付出也是值得肯定的。但是,凡事都有个度,过犹不及。如果你的付出让你的另一半感觉到快乐和幸福,那么就是值得的。如果对方感觉到的是痛苦,那么你就要有所收敛,因为对方承受不起。

3. 给对方独立空间

爱情，包括婚姻都不是占有。两人确定了关系，并走进了婚姻的殿堂，那说明你们彼此是对方生命中最重要的那个人，但是并不是对方的全部。对方还有朋友，还有亲人，还需要和社会上形形色色的人打交道。如果你不给对方足够的独立空间，那么对方就会因为你的爱而背负沉重的心理包袱，你的过度依赖会让对方窒息。

4. 尊重对方隐私

有人觉得两个人在一起了，就应该互相信任，但是信任并不代表对方在你面前没有隐私。有些事或许不方便你知道，更有可能的是你不能知道。如果你觉得对方不告诉你就是不信任你，对方也会忍受不了你的控制而选择逃离。

❦ 婚恋中为什么你没有安全感

很多时候，我们听到恋爱中的人总会抱怨：我没有安全感。那么，究竟为什么呢？究其原因，主要是爱情的唯一性和排他性在作祟。因为是唯一，你选择对方，就要放弃别的选择。与此同时，也会要求对方做选择。但是，你却不能保证对方为了你愿意放弃，或者是为了你愿意将自己的选择坚持下去。

说简单点，就是不相信对方，而彼此信任则是爱情、婚恋最基本的前提。因为怕被背叛，怕受伤害，所以不敢放手去爱。在爱情上举棋不定，往往会让彼此之间的感觉大打折扣，而爱情少了感觉便会索然寡味。因此很多人在婚恋的路上总是迷茫，不知所措。

雯雯和靖宇是通过朋友介绍认识的。见面的那天晚上，两人有说有笑，并没有任何拘谨，气氛和谐，感觉蛮好。雯雯被靖宇的帅气和成熟深深地吸引了,而靖宇却钟情于雯雯的简单和真实。

没过多久,两人牵手,正式确定了恋爱关系。虽然两人一直在热恋中,但是靖宇却感觉不到一点儿幸福,他总是忧心忡忡,被别人伤害过之后,他不敢再放开手脚去爱,他怕对方突然间从他的身边离去。

实话说,他并不优秀,没有太多的钱,没有稳定的工作,这样的人在街上一抓一大把。而雯雯虽说不算漂亮,但是气质却非常好,而且家境也不错。在靖宇的心里,总觉得自己配不上雯雯,两人相处的时间越久,他的这种感觉越发强烈。

对于雯雯来说,和靖宇走到一起实在不易。她已经远远超过了谈婚论嫁的年龄,可是始终碰不到那个让她心动的人。父母的催促让她压力倍增。可是她又不想随便把自己嫁掉。而靖宇帅气不说,而且很有才华,很有思想。在她快30岁的时候能找到这样一个男人,当然要紧紧的攥进手心里了。

但她也担心靖宇会离开她。因为靖宇的不落俗套和才华横溢,身边总是有很多漂亮时尚的女孩子出现,其中不乏各方面条件都比自己优秀的人。为此,她也总是很担忧,担心某一天,靖宇突然从她的身边消失。

尽管两人都在拼命努力,可是感情并没有增进多少。因为两人都缺乏安全感,不敢放手去爱,而把爱情当做模式或者是程序一样走完。以至于后来两人都厌倦了这种模式,他们都很迷茫:接下来怎么办?分手吧,有些不舍得,毕竟彼此爱着对方,可是继续呢?又觉得两人都小心谨慎,爱情没有意义。

故事中的雯雯和靖宇都很喜欢对方,但是由于缺乏安全感,所以不敢放手去爱,以至于让爱情,走到了十字路口,亮起了黄灯。究竟是该继续呢,还是该放弃呢?两人都很茫然。由此可见,安全感是爱情保鲜的防护墙,因为生活的变数实在太大,爱得深了会伤害自己。缺乏安全感,爱情便索然寡味了。那么,如何才能在婚恋中让你的心有安全感呢?

1. 要相信自己,不要自卑

不可否认,爱情的目的是走向婚姻。可是在恋爱中,很多人往往太过注重实际的条件,觉得自己条件有限,配不上对方,殊不知爱情还是要靠感觉的。

所以,要相信自己的实力,在两人的交往当中,千万不要自卑,你的自信更能让对方为你着迷。只要双方感情深厚,那些外在的条件也就变得微乎其微了。

2. 要相信爱情,放手去爱

由于形形色色的价值观、爱情观的出现,更多的人宁愿相信金钱,也不愿意相信爱情。这样,恋爱包括婚姻就变成了赤裸裸的交易。即使是有感情的双方,也会或多或少地考虑物质条件。因此,传统的爱情观受到了严重冲击。这使得恋爱中的双方都不相信爱情,导致两人畏首畏尾,不敢去爱。这也是严重缺乏安全感的表现。

3. 要相信对方,勇敢付出

彼此信任是爱情的基石,可是现实生活存在的诱惑实在是太多。所以,即使是热恋中的人也总担心自己白白地付出,总担心对方会离开自己。这样,便破坏了彼此之间的美好感觉。其实,大可不必为此而担忧,既然是恋爱,彼此选择,那么就要相信你的恋人,勇敢地付出,否则,恋爱便无法继续谈下去。

4. 别害怕承受失败的痛苦

很多人之所以严重缺乏安全感,是因为曾经或多或少地在爱情上受过伤害,所以总是担心再次被伤害,认为小心翼翼可以减轻甚至避免伤害,但是也同样也让走向成功的路扑朔迷离。因为你缺乏安全感,便不敢去爱,不爱怎么会有爱情的结果呢? 正应了那句老话:付出了不一定有收获,但是不努力绝对会失败、会受伤。因此,受伤了也不要害怕,依然要全身心地去爱,因为只有这样你才能得到真正的爱情。

❧ 动用撒娇策略,攻下爱情堡垒

很多时候,我们发现,有些人,不论你是动之以情还是晓之以理,好话说尽,就是不为所动。但是在女孩子撒撒娇之后,却放弃了坚持。究其原因,撒娇是向对方示弱，勾起了对方内心深处的同情心和保护欲。

因而，在恋爱中，不妨撒撒娇，把严肃的问题变得轻松一些，这样，在你的示弱当中，对方不知不觉地被你征服。也许你会说，撒娇是女人的专利，其实不然，男人也可以适当地撒撒娇，征服女人。

大夏和迦女是刚刚结婚的小两口。两人新婚燕尔，整天黏在一起，尽管两人上班的地方有一段距离，可是每天，大夏都会亲自把迦女送到单位再去上班。下班的时候还会亲自去接，两人时不时地还会来些浪漫。

这天下午，下班后，大夏刚走出办公室，主管把他叫住了。原来他之前负责的一个策划案出了问题，需要尽快修改。于是大夏给迦女打了电话，让她稍等片刻。可是等他把案子做好之后，已经是晚上九点多了。这时候他才突然想起迦女还在等他，打电话没人接。

等他火急火燎地赶回家里之后，发现迦女一个人静静地坐在沙发上，神情沮丧。大夏走上前去，一个劲地赔礼道歉，使用各种办法哄她开心，但是迦女说她并没有生气。大夏知道，迦女嘴上说原谅了自己，可是心里还是在怪罪他。他对自己说："得想个办法把她逗笑，只要她笑了，心里便不好意思再生气了。"

想到这里，大夏悄悄地钻进了卧室。不一会儿，他来到了迦女的身边，可怜兮兮地学着蜡笔小新的声音说："神仙姐姐，小新肚肚好饿啊，麻烦你帮忙解决解决嘛。"

迦女瞪了他一眼，没好气地说："走开，走开。"

大夏向前蹭了蹭，撒娇说："解决解决嘛，你摸摸肚肚好饿啊。"说着便拉着迦女的手往自己的肚子上放。

此时迦女已经不生丈夫的气了，再加上大夏的撒娇，迦女笑着用脚踹着说："走开，走开，你这讨厌的死小新。"

大夏故意装作哭的样子，撒娇道："神仙姐姐不爱小新了，小新好伤心哦，呜呜呜。"

迦女笑着迎上来，和大夏打闹在一起。

故事中的大夏，伤了妻子的心后，采用撒娇的方式，淡化了问题，让一段不愉快的别扭在他嗲声嗲气的撒娇声中化为乌有,两人的打闹也增进了感情。由此可见,适度的撒撒娇可以柔化对方的心,化解矛盾和隔阂,增进感情。那么,在用撒娇策略的时候要注意哪些方面的问题呢?

1. 撒娇时要把情感拿捏好

恋爱中的男女双方,利用撒娇的心理来俘获对方的内心时,一定要注意拿捏好情感。如果情绪不到位而言语到位了,则会让听者觉得滑稽可笑。反之,言语不到位而情绪到位了一样起不到相应的效果。因此,在撒娇的时候,一定要拿捏好情感、拿捏好语言,这样才能起到柔化对方内心的效果。

2. 女人撒娇不妨嗲声嗲气

很多女孩子善于撒娇,尤其是面对自己男朋友的时候,更是嗲声嗲气,这样往往能激起男人的同情心和保护欲,增进恋人之间的情感。因此,女人要想征服男人的心,不妨在撒娇的时候嗲声嗲气一些,这样更能酥软男人那颗坚硬的心,即使是再心硬的男人也抵挡不住女人嗲声嗲气的撒娇。

3. 男人撒娇千万不要过度

很多人觉得撒娇是女人的专利,其实生活中,很多时候男人也在撒娇。只不过男人撒娇不像女人那样嗲,而是学小孩子,激发女人柔软的母性。因此,男人在撒娇的时候,千万不要过度,要适可而止。如果对方真的爱你,那么男人无需怎么撒娇就能征服女人的心,因为女人的心本身就很柔软。

4. 撒娇时带点恭维和自贬

在撒娇的时候,不妨带点恭维,在恭维别人的时候再来些自贬,这样形成鲜明的对比,让对方觉得自己很强,而爱人很弱。这样,对方的同情心和保护欲就会被你成功地激发出来,你的撒娇也能真正地柔化对方的心,否则你的表达只能是浪费表情,弄不好还会让对方对你产生厌恶。

❦ 寻求刺激的心理：出轨是条不归路

在婚姻中，两个人相处的时间久了，慢慢地也就失去了新鲜感，这时候，婚姻更多的是要靠责任来维系。但是生活中，很多人耐不住寂寞，在婚姻之外跟别人发生感情，导致出轨之事频发。

人在情感里一旦出了轨，就是对爱情、对婚姻极大的伤害，轻者感情破裂，重者妻离子散，而出轨的感情根本代替不了结发的情感。因此，出轨不管是对男人还是对女人来说，都是一条不归路。即使你再努力来弥补，你的家庭都回不去了。

王爱和邓华结婚已整整六年，在这六年里，他们虽然算不上有多么恩爱，但是日子也在争争吵吵中过得有滋有味，现在他们的孩子已经三岁多了。上有老人，下有孩子，一家人的日子其乐融融。

可是事情就在今年夏天发生了变化。原来，那段日子，王爱的父亲因为癌症离世了，王爱的情绪非常低落，为了让妻子的心情迅速好起来，邓华为她报了团，让她去九寨沟好好玩玩，本来说好是两个人一起去的，可是为了省钱，邓华只给王爱报了名。

那天，王爱离开了家，随着旅行团出发了。说来也巧了，在车上竟然碰上了小时候的玩伴郑斌，两人愉快地交谈了起来。原来郑斌刚刚离婚，也是前去散心的。两人都是孤身一人，于是结伴而行。

由于两人都遭受了生活的打击，所以在一起聊得特别投机，他们互相鼓励，互相安慰。对于王爱来说，郑斌的成熟和稳健深深地吸引了她，他给她的是丈夫邓华无论如何也给不了。尽管这些年，她和邓华也过得挺好，但是她总是感到很孤独，尤其是遭遇了失去亲人的打击之后。而恰恰同样遭遇了生活痛苦的郑斌却让她感到非常温暖。王爱的善良和体贴，同样征服了郑斌。

于是,在出外游玩的日子里,郑斌和王爱牵手了。这几天对于他们来说,可谓是人间天堂。可是旅游结束之后,现实的问题又摆在了他们面前。要和郑斌长久,王爱就要和丈夫离婚,可是说实话,她并没有想好,毕竟和邓华有六年的夫妻情分了。可是,她又舍不得郑斌,她知道自己爱他。在艰难抉择之后,她打算给自己多留一个月的时间来考虑。就这样,一切仿佛什么也没有发生过一样。郑斌离开了,她回到了以前的家里。

可是这一切,却瞒不过邓华的眼睛。自从回来之后,王爱再也不让邓华碰她,也不爱操持家务,而是用手机不停地发短信。后来,趁王爱不注意,邓华看到了郑斌的手机号码打了过去。一切水落石出。

当邓华愤怒地质问王爱的时候,王爱才意识到了问题的严重性,她不想失去孩子,不想失去家庭。于是她向丈夫保证和郑斌断绝关系,好好过日子。为了不让这个家破损,邓华原谅了王爱。

可是,从那之后,邓华始终不给王爱好脸色看,动不动又打又骂。王爱知道自己做错了事情伤害了丈夫,所以一直忍让,可是邓华却没有停止。一次,在邓华喝醉酒痛打王爱之后,王爱哭着问他:"你就不能像以前那么对我吗?"邓华骂道:"那你是以前的你吗?"从那时候,王爱才明白,其实邓华并没有真正原谅自己。

他们的婚姻就这样结束了。

故事中的王爱因为对郑斌产生了好感,随即在婚姻的道路上出了轨。尽管后来她因为舍不得孩子、舍不得家庭而断绝了这段婚外情。可是她的出轨却给家庭、给丈夫带来了伤害,以至于丈夫为此耿耿于怀,并迁怒于她。由此可见,在婚姻中出了轨,便没有回头路,即使你的另一半原谅了你,也在他们的内心深处留下了一根刺,要想回到之前是不可能的了。那么,如何避免在婚姻中出轨呢?

1. 双方保持经常沟通

很多人出轨是因为夫妻关系出现危机,彼此都不能给对方温暖,反而伤了对方的心。在这种情况下,很容易在别人身上寻找安慰,导致了出轨的事情发生。因此,夫妻双方要尽可能尊重对方,理解对方,经常谈心,保持沟通,这样,对方才不会感到孤独,有问题也能及时解决掉。

2. 要有家庭责任感

要对一个人永远保持新鲜感是不可能的事情。两个人在一起久了,免不了彼此厌倦,当对自己的伴侣厌倦的时候,往往会对别人产生兴趣。这时候,你要明白你是有伴侣的人,有家就有责任。当你明白了自己身上背负的责任之后,你就不会轻易迈出脚步。

3. 要学会给爱情保鲜

周而复始的生活往往会让我们的心失去憧憬幸福的动力。这样一来,当下一个有缘人出现在生活中的时候,便会很容易走错路。所以,要想杜绝出轨,就要学会给爱情保鲜。不要以为结了婚了,有了孩子了,就不应该有浪漫了。时不时给你的妻子送束花,精心打扮给你的丈夫跳支舞,往往能让两个人的爱情更加甜蜜。

4. 要有预防出轨的意识

很多人出轨之前并没有对出轨之后的问题认识清楚,觉得不就是那么回事情嘛,有什么大不了的。在这样的认识之下,出轨也就变得很轻松。事实上并非如此,出轨一直会对你的婚姻产生伤害。所以,要有预防出轨的意识,这样,当面对外界诱惑的时候,便会有免疫能力。

中篇 读心术，知人知面知人心

第7章 解读表情，他的神色就是密码

　　有些时候，面对不善言谈的人，有些人能够从对方的表情中迅速读懂对方的内心，从而抓住对方的心思，然后句句说在对方的心坎上，最后达到自己的目的；相反，有些人总是不分对象，见人就口若悬河地谈起来，往往让听者心生烦恼而又不好说出来，于是两个人的关系越谈越僵。为什么前后两者会有这么大的差别呢？其实原因就是前者能够解读表情，从对方的表情中读出对方的内心世界。如何才能做到这一点呢？请看本章节的详细解密。

我会看脸，别以为不说话就不知道你想什么

李欣和赵启是同乡，最近两人一起进了一家电脑公司的销售部当业务员。两人的学历、性格也差不多，领导为了看他们两个人的个人表现，于是决定分派他们两人到两个不同的地方搞业务。

李欣到的地区比较偏僻，但是他没有悲观，而是认为赚钱的机会来了，因为市场潜力很大；赵启到的地方很富裕，但是他同样很乐观，因为觉得当地人都有能力购买电脑。

有一次，李欣到学校去推销电脑，当走进校长室的时候，校长第一眼并没有留意面前站着的这个人，而是看着他手中的电脑，看完之后，低头沉思片刻后，才抬起头来对李欣说道："你是来推销电脑的吧？"

李欣笑道："校长您好！我们电脑公司积极响应国家的家电下乡政策，推出了一款既便宜、质量又好的笔记本电脑。"

校长神情有些迟疑，半信半疑的。

李欣微笑道："这台电脑的配置完全是高质量的，只是为了响应国家的政策才将价钱降到原来的一半。"

说完，李欣把产品的优惠政策说明书，电脑配置质量说明书以及售后服务等给校长翻看。校长看后，问了一下价格，双方就价格谈妥后，校长订了二十台电脑。

李欣以同样的方式在他所在的地区谈成了很多业务。

且看赵启，赵启每次向别人推销电脑之前，总是不喜欢细看别人表情，只是介绍他所卖的电脑如何好，最后几乎没有谈成一单业务，失败而归。

在这个案例中，李欣之所以能够成功，不是因为李欣比赵启多学会了什么绝学，只不过是李欣更善于从客户的表情着手，摸清对方的心思，然后逐步引客户上钩。因此，在说话前，不妨先看看对方的脸色，摸清对方的心思，

然后对症下药。那么,如何才能做到这一点呢?

1. 对方眼睛凝视某处意味着在思考

当对方在思考的时候,眼睛往往会凝视在某处不动。比如在生意谈判的时候,当对方眼神凝视某处不动之时,对方可能正在思考你提出的条件,正在权衡利弊,聪明的谈判者往往会做出一点点让步,然后对方很有可能就会答应你所提出的条件。

2. 对方努嘴意味着对你不满

当有人向你努嘴的时候,往往意味着对方对你之前说的话或者做的事情感到不满,这个时候,聪明的人往往会主动道歉,对方也会不由自主地原谅你,否则,只会让对方更加讨厌你。

3. 对方双眉上扬意味着心情起伏较大

双眉上扬是人在极度欣喜或者极度惊讶的情况下才有的动作。在这种情况下,对方的心情起伏一定比较大。如果你想告诉对方什么事情的话,最好等他的心情平复以后再去,否则,即使你想和他谈有利于他的事情,也很有可能引起对方的反感。

4. 对方鼻子冒汗意味着心里紧张

鼻子冒汗之人往往是遇到突发急事,心中紧张。这种情形下,高明的谈话者往往会选择从一些平和的话题入手,尽量在语言上宽慰对方,往往会博得对方的好感,否则,只会让对方越发紧张,导致谈话陷入僵局。

5. 对方面部肌肉绷紧意味着很悲伤

面部绷紧之人往往刚刚经历过悲伤的事情,这个时候,他的心情很可能和常人不一样,说起话来往往比较容易冲撞他人,聪明的人面对这种人时,往往会找一些令人高兴的话题来谈论,在说话过程中,即使对方语言上不很友好,但是也能够心平气和地回答。

鼻子也会表达情绪，就看你是不是有慧眼

生活中，只要你注意观察就会发现，不止眼睛和眉毛可以表达情绪，鼻子也可以表达情绪：鼻孔变大或者变小都体现着一个人的情绪变化，当鼻孔变大并且伴随着急促的呼吸，说明这个人在生气；而当一个人鼻孔变大并且呼吸放缓，则说明这个人心里很高兴；当一个人鼻孔变小，则说明这个人心里很焦虑。因此，鼻子也会说话，就看你是不是有慧眼。

王婷是一名刚考入市政府机关的公务员，在还未上班之前，她就听说过政府机关的工作很清闲，新进机关的人员最好勤快一点，每天早上最好擦一遍桌子、拖一下地。

去单位报到的第一天，她准时进办公室，和领导及同事打了招呼之后，连忙拿着抹布擦桌子，用拖布拖地，领导和同事都赞赏她很机灵。

得到领导和同事们的称赞后，她每天都擦桌子、拖地。

有一天，她在给一位领导擦桌子的时候，忽然发现领导在皱鼻子，她也没有注意，以为那只是领导的无意识动作，于是继续干她的活。

在以后的上班时间里，她发现皱鼻子的那位领导平时好像喜欢让她扫地、搬东西，反正凡是脏的、累的活统统都让她干，稍有不满意的地方，还会挨批评。她仔细观察后，还发现，那位领导每次都喜欢在她擦桌子的时候皱鼻子。

可是，王婷始终不明白领导是什么意思。

终于有一天，领导的秘书在吃饭的时候悄悄地告诉了她说："我们领导其实是一个很爱干净而且喜欢早起的人，每天早上在你之前，他已经将卫生打扫得很干净了，你没有发现桌子很干净吗？"

这时王婷才恍然大悟，可是已经太晚了，很多领导和同事已经对她很反感了。

在这个案例中,王婷是一个很勤劳的人,但当她看到领导向她皱鼻子的时候,她并没有留意,并且也不知道那个动作代表什么意思,导致后来让领导和同事们厌恶。因此,鼻子也会说话,就看你是不是有慧眼。如何才能读懂鼻子说的话呢?

1. 鼻头冒出汗珠

一般情况下,鼻子上冒汗,说明对方心里焦躁或者是很紧张。要么对方在和你交往当中有什么事情瞒着你,要么对方内心有鬼,对你不利,因为怕你发现,心里心情紧张。这时候你就要冷静一些,仔细一些,对对方要有所防范,做决定的时候不要冲动。

2. 鼻子稍微胀大

通常,鼻子稍微膨胀的时候,说明对方呼吸急促,说明对方内心有不满的情绪。这时候,说话的时候就要多注意对方的情绪变化,多引导对方说出他不高兴的原因,及时予以化解,否则,触动对方的这种情绪,势必要给双方的交往蒙上阴影。

3. 皱鼻子表示厌恶

人在表达厌恶情绪的时候,往往会皱鼻子。这个时候,作为对方的交往和相处者,就要反思一下自己有什么地方做得不对,哪些话说得不合适,然后主动向对方道歉,一般情况下,对方是会原谅你的。否则,往往会使对方越发厌恶你,进而和你的相处出现新的危机。

4. 生气时往往鼻孔变大并且呼吸急促

正常情况下,你没有跑步或者干累活的话,如果你生气,心中必有怨气或者怒火,而怒火或者怨气急于想撒出来,因而呼吸急促,血液加速运转,导致鼻孔舒张,从而出现了鼻孔变大且呼吸急促的现象。对此,聪明之人,往往会选择暂避风头,等到对方和颜悦色之后,再找对方谈话。

5. 高兴时往往鼻孔变大并且呼吸缓和

高兴之人,必定心中开朗,因为神经比较兴奋,从而导致血液循环加快,鼻孔变大,此时由于心中并无怨气,因此呼吸很缓和。因此,这个时候你可以选择跟对方说一些平时说不出口的尴尬话题,对方往往不会介意。

瞳孔的变化你能发现吗

在生活中,只要你细心观察就会发现,有些人在说话前总是喜欢先打量对方一番,然后他们说的话往往句句都说在了你的心坎上;相反,有些人总是莽莽撞撞,只要他面对的是一个人,便口若悬河地大肆谈论起来,往往大部分话语都提不起对方的兴趣,最后双方只有不欢而散。

为什么前者在说话之前首先会打量一下对方呢?其实,他们往往是在观察对方的瞳孔,然后根据瞳孔中隐藏的秘密来判断对方的心理。因此,在生活中,善于发现瞳孔里的秘密对于了解对方心理是非常重要的。

张西是一个喜欢冒险的投资者,他喜欢周游世界,到处经商。虽然家人极力反对,但是他认为这样能够积累更多的经验。

有一次,他将自己经营多年的金银首饰店转让了,然后只身一人跑到异国他乡去继续做金银首饰生意,当时他的亲人和朋友都极力反对,因为他们认为张西的外语不太好,而且没有在国外生活和工作的经历,现在一个人去做生意风险太大。

他来到了西欧的一个小国,在那个地方开了一家金银首饰店,但是他发现那个地方的人在买首饰的时候不太喜欢多说话,他和顾客说话往往也很少有人理会他,为此,他感到很苦恼。

在细心观察一段时间后,他发现凡是买了他的首饰的顾客,在购买之前瞳孔会变得很大,而没有买他的首饰的人瞳孔则没有什么变化。

发现这个规律以后,当他发现顾客眼睛变得很大的时候,他就把首饰的价钱抬高,相反,当他发现顾客的瞳孔没有什么变化的时候,他就把价钱稍微放低一点。

一年之后,他的生意越做越大,很多亲戚朋友都很羡慕他,他的家人也由当初的反对变成现在的支持。

几年以后,他在很多国家都有了自己的连锁店。

在这个案例中,张西是一个善于细心观察别人表情的人,当他发现客人瞳孔变化的秘密以后,他将它运用在生意上,于是生意越做越成功。因此,在生活中,善于发现瞳孔里的秘密对于了解对方心理,从而对症下药、实现自己的目的是非常重要的。那么,如何才能做到这一点呢?

1. 有强烈的兴趣时

这种瞳孔放大的情况生活中经常发生,人们凡有强烈兴趣或追求动机时,瞳孔会迅速扩大。案例中的张西就是利用了瞳孔的这一特点来迅速做大生意的,比如出售首饰时,他根据顾客瞳孔的大小来要价,如果一枚钻戒的熠熠光泽能使顾客的瞳孔扩张,他就把价钱要得高一些。

2. 感觉到厌恶之时

瞳孔活动与心理活动有着十分密切的关系,厌恶时瞳孔往往会缩小。因此,聪明之人在看见对方的瞳孔缩小之后,往往会反思自己的行为或者言语有没有让对方不高兴。如果有的话,聪明之人往往会主动道歉,然后争取对方原谅;如果没有的话,聪明之人往往会暂时回避,等到对方情绪好转之后再来谈话。

3. 感觉到疲倦的时候

当对方感觉到疲倦的时候,瞳孔往往会变大,同时眼神游离,有时候还会闭上眼睛,这个时候不管你对对方说什么话题,对方都会无精打采,似睡非睡。这时,聪明的人往往会暂时回避,待到对方的疲倦消失之后,方才继续交流。

4. 感觉到悲伤的时候

当一个人感到悲伤的时候,他的瞳孔往往会变大,其中往往还会有泪珠。此时,他的情绪往往不稳定,一旦遇到令他悲伤的话题时,他也许会忍不住大哭起来。这个时候,聪明的人会说一些宽慰他的话,对方也会感觉到温暖,从而对你产生好感。

5. 感到恼怒的时候

当你感到恼怒的时候,你的瞳孔往往会变大,并且眼睛瞪得圆圆的,这个时候，你往往会感觉到有气堵在心中，将自己压得很难受。遇此情形，聪明之人往往会暂避锋芒，待到对方的情绪稳定之后，再与他进行交流。

⚜ 解读嘴唇上的"微表情"

面对表情多变的人，有些人能够细心观察，及时读懂嘴唇上的表情变化，然后对症下药，在处理人际关系的时候，游刃有余；相反，有些人往往忽视嘴唇上的变化，认为对方很顽皮或者是无意识的动作，导致引起别人的反感，最后谈话双方分道扬镳。因此，在生活中，读懂嘴唇上的"微表情"是相当重要的。

张龙是一个涉世未深的大学毕业生，大学毕业后通过公务员考试考进了西部某一偏远地区的市政府机构，听说他端上"铁饭碗"之后，亲戚朋友们都非常高兴，认为他就要飞黄腾达了。

他在亲戚朋友的欢送下坐火车到单位报到，走到单位楼下时，他的心凉了半截：一个地市级的机关居然位于一栋只有五层楼高的破旧楼房里。房子旧旧的，还没有家乡乡政府的办公大楼高大宏伟，甚至还不如一些平常百姓家的房屋高大。他微微咬着嘴唇走到五楼。

当他走到单位门口的时候，他的心几乎全凉了：很多办公室里的办公设备破旧不堪，与他心目中的情形完全不同。这时办公室里面走出一人，打量了一下张龙，微笑道："你是新来单位报到的吧？"

张龙的神情依然有些呆滞，咬着嘴唇，微微点点头。

那位从办公室里面走出来的人好像看出些端倪了，微笑道："新的办公大楼就要落成了，这边的办公楼还是建国后不久修建的，有些破旧。"

和单位的领导及同事一一自我介绍了之后，领导说道："小张，你得自己租房子住。"

张龙来之前，通过网上了解知道这里的平房一般是没有厕所的，而楼房很贵,并且一个人住的话有些大,本来希望单位能够安排住宿。所以他听后,表情微微有些迟疑,抿着嘴,低声说道:"哦!"

领导已经从他的微表情中,猜到了他的心思,于是说道:"单位里职工都没有房子,有什么需要帮助的,我们可以想办法给你解决。"

张龙不再说什么。

有一次,单位的领导想给张龙介绍一个对象,于是对张龙说道:"你的年龄也不小了,你有没有考虑过结婚?"

张龙摇摇头。

领导忽然变得严肃起来,张龙这才恍然大悟,连忙说道:"我还年轻,暂时还不想结婚。再说,我的家在农村,父母为了我读大学,已经耗尽了家里的钱财,我现在得赶紧支援家里面。"

说到这里,领导咳嗽了一声,抿着嘴,但是张龙情急之下没有留意。

后来,领导再也没有给张龙介绍过对象,而且其他领导以及同事对他都变得冷淡起来。

在这个案例中,张龙喜欢用嘴唇的微表情来表达情绪,但是他又是一个不善于观察对方嘴唇上的"微表情"的人,导致后来和同事关系破裂,最后不得不考虑走。因此,在生活中,读懂嘴唇上的"微表情"是相当重要的。那么,如何才能做到这一点呢?

1. 对你不满的努嘴

努嘴之人往往是对别人做的事或者说的话不服气,常见于有活力的青少年用于表达自己的不满情绪。因此,当你的朋友或者晚辈在向你努嘴的时候,你不要误以为这只是小孩子的习惯动作,而是表明对方已经对你不满了。聪明的人往往会自我反省,然后主动向对方道歉。

2. 令人尴尬的翘嘴

翘嘴之人往往是被别人的话说到了心窝上,但是又有些不满情绪。如果男生将一个女孩难堪的事情说出来,女孩往往会翘着嘴表示不满。因此,当有女孩向你翘嘴的时候,你最好换一个话题,免得让彼此都很尴尬。

3. 含义多样的撇嘴

撇嘴有很多意思,有些时候,嘴向左撇示意你往左边走,嘴向右撇暗示你向右走;而有些时候,撇嘴意味着别人对你很不满,有些不屑一顾,这往往是成年人的专利。如果你向别人撇嘴,往往会让对方生气,所以慎用撇嘴。

4.生气时往往嘴唇僵硬

人生气的时候,往往会嘴唇变僵,同时微露牙齿,这一点男女老少都一样。生气之人,必定心中有气想发泄,但是又一时无法全部发出来,他只好咬牙切齿,暂忍心中怒火,从而导致嘴唇僵硬。

5.思考时往往咬着嘴唇

咬着嘴唇的人往往是在思考问题,这往往是年轻人的专利。一般来说,年轻人的思维往往比较发散,当他们对一个问题想不出答案的时候,往往会咬着嘴唇以集中注意力,然后沿着之前的思路纵深考虑。在面对这种人的时候,你最好不要打扰他,免得扰乱了他的思路。

⚜ 读懂眼神里的语言

在人多场合,想要告诉你的好友一些紧急而私密的事情时,又不便用语言交流,此时你也许会用一个眼神暗示他到隐蔽的场所,也许你会选择用眼神直接将事情告诉你的好友、这时你的好友需要能看懂你目光里的含义。

龙武是一家玩具厂流水线的线长,在工作中,认识了流水线女工赵雪,随着时间的流逝,两人的感情越来越好。

两人的年龄也越来越大,已经到了谈婚论嫁的年龄了。于是,快到春节的时候,赵雪带着龙武回老家看望父母,也希望父母能够给自己参考一下。

在回去的火车上,龙武用开玩笑的口气问赵雪:"在你们家乡结婚都有什么风俗习惯?会不会要很多彩礼?"

赵雪白了他一眼,然后眼睛忽然左转转,然后右转转,迟疑了一会儿,假装很生气地说:"你也太看不起我们西北人了吧?我们虽然不富裕,但是我们不落后,都现代社会了谁还会要彩礼啊?"

龙武并没有留意女朋友的眼神变化。

虽然赵雪的口气有些霸道,但是龙武心里却是非常高兴,因为现在他的家里正遇到经济困难,两个弟弟在上大学,花费了不少学费和生活费,他家里的生活费都是向邻居借的。

到了赵雪家后,在饭桌上,赵雪的父母一边瞅着龙武,一边用眼睛瞪女儿,赵雪有些不满了,大声说道:"我办婚礼可不许你们向男方要彩礼!"说完,她朝母亲使了个眼色。

龙武一心在想吃完饭后该帮未来的岳父母做些什么家务,并没有留意赵雪一家人的眼神。

这时,赵雪的母亲说道:"按照我们这边的习俗,男方需要拿10万元给女方家里,然后女方家里用这笔钱给女儿买嫁妆,不过你放心,我们会把这些钱全部都花在你们小两口的身上。"

龙武听后,脸色苍白,眼神游离,险些将碗掉在地上。

清醒过来之后,说道:"我现在家里经济负担比较重,有两个弟弟在上大学……"

还没有等龙武说完,赵雪的父母就匆匆放下碗离开了桌子。

等到龙武走的时候,赵雪借故想在家里多陪父母几天,便没有和他一起走。

从此,龙武再也没有见到过赵雪,打电话也没有人接,两人的关系就此结束了。

在这个案例中,龙武不善于观察对方的眼神,从而没有洞察出女友及其家人的内心世界,导致说错了话,让双方的关系就此终结。因此,读懂眼神里的语言、看懂目光里的含义是相当重要的。

1. 自卑的人往往害怕和人对视

在生活中,当你将眼光对着他人的时候,有些人往往会迅速将视线移开,总想避开双方的眼神交流,这些人往往很自卑。在他们心里,别人的眼神好像是在挖苦他的缺点,在嘲笑他的不足,于是当你注视他们的时候,他们会感到很紧张,而且容易发怒。

2. 内向的人视线在别人身上

性格内向之人,在一个地方生活久了,容易被他人发现他的性格弱点,往往会有一些朋友劝他放开朗一点。因此,当性格内向之人与一个陌生人交谈时,他往往会为了证明自己不是内向之人而显出一副不害羞的样子,于是他便会将视线游移到对方身上。

3. 诚实的人视线在对方的眼面

诚实之人往往会认真倾听对方的谈话,然后最大限度地从别人的谈话中获取信息,并将自己所知道的东西老实地告诉对方。此时,他只有将视线移至对方的眼部和面部才能最大限度地从对方的谈话中获取信息。

4. 仰视的人对他人尊敬和信任

有时候,有些人面对自己比较尊敬的人时,他们往往会仰视对方,因为在他们心里对方的形象就像高山一样,需要仰望。同时,他们还比较喜欢观察对方的一举一动,而仰视恰好能够看到人面部的主要变化。

5. 俯视的人在保持自己的尊严

有些时候,有些人在自己的尊严受损之后,往往急于挽回自己的面子,他们在言语上占不到对方的便宜,于是便在眼神上下功夫,他们往往会俯视你,因为在他们心里,俯视别人就像站在高山上俯瞰深谷里的小树一样,在心理上会有一种优越感,从而让自己感到心理平衡。

撩动的眉毛正是他撩动的心

我们想了解一个人的心境时,不一定非要通过和他交谈,对方眉毛的细微变化就能传递出许多信号。当一个人的眉毛靠近眼睛时,表示他对周围的人更热情,愿意与人接近;相反,眉毛上挑,则表示这个人更加需要别人的尊重,需要时间来适应现在的场合。因此,在生活中,撩动的眉毛正是他撩动的心。

赵明是一个不善言谈的大学生,从不和身边的同学多说话,但是他头脑聪明,每年都是系里的第一名,人长得也很帅,因此,很招女生喜欢。

有一次,吃完晚饭后,赵明的同学刘雪邀请他出去散步,在美女面前,赵明很拘束,但是又找不到合适的理由拒绝刘雪,就和刘雪一起在桃花飞舞的校园里散步。

他们一起散步,刘雪假装向他请教学习方法,问道:"你平时是怎么学习的,怎么这么厉害呢?"

赵明很腼腆,谦虚地说:"其实,我就是上课认真听讲,并且做好笔记,然后平时多翻翻笔记就行了。"

刘雪故作很惊讶的样子,说道:"就这么简单啊?"

赵明点点头。

刘雪问道:"那么有没有女生向你请教过关于学习方面的问题呢?"

赵明点点头。

刘雪有些不乐意,微微皱眉,追问道:"在那些向你请教问题的女生中,有没有你喜欢的?"

赵明被她问得面红耳赤,但是眉毛微微撩动。

细心的刘雪注意到了这个细节,心中暗喜,于是说道:"那你觉得我怎么样呢?"

赵明听到这里,耳朵更红了,但是眉毛迅速撩动起来。

刘雪看到他的表情后,得意地笑了,说道:"我是想问你,我的学习能力怎么样?有没有可提升的空间。傻瓜!"

赵明点点头。

于是,刘雪顺势说道:"那么,以后每天傍晚我都在这个地方向你请教问题喔?"

赵明点点头。

于是,每天傍晚,桃花下,同学们总会看到刘雪和赵明有说有笑地在一起学习。

大学毕业后,刘雪和赵明结婚了。

在这个案例中,面对不善言谈的赵明,刘雪善于细心观察对方眉毛的变化,当看到对方撩动的眉毛时,她知道对方的心也在撩动了,于是便知道了对方心中的真实想法,最后他们两个走到了一起。在生活中,撩动的眉毛正是他撩动的心。那么,如何才能读懂眉毛的变化呢?

1. 不妨留意皱眉

皱眉是一个人把眉头皱起,其中的原因很多:当一个人对对方所提出的问题迷惑不解或者是否定的时候,会情不自禁地皱起眉头;如果是受到侵略、感恐惧时,人也会皱眉,在这种情况下,人不仅会皱眉,还会将眼睛下面的面颊往上挤,以提供最大的防护,这时眼睛仍睁着并注意外界动静,便形成了皱眉的动作。当你和别人在交谈的时候,发现对方时不时地皱眉,那么你就要注意了,看看自己有什么地方让对方感到不满和受到侵害了。

2. 解密扬眉的含义

通常情况下,眉毛上扬表达内心愉悦。上扬的是双眉还是单眉,所表达的意义也是不一样的。双眉上扬的时候,一般是表明对方遇到什么开心的事情,内心愉悦,在这种情况下,你和对方交谈也会比较轻松和容易。单眉上扬是表示不理解、有疑问的一种动作,说明对方对你有疑惑或者是不满。

3. 耸眉的暗意全解

一般情况下,耸眉的时候,眉毛停留片刻后下降,通常还伴随着嘴角迅速往下一撇,而脸上其他部位却没有什么明显的变化。这表示的是一种非常不愉快,而且内心充满疑惑,或者是表达一种无可奈何。另外,对方在强调自己观点的时候,也往往会出现这种动作,目的是要让你赞同他的观点。

4. 解读闪眉的寓意

闪眉是指眉毛闪动,眉毛先上扬,然后在瞬间下降,这表达的是一种友好和善意。一般情况下,当两位情人相见的一刹那,往往会出现这种动作,而且常会伴随着仰头微笑或者拥抱。当你在说话的时候,闪眉是为了加强语气。每当要强调一个字时,眉毛就会扬起并瞬间落下,这是在表示:"你最好记住我所说的每一个字"。

5. 留心眉毛抬高

眉毛抬高分为眉毛完全抬高和眉毛半抬高两种情况。眉毛完全抬高是表示难以置信的一种动作,当刚接触一件不可思议的事情的一刹那,我们就会有这种眉毛表情;眉毛半抬高表示"大吃一惊",和完全抬高有相似之处,只是程度不太一样。

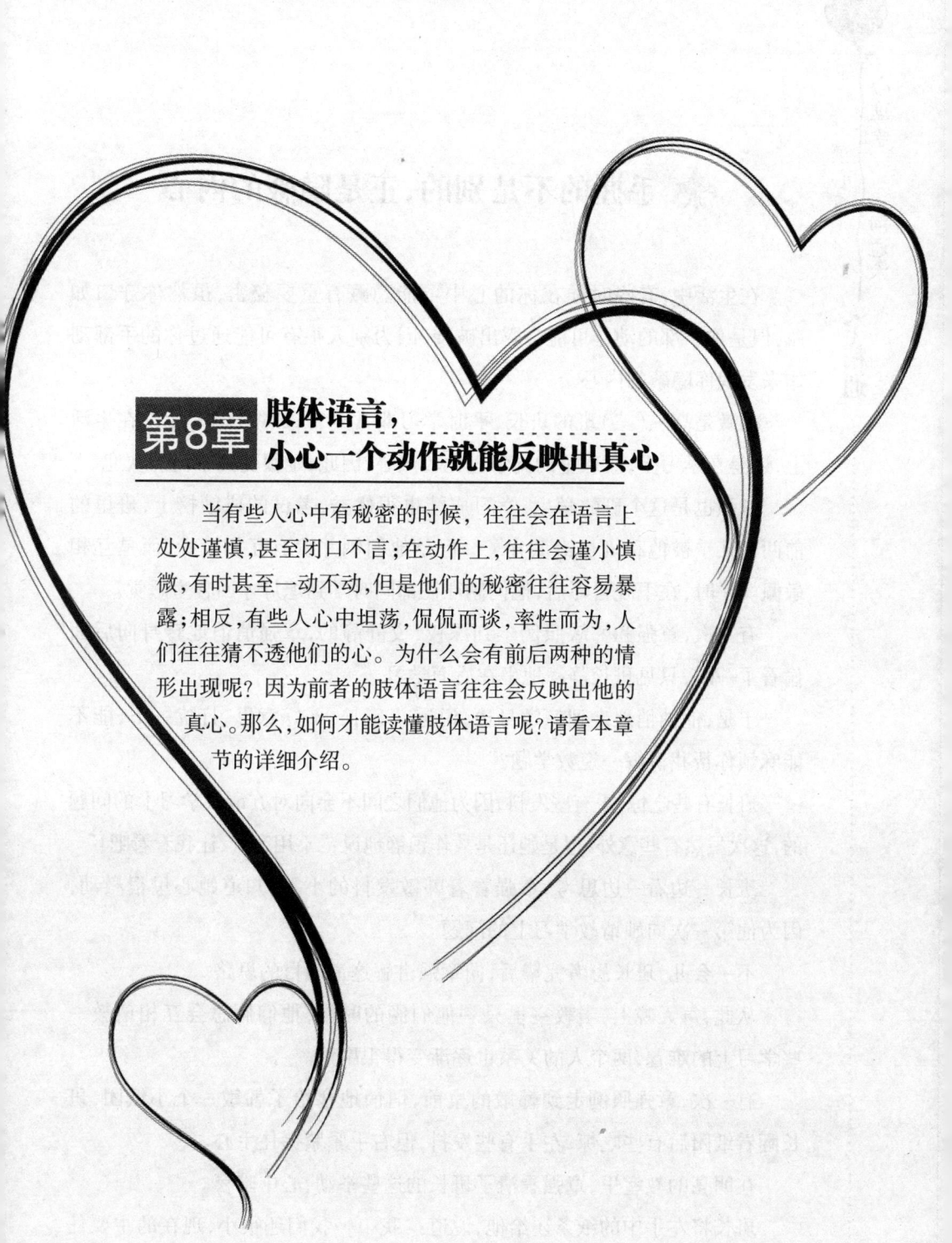

第8章 肢体语言，小心一个动作就能反映出真心

当有些人心中有秘密的时候，往往会在语言上处处谨慎，甚至闭口不言；在动作上，往往会谨小慎微，有时甚至一动不动，但是他们的秘密往往容易暴露；相反，有些人心中坦荡，侃侃而谈，率性而为，人们往往猜不透他们的心。为什么会有前后两种的情形出现呢？因为前者的肢体语言往往会反映出他的真心。那么，如何才能读懂肢体语言呢？请看本章节的详细介绍。

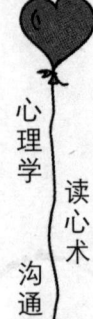

手握的不是别的，正是隐蔽的内心

在生活中，有些时候在你的心中可能隐藏有重要秘密，虽然你守口如瓶，但是你手部的动作可能会露出破绽，因为别人很有可能通过你的手部动作来发现你隐蔽的内心。

韩敏是高三(三)班的班长，平时学习非常刻苦，成绩优秀，无论在生活上，还是在学习上，对班里的同学也比较热心、因此，她很受同学们的欢迎。

章强也是这个班的学生，学习成绩也很优秀，考试的成绩榜上，班里的前两名几乎被他和班长给瓜分了。但是他们俩并没有互相嫉妒，而是互相敬佩。平时，在下晚自习后，他们俩往往都同时学到熄灯才回寝室睡觉。

有一次，章强和韩敏照例学到深夜，夜静静的，章强悄悄地转身向后面偷看了一眼，只见班长静静地坐在后面学习。

于是，他悄悄地走到韩敏身边，说道："班长，不好意思，打扰一下，能不能麻烦你帮我讲解一道数学题？"

班长有些吃惊，手有些发抖，因为他们之间不会向对方请教学习上的问题的，这次虽然有些意外，但是她还是故作镇静地说："不用客气，让我看看吧！"

班长一边看一边思考，章强看着韩敏发抖的小手，知道她心里很激动，因为他第一次向她请教学习上的问题。

不一会儿，班长思考完毕后，向章强讲解这道题目的思路。

从此，每天晚上，当教室里只剩他们俩的时候，他们俩总会互相请教一些学习上的难题，两个人的关系也逐渐变得很融洽。

有一次，章强照例走到韩敏的桌前，悄悄地塞给了韩敏一个小纸团，班长翻看纸团后有些吃惊，左手有些发抖，但右手紧紧握住手心。

在明亮的教室里，章强看清了班长的这些举动，心中暗喜。

班长将左手中的纸条还给他，说道："我……我们还很小，现在的主要任务是学习,男女朋友的关系还是不要考虑为好。"

章强看到班长的手部动作后,他就已经料到会是这种结果,于是他微笑着说道:"好的,我会等着你!"

从此以后,两人在学习更是互相激励,最后两人考上了同一所名校,在大学中,他们正式开始了他们的初恋。

在这个案例中,班长虽然嘴上拒绝了章强,但是章强却从班长的手部动作中读出了班长内心的真实情感。因此,在生活中,手握的往往不是别的,正是隐藏的内心。那么,如何才能从一个人的手部动作中读懂一个人的真实内心呢?

1. 内心缺乏安全感之人往往总是拳头紧握

紧握着拳头的人,内心深处往往极度缺乏安全感,他们用紧握着的拳头来表明他们内心的强大,以此来增加自己内心的防御意识。在与人接触和交往的时候,如果发现对方的拳头紧握,那么这时候你首先要做的就是让对方放松下来,敞开心扉。如果急于一时,会遭到对方的激烈抵抗。

2. 十指交叉之人往往是想掩饰内心的真实想法

将十指交叉,遮住一半面部,一般都是在隐藏自己的想法。做出这种动作之人往往碍于面子,不好表达心中的真实想法。这时,要想让原本这个姿势的人打开紧紧交叉的十指,就需要用某种努力来完成,否则,对方的不安和消极是无法改变的。

3. 想要挑战他人时,往往将双手交叉放于胸前

将双手交叉放于胸前时,往往会让你感到身体的肌肉和力量,还能够加速血液循环,往往会使你内心冲动,有挑战他人的欲望;因此,将双手交叉放于胸前,往往会让他人感到你的威胁,从而也增加别人对你的敌意,所以,在生活中要慎用这个动作。

4. 说话时双手摊开,表示诚实可靠

当一个人在表达自己的想法和观点的时候,往往会将双手摊开,以表达自己敞开的心,表明自己所说的是经得起任何人的质疑和推敲的。这时候,对方的内心很平静,情绪很缓和,即使你提出不相同的说法,对方也会认真

听下去。在人际交往当中,如果发现对方双手摊开,那么对方说的话应该是真实的,你也可以坦诚地和对方进行沟通和交流。

5. 自信之人往往将十指尖相触呈尖塔状

自信的人与人交谈时很爱摆出这种姿态。它明确显示出一个人对自己所说的话很有把握。这时候,你在和他的交流当中,就要适当地顺从他,以增强他内心的自我满足感,这样,对方觉得你是可以继续接触和交往的,进而也会尊重你的想法和看法。

紧握成拳或者摊开双手,都告诉你了什么

有些人在讲话的时候,为了能够感召大家,往往会将手紧握成拳;有些时候,有些人心中缺乏安全感,为了让他人畏惧自己,往往将自己的拳头紧紧握住;有些时候,谈话者为了表达自己说话的诚意,往往会摊开双手。这些手部的动作其实都和一个人的内心世界紧密联系着。因此,在生活中,留心观察一个人的手是否紧握成拳或者摊开对于了解那个人的内心是很重要的。

赵丽刚和王刚结婚,由于赵丽在酒吧工作,因此,她经常晚上十一点多才能回家。对此,她的丈夫有些担心。

有一次,赵丽上班结束以后,已经是晚上八点多了,正准备回家给丈夫过生日,恰巧这个时候,她的好朋友们今天一起来到了酒吧喝酒,于是在众人的生拉硬扯下,她和好友们一起去喝酒,后来喝醉了,然后就昏昏沉沉地睡到了半夜。

当她醒来时,发现自己的手机上有丈夫的十多个未接来电,她突然想起今天是丈夫的生日,于是急急忙忙地回到家中。

进屋后,赵丽发现丈夫正独自一人坐在房中拼命地抽烟,整个房间里已经被烟雾弥漫了。她连忙走进去将自己准备好的生日蛋糕拿出来,放在丈

夫的面前,然后说道:"我今天遇到了我的好朋友们,被她们生拉硬扯着去喝酒了,喝醉之后迷迷糊糊睡着了,到现在才醒来。"她一边说话一边无意识地摊开双手。

丈夫留意到了妻子的手部动作,他本来是要大发雷霆的,但却平静下来了,然后心平气和地说道:"哦,原来是这样啊,以后遇到朋友尽量少喝点酒,否则会伤身体的。"

说完,他将蛋糕打开,用刀分成了好几块。

赵丽看着丈夫没有责怪自己,反而还关心她,心中甚是愧疚。

于是,两个人一同度过了一个美好的夜晚。

有一次,赵丽下班之后,已经晚上十一点钟了,突然看见自己在大学时候暗恋的同学走进来了,神情沮丧。他邀请赵丽喝酒,看着同学痛苦的表情,她心生怜惜,没有拒绝。

在喝酒的时候,她的同学一边喝酒,一边向她诉说自己的公司破产了,周围人却落井下石,一边说还一边流着眼泪。

不知不觉中,就已经到了晚上一点多了,她想到自己还要回家,于是安慰他几句后就准备走。

突然,他拉着她的手说道:"我知道你以前是暗恋我的,你的同学告诉我的,其实我也很喜欢你,只是后来不知道你为什么那么急着结婚,否则的话我们也许还会……"

赵丽感觉有些尴尬,心有些发抖,还没等他说完,急忙岔开话题:"你喝多了,还是我送你回家去休息吧。"

她的同学苦笑道:"我没醉,其实是你变了心,喜欢上了别人,反正我现在也已经一无所有了,你走吧,我已经无所谓了。"

听到她的同学说到这里,她心中有些酸楚,她心里知道,她的心从来都没有变,她是为了让自己的母亲在临死前能够看到自己结婚,才那么早结婚的。于是,便反驳道:"我没有变心,其实我……"

于是,两人又继续喝起酒来,直到深夜三点多,赵丽才离开。

回到家中,赵丽感到很心虚,手不自觉地插在裤兜里,低声向丈夫解释道:"今天晚上加班,所以回来迟了。"

丈夫听后大发雷霆,说道:"你说谎,你肯定是去见你的初恋男友去了。"

赵丽不承认,于是两人的冷战开始了。

在这个案例中,王刚是一个细心之人,每次都能够从妻子无意识的手部动作中看出妻子是否在撒谎。因此,留心观察一个人的手是否紧握成拳或者放松摊开对于了解那个人的内心是很重要的。如何才能够做到这一点呢?

1. 握紧拳头表示很自信

一般情况下,在庄重、严肃的场合宣誓时,人们都会右手握拳,举至右侧以此来表达自己的决心,表明自己非常有信心,并在内心自我肯定。因此,在你和别人接触和交往的时候,如果发现对方在不断地紧握拳头,那么说明对方在不断地加强自我肯定,希望你在和他的接触中,更加注重和在乎他的感受。

2. 总是紧握拳头往往缺乏安全感

总是紧握着拳头的人,可能是缺乏安全感,想以此来增加自己内心的防御意识。事实上,他们并不是要去攻击别人,而是用紧握的拳头来表达自己紧紧收缩的心。在与人接触和交往的时候,如果发现对方的拳头紧握,那么就不要过于强势,否则会遭到对方的激烈抵抗。这时候你首先要做的就是让对方放松下来,敞开心扉。

3. 说话时双手摊开,表示诚实可靠

当人们开始说心里话时,总是喜欢将双手摊开显示给对方。这一举止往往是无意识的,是一个人的内心真实想法,此外,将双手摊开往往能够将真实的内心表达出来。

4. 双手隐藏着的人往往是在撒谎

双手隐藏着的人往往心中惧怕别人发现自己的秘密,于是处处小心谨慎,甚至连手都隐藏起来,比如小孩子在撒谎或隐瞒事实时总喜欢将其手藏在背后;彻夜未归的丈夫不愿对妻子说出他的去处和实情时,常常将手插在衣兜里或两臂相抱将手掌藏起来,而妻子则可从丈夫的这一举动感觉到丈夫在欺瞒她。

塔尖似的手势说明自己有心理优势吗

有些人身处领导地位后,为了展现自己的权威,他们往往会将指尖相触成塔尖状。有些时候,当人们心中畏惧时,为了向他人展示出自己的反抗或者自信,他们往往也会将十指尖相触成塔尖状。因此,在生活中,将十指尖相触成塔尖状,往往会显示一种心理优势。

王婷是一家公司新进员工,是名校毕业,工作很有激情,而刘杰是一个来公司很多年的老员工,工作较稳,很少出差错。

最近,公司里刚好有一经理退休了,由于王婷是名校毕业,而刘杰的工作较稳,因此,他们两个人就成了经理的候选人,同时也是竞争对手。

在竞聘经理的那天,会场上有不少领导和同事。

轮到王婷的时候,演讲之前,她做了一个手部动作,十指尖相触成塔尖状,然后说道:"尊敬的各位领导及同事们,大家早上好!由于我刚大学毕业,社会经验不足,对公司的制度也不太熟悉,因此,工作业绩不是很理想,望大家见谅!但是我有较强的自学能力,我在大学期间自学了公司人力资源管理学,而且还通过全国资格考试……"

总之,在王婷的讲话过程中,她重点介绍了她在学校取得的优异成绩,会场上,很多领导和同事听后,纷纷投来羡慕的眼神。

轮到刘杰的时候,他的步伐蹒跚,手有些发抖,在演讲前,他偷偷地瞥了一眼王婷,恰好看到王婷正用十指尖相触成塔尖形,并且眼睛盯着他,他越发紧张了,身体有些发抖了看,说话也吞吞吐吐的,还逻辑混乱。

于是,在众目睽睽之下,刘杰尴尬地走下台了。

很多领导和同事都很纳闷:平时刘杰的情绪较稳定,为什么一到关键时刻就变了样呢?

几天后,竞聘结果公布了,王婷被选为经理。

在这个案例中,王婷本是一个刚踏入社会的大学生,虽然缺乏工作经验,但很有激情;而刘杰是一个工作经验丰富的老员工,为什么后者最后败了呢?其原因是王婷塔尖似的手势让她对对方进行了心理暗示,最终获得了心理优势,从而毫不费力地将对手打败。因此,在生活中,将十指尖相触成塔尖状,往往会给人一种心理优势。如何才能做到这一点呢?

1. 当人们自信的时候

当一个人足够自信时,便会做出塔尖式的手势。因此,与人交谈时摆出这种姿态能显示出一个人对自己所说的话很有把握。地位高的人对普通人说话的时候,或者是领导对下属说话的时候,或讲述一个问题时,常常做出双手指尖架在一起的姿态,表明了对他自己所说的绝对自信。因此,想要向他人展示自己的自信时不妨将十指尖相触成塔尖状。

2. 当人们自喜的时候

当人们自喜的时候,兴奋之心难以言表,往往会不自觉地将十指尖相触成塔尖状,这样在身体上会舒缓血液,驱走疲劳;在心理上,可以将心中的兴奋之情最大限度地表达出来。

3. 当人们有权威的时候

有权威之人往往喜欢在自己的下属面前装出一副独断或者高傲的神情,因而往往会将十指尖相触成塔尖状,一方面能够突出自己的位高权重,另一方面能在心理上获得极大的优势,让下属心生敬畏。

4. 当人们自负的时候

当人们自负的时候,心中往往有一种较强的心理优越感,当这种优越感难以用言语来表达时,人们往往会采用肢体语言来辅助表达,用十指尖相触成塔尖形来表达自己的自负。

5. 当人们自豪的时候

当人们自豪的时候,往往会有一种异常的优越感,同时心中往往有一种难以言表的感情冲动,这个时候就需要一种肢体语言来表达自己的感情冲动,人们往往会有意无意地用十指尖相触成塔尖形来表达心中情感。

❧ 十指交叉的动作并没有那么简单

陈立刚和汪梅结婚,由于陈立是一家公司的业务员,所以经常和客户喝酒到深夜才回家,对此,妻子也能理解。

有一次,陈立下班准备回家,突然总监打电话让他到某酒吧陪她去喝酒,陈立一听以为是总监请客户喝酒,然后让自己去陪着喝,于是便答应了。

走到酒吧后,陈立发现只有总监一人,并没有客户,他有些诧异,向总监问道:"王总,客户是不是还没有来?"

总监摇摇头,微笑着说:"难道除了陪客户喝酒,你就不能陪我喝酒?"

听总监这么一说,陈立有些尴尬,说道:"能陪总监喝酒是我的荣幸,以后还希望总监多多指教。"

总监说道:"好,那你今天得陪我多喝几杯。"

陈立不好推辞,但是心中有些不满,因为喝酒伤身体,平时陪客户喝酒是迫不得已,他一边十指交叉,一边勉强坐下来。

最终,在王总的陪同下,陈立喝到深夜才回家。

回到家中,妻子汪梅问道:"你怎么回来得这么晚呢?"

陈立感觉很不自然,双手不自觉地十指交叉,说道:"我陪客户喝酒去了。"

妻子看他的手部很不自然,追问道:"哪个客户叫什么名字?你能把他的电话号码给我吗?"

经过妻子这么追问,陈立感觉隐瞒不住,于是说了实情。

听丈夫说完后,妻子并没生气,反而得意地说道:"其实你不会撒谎,因为你的手部动作反映出你的真心。"

在这个案例中,陈立十指交叉这个动作暴露了他内心的真实情感,当他第一次做这个动作的时候,暴露了他心中的不满;当他第二次做这个动作的时候,暴露了他想掩饰自己内心情感。因此,在生活中,十指交叉的动作并没有那么简单。那么,如何才能正确解读?

1. 当人们想掩饰自己的内心情感时

当人们想掩饰自己的情感时,往往会感到内心局促不安,想极力用身体的某个部位遮住自己的内心,这个时候会无意识中采用十指交叉这个动作。在一定程度上,这个动作可以使行为者感觉到有一层保护膜。

2. 当人们有对抗情绪时

当人们有对抗情绪又难以用言语直截了当地说出来时,常常会采取一些暗示性动作来进行,而十指交叉往往展示给别人一种有力量和想搏斗的意思。因此,当人们有对抗情绪时,也会十指交叉。

3. 当人们对对方说的东西不感兴趣时

当人们对对方说的东西不感兴趣时,人们往往会采取一些暗示性动作来暗示对方转换话题或者结束谈话,而将十指交叉往往传达着一种态度不认真、对谈话内容不感兴趣的意思。因此,当人们对对方说的东西不感兴趣时,人们往往会将十指交叉。

4. 当人们感觉到焦虑的时候

当人们感觉到焦虑的时候,人们的内心往往会有一些难以用语言表达的郁结之气,这些气压抑在心中往往令人们感到难受,需要及时发泄出来,这个时候就需要人们用辅助动作来完成,而人们往往会在有意无意中采用十指交叉来完成。

5. 当人们感到无助的时候

当人们感到无助的时候,人们往往急需获得别人的帮助,这种焦急之情一般很难用言语来完全表达出来,人们往往会两手相扭且十指交叉来表达这个意愿,两手相扭往往表达着一种无助茫然的情感,再加上十指交叉则传达着一种无助的情感。

❦ 抱双臂在胸的人是在隐藏或者防御吗

人与人站立的姿势大都是不一样的,有些人喜欢双手交叉抱于胸前,两脚平行站立。有些时候这些人是在隐藏。有些时候这些人是在防御。但是从总体上来说,这种人的叛逆性很强,易忽视对方的存在,大多自负、自大,也因此具有强烈的挑战和攻击意识。

王强是一个身材高大,但是内心胆小的人,他的儿子已经十岁了,胆子却异常大,常常在外面惹是生非,为此,王强很苦恼。

有一天,王强发现儿子不见了,于是到处去找,忽然发现儿子正在别人的轿车顶上玩游戏,弄得别人的轿车上有很多脚印,王强心中很恼怒,但是更担心车主找麻烦,他四下看了看,幸好没有人发现,于是他赶紧抱住儿子就跑。

正在这个时候,车主出现了,发现自己的车上被人踩了很多脚印,正好看见王强正带着孩子在跑,于是便明白了,他连忙跑过去追,追到王强跟前,他说道:"踩坏了我的车就想溜走啊,没门,赶快赔钱!"

王强心中焦急,往自己的兜里摸了半天,没有摸到一分钱,于是他习惯性地将双臂抱在胸前,车主看见他这架势心中有些害怕,于是赶紧和和气气地说道:"唉,算了,没有钱没关系,反正是小孩子闹着玩的。"

听到这,王强悬着的心终于落地了,说道:"谢谢你,真是对不起!"

车主头也没敢回就跑回车里去了。

在这个案例中,王强在无奈之下,习惯性地将双臂抱在胸前,于是吓退了对方,从而成功地躲过了对方的纠缠。因此,在生活中,抱双臂在胸的人往往会让对方觉你是在隐藏或者防御。那么,如何才能读懂抱双臂在胸的人的内心情感呢?

1. 争强好斗之人

争强好斗之人往往随时准备和别人发生肉搏或者言语上的争吵,于是他们常常会在无意识中将自己的双臂抱于胸前,表明已做好争斗的准备。同时,这种人往往也会令对方畏惧,因此,争强好斗之人,往往会抱双臂于胸前。

2. 企图隐藏内心情感之人

企图隐藏自己内心情感之人往往惧怕别人会通过自己的言行举动来看穿自己的内心,于是会抱双臂于胸前,一方面是为了掩饰自己的内心,另一方面是为了做出一副不欢喜对方的姿态,以吓退对方。

3. 具有较强自我保护意识的人

具有较强自我保护意识的人,往往喜欢将对方拒之门外,给人一种难以接近的感觉,这个时候,他们往往会抱双臂于胸前,因为一方面可以给人一种难以靠近的感觉,另一方面可以给自己多一分安全感。

4. 很自负的人

当人们自负的时候,心中往往有一种较强的心理优越感,当这种优越感难以用言语来表达时,这个时候,人们往往会采用肢体语言来辅助表达,而将双手抱于胸前往往能够让人有一种莫名的优越感。

5. 不喜欢与人交流之人

在生活中,往往有一些人比较喜欢独来独往,不喜欢与人交流,这个时候,在别人和他交往的时候,他往往会有一种想拒他人于门外的心理,他们往往会抱双臂在胸,以警示他人不要接近。

❧ 手摸下巴或鼻子时说的话可信吗

有些人在和别人交流的时候,喜欢不自觉地用手摸下巴或者鼻子,这些人往往是在一边说话一边思考,好像就是在编故事,这个时候他们说的话往往是不可信的,因为真话是不需要极力去思考的,而编假话才需要时间去思考。因此,在生活中,手摸下巴或鼻子时说的话往往不可信。

刘刚是一名初二学生,他学习成绩优秀,常常获得"三好学生"称号,因此,常常受到老师的表扬,赢得了很多老师和同学们的信任。

有一次,刘刚因为前一天晚上父母跟邻居吵架了,弄得他很晚才睡着觉,于是第二天早上起床便迟到了。起床后,他连脸都顾不得洗就匆匆忙忙地跑向了学校。

跑到教室门口,上课老师有些生气,问道:"怎么起得这么晚?昨天晚上干什么去了?"

刘刚不好意思把父母和邻居吵架的事情说出来,他不时用手摸着下巴和鼻子,然后说道:"我昨天晚上肚子疼,直到深夜才睡着。"

听了刘刚的理由后,同学们都替他松了一口气,以为就此过关了,因为他们知道他是一个学习成绩优秀并且从未旷课的好学生。

不料,老师严肃起来了,厉声问道:"昨天晚上究竟干什么去了?不许撒谎!"

刘刚听后,心中有些紧张,但是暗自里猜想老师应该是在诈自己,于是一边用手摸着下巴,一边说道:"昨晚我的确肚子疼。"

老师听后,更加生气了,说道:"你再撒谎,今年的三好学生就没有你的份了,三好学生的称号可不能给爱撒谎的学生。"

吓得刘刚连忙承认道:"昨天晚上我的爸爸妈妈和邻居吵架,直到深夜我才睡着,所以早上我迟到了。"

听完后,老师微笑道:"这才是好学生嘛。"

老师接着说道:"不要以为一个不经常撒谎的人突然撒谎,我就会信,其实我早就看出刘刚是在撒谎,因为他的手部动作反映了他的内心。"

在这个案例中,刘刚不是一个经常撒谎的人,所以当他第一次撒谎的时候,他的手无意识地摸下巴和鼻子,从而暴露了他内心的真实情感。因此,在生活中,手摸下巴或鼻子时对方的话往往不可信。那么,如何才能识别这些动作呢?

1. 在思考的时候

当一个人陷入沉思时,他往往会无意识地去抚摸下巴。比如,如果你是一个销售人员,你的客户在听了你的话以后,做出了摸着下巴不说话的动作,就表明你说中了他的需求,他已经有所心动,已经开始在心里评估、判断和过滤你所说的话了。这时,你可以放缓语速,重申刚才所说的重点或者干脆闭上嘴巴,只在适当时候用少量的语言点拨一下,以给对方足够多的时间思考和做出决定。

2. 在说谎的时候

一般情况下,当一个人说话的时候,良心会对自己有一个正确或者错误的判定。当所说的话属实的时候,内心会很轻松,举手投足会很正常。相反,当一个人说谎的时候,内心会很紧张,那么就会想办法去掩饰这种紧张,会无意识地出现用手抚触下巴的动作。因而在人际交往当中,如果你发现别人在摸下巴,那么对他说的话就要有所警惕了。

3. 在反对他人的时候

生活中,当你不同意别人的想法和做法的时候,往往会反对,这时候人的思想比较严谨,内心有强烈的批判意识,会想办法去说服对方,这个时候人们往往会用手去摸下巴,如果在谈话时,你对面的人对你做出了这个动作,那么你该注意了,你所说的话并没有被对方接受,你就要改变相应的策略。

4. 在感兴趣的时候

通常,我们会发现,当你对某件东西或者是对对方所说的话十分感兴趣时,往往会注意力格外集中,不经意间就会出现托下巴的动作。如果你和某个人是初次见面,对方时不时地托下巴,而且还眼睛发亮、面带笑容,那么说明对方对你十分有好感,对你很感兴趣,有继续和你接触和交往下去的意愿。

5. 在尴尬的时候

当与他人话不投机或内心颇感尴尬时,人们也多会用手去触摸下巴,通过这个动作来给自己的情绪找个出口。这正如案例中的刘刚,当老师明确指出他在说谎之后,由于他感觉到很尴尬,于是就不自觉地用手触摸下巴。

⚜ 忠诚的腿脚是表露内心的晴雨表

在生活中,有些人往往不善言谈,并且喜欢保守自己的秘密,他们往往会不露声色地静坐着,但是有些时候他们的腿脚却暴露了他们的秘密;相反,有些人喜欢滔滔不绝地谈个不停,但是我们往往看不透他们的真实内心。为什么会出现前后两者的差别呢?其实,有些时候,腿脚更能够将内心的真实情感暴露出来。因此,在生活中,忠诚的腿脚也会是表露内心的晴雨表。

方贵和田枫在大学期间同在一个寝室,平时两人既喜欢一起学习和锻炼,又喜欢因小事儿争吵,经常是在斗争中团结、在团结中斗争。

有一次,班委会决定在班里举办一次辩论赛,辩论赛的主题是:大学生在校期间创业是不是比学习更重要?方贵和田枫两人同时报了名,而且被分在一个组,方贵是正方,田枫是反方。

在辩论赛的当天,轮到方贵和田枫上场的时候,他们俩向大家问好以后,辩论就开始了。

方贵说道:"我方认为,大学生在校期间,创业比学习更重要。"

说完,他精神抖擞,双腿站得笔直,心中暗想:这次肯定会胜,因为我上大学以来就是在创业,我比他更了解创业。

于是接着说道:"我方的理由如下:第一,在校期间创业可以增加我们的实践知识,使我们不局限在课本上;第二,在校期间创业可以增加我们的日常收入,这样可以减轻家里的经济负担;第三,在校期间创业可以为我们以后毕业找工作或者创业打下坚实的基础。"

方贵说完后,田枫忍不住笑了,心中暗想:你大学期间创业全是亏本生意,还好意思拿出来说,看我来揭穿你的老底。

于是,双腿不由自主地抖动起来,高兴地说道:"我方认为,在大学期间,学习比创业更重要;刚才正方阐述的有些理由表面上看很正确,其实是站不住脚的:首先,正方在第一点中所说的大学生在校期间创业可以使我们不局限在课本上,这句话是有问题的,请问正方上学期挂了多少门课?你把课本知识全部掌握了没有?其次,对于正方所说的第二点,在校期间创业可以增加我们的日常收入,减轻家里的负担,我想请问正方创业赚了多少钱?你是不是因创业亏本而把家里面的钱也赔进去了?再次,你认为仅凭你那几次赔本的创业经历和挂了很多门课的学习状况,能对你以后找工作起多大的帮助?"

方贵一边听,一边双腿发麻,还不时发抖,因为田枫说的话句句都是在他的伤口上撒盐。

双腿的抖动让方贵全身越发紧张,颤颤巍巍地说:"反方是在搞人身攻击!"

田枫看见方贵的双腿在发抖,就知道胜利即将来临,于是加紧追问:"请问正方,你自己创业失败了,赔了很多钱,然后又在这里鼓动其他同学跟你一样创业,你也想让大家都亏本赔钱吗?是不是这样你就高兴了?"

方贵一听,双腿全软了,一下子就瘫在地上了。

田枫看见方贵的情形心中乐了,连忙走过去扶起方贵说道:"你怎么吓成这样?这只是普通的辩论赛而已嘛,不要当真。"

在这个案例中,方贵的腿脚表露出了他心中的真实情感,后来他虽然极力争辩,但是对方已从他发抖的腿脚中看出他只是强弩之末了,在对方的加紧追问下终于他被击败了。因此,在生活中,忠诚的腿脚也会是表露内心的晴雨表。那么,如何才能读懂它呢?

1. 双腿发抖时

当一个人心里紧张的时候,他的双腿往往会不自觉地发抖,因为心里紧张的时候,人的大脑往往会被自身分泌的激素所麻痹,从而导致双腿不自觉地发抖。因此,当你看见一个人双腿发抖之时,他的内心往往会很紧张。

2. 双腿交叉时

当一个人将双腿交叉时,他往往比较傲慢,傲慢之人,心中往往看不起身边的人或事物,觉得自己要高人一等,但是这种情感又没法用语言来形容,因此,他们往往会将双腿交叉放置,这样就可以获得一种优越感。

3. 不停晃动双腿时

当一个人在不停晃动双腿时,有可能是事情没有按照自己的预想发展而失望,或者还有别的会面而希望尽快结束。于是,受到心理活动的影响,人下意识地会晃动下双腿。因此,在生活中,不停晃动双腿的人,往往对发生的事情不感兴趣。

4. 双腿僵直不动之人

双腿僵直不动之人,往往内心比较谨慎,他们无论在语言上还是在行为上,都规规矩矩地,生怕出什么乱子,即使没有人的时候,他们的腿也习惯于僵直不动,因此,双腿僵直不动之人往往内心比较谨慎。

第9章 言谈话语，说话的方式吐露出个性心理

在生活中，面对同一个话题，有些人喜欢夸夸其谈、长篇大论，这些人往往喜欢表现自己，很自负；有些人则侃侃而谈，有针对性、有重点地谈，这些人往往心态平和、沉着稳重。其实，前后两者说话的方式已经暴露了他们的内心世界。那么，面对生活中说话方式多种多样的人，我们该如何从他们的说话方式中看穿他们的内心呢？

语速的快慢急缓是对方内心的写照

生活中,有些人性情急躁,说话的速度往往很快,很想把内心的话语一下子全部表达出来;相反,有些人心态很平和,说话的语速度很慢,往往喜欢用含蓄委婉的方式将话语绵绵不绝地讲出来。其实,前后两者的语速往往是受到了心态的影响。因此,在生活中,我们往往能从对方语速的快慢急缓上参透对方的内心世界。

王丽是一家电子科技公司的业务员,已经在公司干了十多年了,业绩突出,经常受到领导的表扬。

有一次,李经理把王丽叫到办公室里,急忙说道:"这次我们公司遇到了一家刁钻的大客户,对方的要价确实很低,但是如果能够按照我们公司的统一价格标准将产品卖给客户的话,我们将会获利很多。"

王丽从李经理的语速上听出他心中很着急,于是,她连忙倒一杯热水给李经理。

李经理喝了一口水后,心平气和地说道:"因为你的销售业绩是最好的,平时你接触的客户也最多,经验丰富,因此,经公司研究决定,派你担任公司代表和客户去谈生意,谈成之后,提成丰厚。"

王丽点头答应了。

在谈判会上,王丽说道:"贵方开出价钱太低了,连市场的均价都达不到,况且我们公司的产品质量是一流的。"

客户代表一点也不着急,慢吞吞地说道:"你们要是不同意我们的价钱,我们可以到其他地方去订购。"

客户代表说完后,王丽立刻就知道了对方是想以到其他地方订购为由来威逼自己就范,于是王丽也不慌不忙地说道:"据我公司的调查部门显示,目前,产品质量能够达到我公司标准的,并且价钱又不高于我公司产品价钱的,目前市场上还没有;如果贵方希望买回去一批廉价的次品的话,那就请贵方到别处去看看吧。"

说完,王丽就摆开一副要离开的架势。

客户方一听,急忙说道:"别着急走,有话好商量。"

王丽从对方的语速上判断出对方已经在着急了,于是故意漫不经心地说:"那么就请贵方在这个协议书上签个字吧。"

客户只好在协议上签字了,于是生意谈成了。

在这个案例中,王丽是一个细心之人,她能够从对方说话的语速上判断出对方的内心真实情感,然后抓住对方的心理弱点,将对方制服,最后谈成生意。因此,在生活中,语速的快慢急缓往往是对方内心的写照。那么,如何才能读懂这一点呢?

1. 对某人心怀不满时

一般说来,如果对某人心怀不满,或者持敌对态度的时候,许多人的说话速度变得很慢,而且稍有木讷的感觉。因此,在生活中,别人对你说话的语速忽然变慢的时候,你最好反思一下,回想自己有没有冒犯对方的地方,并及时地加以改正,让对方重新对你产生好感。这样才能继续接触和交往下去。

2. 当人们心中有鬼时

如果对方说话的语速突然加快,往往说明他心里有鬼,所以说话的时候非常紧张,生怕内心的阴谋被你看穿。面对这样的人,一定要沉着冷静,你越冷静对方内心越紧张,结果自然是不攻自破。所以,如果和你交谈的人突然加快了语速,该做的决定还是先缓一缓,小心驶得万年船,这个时候最好先不打草惊蛇,以静制动,弄清对方的意图后再做决定。

3. 当人在缺乏自信时

说起话来没完没了的人往往是缺乏自信的,他内心害怕自己被打断、害怕自己的权威被轻视,所以才会故作高深地没完没了。因此,在生活中,当你发现讲起话来没完没了之人时,不妨通过眼神和动作不断暗示他,鼓励他,让他更加自信一些,这样你们的交谈就会更加愉悦。

4.说话声音很小的人

说话声音很小的人,往往自信心不足,因而说出来话底气不足,声音也很小,跟这类人交往一定要加倍小心,因为很容易挫伤他的自尊心!说话的时候要委婉。

❧ 声调音色里蕴含着人的内心情感

在生活中,当一个人用美妙的声调和我们说话的时候,我们往往会感到舒服,心中往往会心花怒放;相反,如果一个人的声调不好听的时候,即使他说的内容再好听,往往也提不起我们的兴趣,甚至会让我们产生莫名的反感。

声调音色真的就是好听与否那么简单吗?其实不是,声调音色好听与否往往还和一个人的内心有关,当一个人内心愉悦的时候,他的声调音色往往比平常要好听,反之则不然。因此,在生活中,声调音色听起来往往不是好听与否那么简单。

章丹是一家公司的后勤部主任,高兴之时,会和员工们一起开心地谈天说地,就像自己不是领导一样;当她不高兴的时候,她的声音听起来就很难听,而且很喜欢摆领导架子。她的声音总会随着情绪的变化,给人以不同的感觉。

有一年年底,公司领导考虑到章主任的工作业绩不错,于是给她很高的奖金,她心里非常高兴。

为了表现自己是一个好领导,她经常到员工食堂吃饭,听取员工们的意见,她向员工们高声说道:"把你们在生活中遇到的问题告诉我,我会尽量解决的!"

于是,有些员工说道:"食堂的饭菜量太少,每顿都吃不饱。"

还有些人说道:"食堂服务员的态度太差了。"

她把员工们的问题记在笔记本上,然后用甜美的声音说道:"我会尽快调查你们反映的问题,给你们一个交代。"

员工们听后,心中非常高兴,觉得章主任不仅人漂亮,声音更甜美。

从此,章主任在大家心中留下了一个平易近人的好印象。

有一次,章主任因为办事不力被领导批评了,她正暗自生气,恰巧有一些员工赶过来了,准备向她反映食堂最近出现的一些问题。

她看见员工们走过来,心中明白是找她反映情况的,低声对他们说道:"改天再说吧,你们先回去!"

正走过来的员工没有注意到章主任声音的变化,并没有回去,而是继续说道:"食堂的员工最近的服务态度相当不好,动不动就骂人。"

章主任见他们没有走开,心里暗自生气,大声说道:"觉得食堂不好以后就别到食堂吃,别老是抱怨,在公司干不了就别干。"

大伙这时才发觉章主任的声调既高又难听,说话的内容还让人心里难受。

于是大家只好纷纷离去。

在这个案例中,章主任的声调音色与她的内心情感密切联系在一起,当她高兴的时候,她的音调非常好听;当她不高兴的时候,她的音调就非常难听。因此,在生活中,声调音色听起来往往不是好听与否那么简单。那么,如何才能读懂音调音色里面所蕴含的内心情感呢?

1. 音调高的人往往比较自信

自信之人,无论是说话还是做事,往往都底气十足。当他们说话的时候,往往喜欢将心中的豪迈之气表达出来,这个时候他们的声调往往会比往常更加高一些。因此,在生活中,音调高的人往往比较自信。

2. 音调低沉之人往往比较稳重

稳重之人说话往往小心谨慎,而且为人处事很低调,他们喜欢每一步都走得稳稳当当的,说话也不例外,他们的音调往往低沉,因为低沉的音调一方面不太容易被大多数人所注意,说话的时候即使说错了,也没有人会去过多追究。

3. 音色动听的人往往内心比较阳光

内心阳光之人往往心态比较好,能够承受住生活的打击,他们往往能够保持一个健康的发音器官,因而发出来的声音往往更能够打动人心,因此,在生活中,音色动听的人往往内心比较阳光。

4.音色晦涩之人往往内心紧张

当人们紧张的时候,紧张的情绪往往会从内心一直延续到体外,从而影响到音色;同时内心紧张之人往往不愿让他人了解自己内心的真实情感,从而用一些晦涩难懂的词语再加上模糊的音调来敷衍。

也许你没发觉口头禅人人都会有

在生活中,只要你留心就会发现,每个人说话的时候都会有口头禅,人们说各种口头禅代表着不一样的心情和性格。

汤舜是一家电脑销售公司的老板,由于公司的规模很小,业务不多,所以只招了两名员工,老板也自称经理,但是老板有一句口头禅——"那个啥。"这句口头禅往往让很多客户心中不快。

有一次,店里面来了一名外地的客户,打算在店里购买二十多台台式电脑,由于当时汤舜在场,所以汤舜亲自接待了客人。

汤舜说道:"你看需要什么样的牌子,这里全是样机,我们这里没有的牌子,也可以低价给你运过来。"

客人在汤舜的带领下,看了好多种品牌的电脑,于是说道:"能不能简单介绍一下你这里的电脑牌子都各有什么优缺点?"

汤舜有些犯难,说道:"那个啥……那个啥,我这有说明书,你照着说明书一看不就全都知道了吗?"

于是,汤舜将说明书一一递给客人,客人看过之后,心中犹豫不决,说道:"我再考虑一下吧。"

说完转身就走了。

汤舜见客人走后很是生气,于是对员工说道:"你们两个真是个木头,那个啥,刚才看见他有购买的意图时,你们怎么不多吹吹牛?"

说完,汤舜朝员工恶狠狠地说道:"那个啥,你们两个赶紧给我研究说明书。"

有一次,有客人要订货,于是打了店里的座机号码,有名员工接到电话后,听客户是要找汤舜,于是他赶紧去请汤舜接电话。

在电话里,汤舜说道:"那个啥,你是哪位?"

客人当时本来心情很好,但是听见对方第一句没有问好,而是用了一句"那个啥",心中顿时觉得受到了羞辱,因此,他谈生意的时候对于价钱寸步不让。

汤舜也是一个一毛不拔,寸步不让的人,因此,后来生意就谈僵了。

接完电话后,汤舜生气地对两名员工说道:"那个啥,以后遇到这种事情,要你们自己主动和客户谈生意,不要什么事情都等到我来做,不然,那个啥,我聘请你们来干吗?"

不久,两名员工都辞职了。

在这个案例中,汤舜是一个口头禅极重的人,但是他自己却没有发现,往往因为他自己的口头禅将客人惹恼,他反而怪罪员工,导致员工全部辞职。在生活中,口头禅人人都会有。那么,如何才能识别口头禅进而读懂爱说口头禅的人的内心呢?

1. 说话时,常带"我要……""我想……""我不知道……"

在与别人交谈中,如果你发现对方说话的时候总是带着"我要……""我想……"或者是"我不知道……",那么这个人基本上没什么主见,而且思想比较单纯,爱意气用事。因此,你要控制好交谈的主动权,如果有可能,尽量用强势的气场将对方征服,让对方顺着你的思路去思考。

2. 说话时,常带"我应该……""你不能……""你必须……"

在和说话带这些口头语的人交谈的时候,常常让你觉得受到了遏制和压迫,因为这样的人往往非常强势,非常自信。在你和他们的交谈当中,在不违背原则的情况下,尽量多顺从他们,按着他们的意愿来,千万不要和他们有对立的情绪,更不能拗着他们,否则,对方将会将你当作敌人。

3. 说话时,常带"我个人的想法是……""是不是……""能不能……"

在和别人交谈的时候,时不时的带有"我个人的想法是……","是不是……"或者是"能不能……"等口头语的人一般脾气都比较好,也很有修养。所以,如果你遇到这样的人,就会感到很受尊重,交流起来也很轻松,不会有太多的心理压力。当然你也要认真的对待,尊重对方。

4. 说话时,常带"我早就知道了。"

如果你不管说什么,对方总是一副不屑一顾的样子,时不时的说"我早就知道了。"这样的人很难做一个耐心的倾听者,所以生活中没有多少真正的朋友。面对这样的人,你需要做一个听众,让对方的表达欲得到满足。只要让对方舒心了,对你的印象肯定好,那么接下去的相处便会容易的多。

5. 说话时,常带网络中流行的词汇

总是喜欢说网络流行语的人,往往没有自己独特的个性和主见,很浮夸。所以,你要是发现对方是这样的人,那么你只需天南海北地和对方胡侃乱谈,只要和对方的话多了,自然对方会把你当成一位兴趣相投的朋友。

⚜ 回答问题的方式展露最真实的内心

在生活中,通过一个人回答问题的方式判断一个人的个性、品位、素质,是识人必不可少的环节。有的人夸夸其谈、喋喋不休,想尽量展示自己的才能,却往往让人听得昏昏欲睡,不知所云;而有的人则迅速、简洁地回答了问题,让提问者满意。因此,对于提问者说,不仅可以从对方的谈话主题来识其人,而且还可从他的谈吐方式来识其人。

王明是一所大学的心理学教授,他不仅喜欢教心理学,而且还喜欢将心理学应用于现实生活。

有一次,好几家大型的企业来学校招人,但是又不知道学生的底细,于是想请学校推荐人才,面对学校里的众多英才,学校一时也想不到好的办法,这个时候王明老师主动请缨,他想用心理学来发掘学生的内在潜力,以便为企业挑选到合适的人才。

在选聘会上,王老师出了一道题目:当你过马路的时候,绿灯即将变红,却发现你旁边不远处有一个钱包,你会怎么办?

不一会儿,有一位同学说道:"我会继续走我的路,因为在大路上的钱包往往是骗子设下的陷阱。"

说完后,王老师点头示意他坐下。

又一位同学站起来说道:"我会跑过去将钱包捡起来,如果交通灯变红了的话,我会站在原地不动,等交通灯变绿了,我再穿过公路,然后将钱包交给警察叔叔。"

第三位同学说:"我会继续走我的路,走过去之后,我会将此事告诉警察叔叔。"

……

等同学们回答完后,王老师心中已经有了想法,他给学校写了一份报告,认真分析了各类学生的性格特点。

在报告中,关于学生的性格方面的描述,他是这样写的:对于第一个同学,根据他回答问题的方式,我们可以看出,他是一位小心谨慎的人,适合在机要科工作,保管一些保密性文件;对于第二个同学,他是遇事沉着冷静,办事稳重之人,可担重任;第三个同学,适合处理后勤方面的工作。

后来,学校批准了王老师的报告。

在这个案例中,王老师根据同学们对同一个问题回答方式的不同,判断出每个人的性格,从而轻松地为学校解决了挑选人才的难题。因此,在生活中,可以根据一个人对问题的回答方式来读懂他的内心真实情感。那么,如何才能做到这一点呢?

1. 直爽简明型

与人沟通的时候,说话直爽简明的人,往往心直口快,想到什么说什么,不会有太多顾忌。这样的人多半性格很豪爽,不会拐弯抹角,内心之中也没有太深的城府。这样的人做事热情,对朋友仗义豪爽,不会斤斤计较,心胸很开阔,和这样的人交往起来相对要容易一些。

2. 婉转含蓄型

含蓄委婉的人一般考虑的东西比较多,每说一句话都要斟酌如何把话说得委婉一些,如何让别人领会自己的意思,而又不伤害别人。这样的人感情非常细腻,但也敏感多疑。他们一般不会把自己内心的真实想法告诉朋友,特别在意别人对自己的看法,说一句话前会不断权衡,懂得怎样拿捏分寸。

3. 幽默风趣型

我们发现,生活中还有一种人往往一说话,便能把大家逗乐,他们总是能给枯燥的生活中带来一些乐趣。这样的人往往蕴涵着智慧和幽默、他们通常社交能力很强,身边朋友也很多。他们往往会成为人群中的焦点,有他们在,就能够避免冷场的尴尬,起到调节气氛的作用。和这样的人交往,你会感觉非常开心、非常快乐。

4. 一板一眼型

说话一板一眼的人往往性格比较保守,他们做事情多循规蹈矩、按部就班。这样的人谨小慎微,稍显内向、他们不会乱开玩笑,说话极有分寸,该说的就说,不该说的绝对不说。和他们相处,你会觉得非常的闷,这就要求你有充足的谈话主题,积极的来沟通和交流。但是要注意一点,不要说过于出格的话,以免引起对方的反感。

5. 口若悬河型

说起话来口若悬河、滔滔不绝的人往往性格比较外向,他们绝对不是那种说话不经过大脑的人,相反他们心思缜密,但是却很健谈。他们有着丰富的阅历,能跟各种性格的人都很好的相处。和这样的人相处你就要把持住自己的嘴,不要被对方驱使,一个劲地掏心窝子。

❧ 寒暄客套并不是没有实际的意义

在生活中,面对好友或者熟人,有些人往往会认为彼此之间既然都这么熟悉了,便免去了寒暄客套的开端,而直接进入主题,时间越久,这些人往往会感觉到自己和朋友们的关系逐渐生疏起来;相反,有些人无论是遇见朋友还是陌生人,都要寒暄客套一番,这些人的人际关系往往越来越广,和朋友之间的友谊越来越深。由此可见,在生活中,寒暄客套并不是没有实际的意义。

寒暄和客套能表达你的礼让和谦虚。生活中,有些情感必须得表达,但是并不是每个人都适合随时随地的表达,这时寒暄和客套恰恰能帮助你解决难题。所以,适当的时候说些寒暄和客套的话,既能表达了你对对方的情意,又不至于让别人觉得你过于直接、随便。

王明是一家公司的人力资源部经理,在公司里还有他的两个同学,一个是曹雄,这个人对人热情,无论跟谁见面,都喜欢寒暄客套一番;另一个是王刚,这个人表面上很冷淡,但内心却很热情,总是喜欢在暗中帮助他人。

有一次,公司有一个部门的经理退休了,于是出现了职位空缺,正好王明的同学曹雄和王刚同时被公司领导选为候选人,公司领导让王明推荐一个人当经理。

两个都是王明的同学,一时难以抉择。回到家中,他无意中跟妻子说起了此事,妻子告诉他说:"你看谁平时对你热情一些,你就推荐谁。"

王明有些不高兴,严肃地说道:"怎么能这样呢?我是为公司选人才,又不是为我选服务员。"

妻子说道:"对你热情一点的人,说明他对你好,他当上经理之后或许还可以互相帮助一下,我又没有让你去徇私舞弊,反正领导把决定权交给你了。"

王明想着:公司需要的是一个能为企业创造价值的人,我如果是为了自己的生存而给公司带来损失,那么我还有什么脸面在公司待下去呢?再说公司遭受了损失,我也一样跟着倒霉。

可是,他还是拿不定主意到底推荐谁。因为他知道,尽管曹雄对他总是那么寒暄客套,却没有多少真情实意,但是他不得不承认,他喜欢和曹雄交往。而王刚虽说待人真诚,但是实话实说,他并不喜欢他。

经过了一番思考之后,王明最终推荐了曹雄。他觉得曹雄更加适合这个岗位。

在这个案例中,在同等情况下,王明推荐了对自己热情的曹雄作为经理。因此,在生活中,寒暄客套并不是没有实际的意义。在关键时候,这些寒暄和客套往往能表达一些彼此之间的谦虚和礼让,让彼此感受到那份温情。那么,如何才能恰到好处地寒暄客套呢?

1. 对无关紧要的人

在和无关紧要的人交往的时候,并不需要使用客套话。这些时候,如果你过分客套的话,反而显得你很虚伪,或者显得地位卑微,喜欢阿谀奉承。这样,会给对方留下不好的印象,继而影响彼此之间的交往和接触。因此,在这种情况下,即使要用客套话,最好适度,不要过分客套。

2. 对你的好朋友

对于平常的好友,在见面的时候,也要客套一些,但是不要过分客套,否则会让人觉得你是在故意拉远双方的距离,但是一些基本的寒暄客套是必不可少的,一方面会让人感觉到双方友谊很新鲜,不乏味,另一方面,让对方知道你还是很敬重他。所以,平日里和好朋友见面聚会的时候,要拿捏好分寸,客套的话不要太多,也不要太少。

3. 对你的家人

面对自己的家人,天天低头不见抬头见,寒暄客套是不可缺少的。古时候夫妻之间就有过"举案齐眉,相敬如宾"的佳话,现代也不例外,家人之间互相尊敬,往往能够让亲情长久,让每一个家庭成员都感觉到自己是被关心的。

4. 对你的亲戚

面对你的亲戚，必要的寒暄客套也是不可缺少的。亲戚之间的寒暄客套一方面可以加深亲戚之间的感情，另一方面，让亲戚之间的情感，细水长流。但是寒暄客套要把握好度，过犹不及，否则会让人觉得你很虚伪。

5. 对不喜欢你的人

生活中，并不是每个人对你都这么的友好，有的人喜欢你，有的人不喜欢你。对于那些不喜欢你的人，往往会给你穿小鞋，给你使绊子，让你难堪。对于他们，或许你说完全不用搭理。但是世上没有永远的朋友，也没有永远的敌人。所以跟他们打招呼的时候，也要客气一点。

❖ 幽默千百种，需要你来解读

在生活中，幽默之人，往往能够缓和气氛，消除尴尬，同时也增添了大家生活中乐趣；相反，一个说话干瘪，没有生气的人，则会让谈话的氛围变得严肃，变得压抑，让生活变得单调无味。因此，幽默在生活中非常重要，但生活中的幽默有千百种，需要你去慢慢解读。

李强相貌平平，今年26岁了，已经到了结婚的年龄，在父母的介绍下，李强认识了赵雪，他们认识后，互相都有好感，感情与日俱增。

一天恰好赵雪的同学聚会，在全班同学的强烈要求下，赵雪同意带李强和她的同学见面，在同学会上，人群纷杂，有刁钻的，有说话古怪的等。

李强跟赵雪的同学相互认识之后，回到赵雪的身旁坐下，然后同学们开始调侃起来。

有一个平时最挑剔的同学问："你今年多大了？"

李强答说："26岁了。"

那个同学继续说："骗人的吧？我看你样子很老，应该30了吧。"

李强辩解道："不是我年龄大，是我长得成熟一些。"

另外有个同学又插嘴道:"不要说成熟,其实是长得寒碜一些吧?"

李强尴尬的笑而不语。

其他同学看那两位同学获胜了,于是便变本加厉,继续追问道:"我听说鲜花插在牛粪上,但是要说鲜花插在你的身上,打死我也不信。"

赵雪见情形不妙,赶紧接口道:"鲜花也需要牛粪的营养,没有了牛粪,再美的鲜花也会枯死的。"

赵雪说完后,同学们都鸦雀无声了,接着便哄堂大笑。

之后,赵雪的同学们再也不用一些刁钻的问题来刁难李强了。

在这个案例中,赵雪是一个聪敏机灵的女孩,看到众位同学刁难男友,她巧用幽默帮助男友化解了尴尬,同时缓和了现场的氛围。因此,在生活中,善于巧用幽默是很重要的。那么,如何才能读懂善用幽默之人的内心呢?

1. 善用幽默打破僵局的人

在生活中,很多人在谈话陷入僵局之后,会巧妙的用一个幽默来缓解气氛,打破僵局。这样的人处理事情的能力往往很强,他们反应迅速,能随机应变,总是能制造乐子,逗乐大家。这样的人往往能够给别人留下好印象,他们容易成为受人关注的对象。

2. 善用幽默来挖苦别人的人

除了用幽默来缓解气氛、打破僵局的人之外,生活中往往还有另外一种人,他们常常用幽默的方式来挖苦别人。这样的人心胸比较狭窄,有强烈的嫉妒心理,有时甚至做一些落井下石的事情,他们的语言往往很恶毒,让别人受不了。他们擅长挖苦和嘲讽他人,整天盘算他人,自己却从未真正地开心过。

3. 善用幽默自我解嘲的人

我们常常听到身边有很多人都喜欢说幽默的话,他们的幽默往往以自己为中心,不断的嘲笑自己。这样的人心胸往往比较宽阔,能够接受他人的意见和建议,而且能够经常地反省自己,进行自我批评,寻找自身的错误进行改正。他们这种气质,让他人看在眼里,很容易让人产生敬佩之情,从而为自己带来比较好的人际关系。

4. 善用幽默嘲笑讽刺的人

在生活中,也有人善用幽默的方式嘲笑、讽刺他人。这一类型的人给人的第一印象往往是相当机智、风趣,对任何事物都有细致入微的观察,能够关心和体谅他人。这样的人处事非常的小心谨慎,他们在为人处世的时候很机警,思维比一般人要敏捷很多。和这样的人交往的时候,往往你会感觉到很自卑,从而在不经意间被别人控制。

5. 善用幽默搞笑的人

在生活中,喜欢用幽默搞笑的人,他们多活泼开朗、热情大方,活得很轻松,即使有压力,自己也会想办法缓解这种压力。他们在言谈举止等各方面表现得都相当自然和随便,不喜欢受到拘束。他们比较顽皮,爱和人开玩笑,他们在这个过程中自我娱乐,同时也希望能够将这份快乐带给他人。

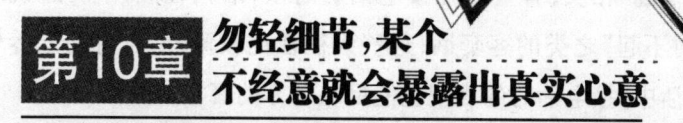

第10章 勿轻细节,某个不经意就会暴露出真实心意

在处理同样一件保密的事情时,有些人常常不留心细节动作,往往在不经意间就将自己的真实心意给暴露了,从而造成一些不必要的损失;相反有些人不仅能够把事情做好,而且还能够注意细节,明白细节决定成败这句话的深刻含义,于是办事谨慎稳妥,往往能够达到预期的效果。前后两者为什么差别这么大呢?其实前者由于不注意细节,所以在细节上露出了破绽,从而造成一些不必要的损失。那么如何才能像后者一样呢?答案其实就在本章节的内容中。

接电话时的表现也能反映对方真实的品性

只要留心观察,你就会发现,有些人在接电话的时候往往声音很大,语气粗暴,满口的脏话,这些人往往文化和素养较低,常常沉迷于物欲之中,对精神生活不屑一顾。相反,有些人在接电话的时候,语调轻缓,不时还说一些如"谢谢您,对不起"之类的客套话,这些人往往比较谦逊,自身的素养较高。因此,在生活中,接电话时的表现也能反映对方的真实的品性。

王娜是一家保险公司的客服代表,她刚来不久,正处于试用期,公司的领导经常在暗中观察她的工作表现。

有一次,下午六点的时候,王娜正准备下班回家,电话铃突然响了,王娜有些生气,但还是接了电话。

王娜说道:"喂,您好!请问您需要什么服务?"

电话那边的客户说道:"我想退掉上次我买的人寿保险。"

王娜有些不耐烦,说道:"您能告诉我您退保险的理由吗?"

客户生气地说:"我是被骗的,之前你们公司的业务员给我介绍说保险的钱一次交清,可是当我把保险办了之后,才发现其中另外收了我许多手续费,而且我仔细看了一些协议,发现每年还要交年费。"

王娜听到"骗子"这两个字后,心中很是不快,于是说道:"对不起,现在保险协议都已经签了,如果你想退的话,那么你以前交的钱根据公司规定是不能退给你的;至于您觉得业务员骗了你,你可以到我们公司来投诉他。"

客户听后非常生气,大骂道:"你们这不是明摆着骗我们吗,我来投诉,你们肯定不会管,我要到保监会去投诉你们。"

王娜再也忍不住了,语气也变得强硬起来,大吼道:"你想投诉,你就去吧,就你这样的人还买保险,上当了活该,谁让你那么笨的?"

说完,王娜一下就挂断了电话。

但王娜立刻意识到自己是在工作,不能对客户发火,于是悄悄的偷看周围,发现周围并没有人,然后就放心了。

第二天,人事部经理把王娜叫到办公室,问道:"最近感觉怎么样?还适应这个工作吗?"

王娜连忙说道:"适应,我一定能干好,请经理放心。"

忽然,经理脸色严肃起来,问道:"昨天下午你怎么对客户那么凶?像你这样还能当好客服代表吗?"

王娜嗫嚅道:"你怎么知道的?"

经理有些得意地说:"因为我就是那个打电话的客户。"

王娜想起当时的声音是有些熟悉,此时她感觉头有些晕,差点摔倒。

几天后,公司决定辞退王娜。

在这个案例中,王娜接电话时候的态度粗暴无礼,让经理觉得她不是一个有修养,有耐心的人,于是将她辞退了。因此,在生活中,即使接电话这样的小事也要注意,不要让别人由此看出自己的缺点,从而看轻自己。当然,我们也可以通过他人接电话的细节来看出对方的真实品性。那么如何才能通过观察接电话者的表现来读懂其真实的品性呢?

1.接电话时,声音响亮之人

接电话的时候,有些人的声音往往很高,很响亮,这些人的内心往往比较自负,他们心中有一种优越感,总想压倒对方,于是他们往往会用高嗓门来表达他们心中的优越感。因此,与他们接触和交往的时候,不妨适当的加以迎合,满足他们内心的自负的情结。这样就能更好的驾驭他们,在交往中占据主动。

2.接电话时,声音微弱之人

接电话的时候,有些人的声音比较微弱,这些人往往比较自卑、胆怯,生怕自己会说错一个字、一句话,于是他门总将声音放低,即使言语之中,有什么不当之处,往往也能蒙混过关,让对方听不清楚。因而对于说话声音微弱的人,你的声音不妨洪亮一些,用强大的气场控制对方。

3.接电话时,说话粗暴之人

接电话时候,说话粗暴之人,往往在生活中也很粗暴,他们往往蛮横无理,自身没有文化,没有修养,动不动就满脸怒容,极易跟人结仇,他们说话粗暴主要是想贬低对方来抬高自己,或者让对方感觉到他的存在。对于这种人,也要适当的恭维他们,迎合他们。让他们内心高兴、愉悦。然后再适当的引导,这样你在和他们的社交中就会占据绝对的主动。

4. 接电话时,说话肮脏之人

接电话的时候,有些人说话往往带很多脏字,并不是他们说话说习惯了,而是通过说脏话来表达内心的不满和悲愤。他们往往对自己很不满意,对周围的人和事情也很不满意,事实上,他们说的脏话就是抱怨。所以,和这种人接触的时候,不妨表现出你的善解人意,这样,来化解对方内心的愁闷。

❧ 注意对方放松下来的吃相,告诉你他的真性情

有些人吃饭的时候,狼吞虎咽,生怕食物跑了,这些人往往比较豪爽,为人处事比较坦率,喜欢广结朋友;相反,有些人吃饭的时候,细嚼慢咽,即使人多的时候,也不抢食,这些人往往为人谨慎小心,办事沉着稳重。因此,在生活中,注意对方放松下来的吃相,往往会告诉你他的真性情。

王萍和于川是一对恋人,平时两人关系很好,总是形影不离,他们正打算在年底前结婚。

临近结婚时,于川听朋友说,婚姻是爱情的坟墓,女人只要一结婚就会变,于是他决定在结婚前细心观察女友的细微动作。

有一次,王萍和于川一起出去爬山,回来时两人又累又饿,休息片刻后,两人一起到一家面馆去吃牛肉面。

在面馆,服务员把第一碗牛肉面端来的时候,于川王萍说:"看你这么饿,你先吃吧。"

王萍早就饿了,于是也没有推辞,端起碗就狼吞虎咽起来。

这时候,于川才发现王萍的吃相跟往常不一样。

于是于川思索王萍究竟是一个什么样的女孩。有一天,恰巧看见一本心理学方面的书,于川漫不经心地翻了起来。

忽然,于川发现心理学上有关于吃相的内心描述。

书中写到:当一个人放松下来吃东西的时候,我们往往能够从他的吃相中发现他的真性情。一般来说,狼吞虎咽之人往往性格直率,没有心计。

此时,于川放心了,因为在他心里,他最理想的女朋友就是性格直率,没有心计之人。

一个月之后,于川和王萍两人结婚了。

在这个案例中,于川通过女朋友在放松时候的吃相,发现了女友的真性情,从而对女友更加爱护,最终他们结婚了。因此,在生活中,注意对方放松下来的吃相,它往往会告诉你对方的真性情。那么,如何才能从对方的吃相中读出他的真性情呢?

1. 吃饭时狼吞虎咽的人

在社交的时候,免不了请客吃饭,但是在吃饭的时候,只要你细心观察,你会发现有些人吃起来狼吞虎咽,非常迅速,似乎他们饿了很久。如果你这么认为,那就大错而特错了。他们之所以狼吞虎咽,是因为平日里他们做事情很讲究效率,怕浪费时间,所以他们性格很急躁,脾气也很火爆。因此,遇到狼吞虎咽之人,你最好谨慎自己的言行,小心惹恼了对方。

2. 吃得很快又懂得品尝的人

有的人吃饭的时候很快,但是却很会品尝食物,不时地还点评一下。这类人追求效率、又很注重细节,最主要的是他们能发现不同的人或者是事之间的差异,并能给出合理的评价。是最佳的"管理型"人才。他们有点像传说的伯乐,能在最短的时间内发现"千里马"。因此,和这样的人结交,要展现自己的本性。

3. 中规中矩、细嚼慢咽的人

就餐时中规中矩、细嚼慢咽的人,做事极有条理、工作一丝不苟、按部就班、循规蹈矩,非常适合担任秘书、助理、办公室主任等"管家型"工作。他们一般不会过多的去考虑自己的感受和想法,相反却能很好的遵从领导的指示,并很好的贯彻和执行。和他们结交的时候,你不必问他们的感受,只需告诉他们你的想法就行。

4. 爱将各种食物胡乱搭配的人

生活中,还有一些人就餐时并没有特殊的喜好,也不遵从惯例,而是爱将各种食物胡乱搭配在一起,这样的人往往不受约束,思维比较活跃、而且富有创意、经常会别出心裁地提出各种建议,令人耳目一新,他们是典型的创新型人才。因此,对这类人才要合理引导,以便发挥他们的最大效用。

5. 喜欢倒各种调料的人

还有一些人,在用餐时,只要看到是调料,不管三七二十一,就往自己碟子里倒上很多,他们没有特定的口味。这样的人往往性格非常的急躁,说话做事的时候很冲动,不会考虑后果,他们很容易得罪人,因而人际关系并不是很好。因此,对这类人,要谨慎对待,细心调教,方可担当重任。

学会读懂对方不自然的细节

有些时候,有些人总想隐藏自己的失败,最好在全世界只有自己知道自己的失败,但是往往又难以避免他人的询问,于是这些人往往会通过一些细节来暗示对方自己失败了,让对方以后不要再关注这件事情了,可是当他想暗示别人自己失败的时候,又担心被人嘲笑,所以又想隐藏,从而导致他对别人的暗示做得很不自然。因此,在生活中,不自然的细节,往往越是要表现的越是想要隐藏的。

王丽萍是一名在政府机关工作的公务员,平时为人处事谨慎小心,年年考评多是优秀,深受领导喜爱,领导正准备提拔重用她。

有一次,她在网上看到中央在遴选公务员,于是她就报了名并参加了笔试,一个多月以后,笔试成绩出来了,她以第一名的成绩进入了面试,面试前需要资格复审,而在资格复审之时,需要报考者提供所在单位同意报考的证明。

于是,王丽萍将自己报考中央遴选的事情和领导说后,领导同意给她出一份同意报考证明。

王丽萍带着单位同意报考的证明去参见资格复审,在面试的前一天晚上,她想到如果自己考不上的话,领导可能不会再重用她了,因此她压力很大,彻夜未眠。

面试的时候,当考官念完题目之后,她感觉很困,脑子里一片空白,最后只得中途退场。

在回单位的路上,她很担心,既害怕领导过问自己的面试成绩,又害怕领导从此对自己不闻不问了。苦苦思索半天,她终于想到了一个办法,通过一些细节来暗示领导自己已经失败了。

正好,单位里又新招了一名公务员,当新公务员去单位政审的时候,王丽萍帮他整理好政审资料后,带领新公务员向领导报到,她微笑着说道:"现在的公务员可不太好考啊,这位就是报考我们单位的考生,现在已经通过笔试和面试了,记得当时有300多个人报考呢,我真是羡慕他的成绩。"

领导一听,心中狐疑了一会儿,因为王丽萍很少当着他的面夸奖人,想着她从中央遴选面试回来已经有好几天了,也不见她有什么特别开心的,于是心中已经猜到了王丽萍可能是在暗示自己她失败了。

从此,领导再也没有询问过王丽萍关于中央遴选的事情。但是王丽萍的升迁也没有受到任何影响。

在这个案例中,王丽萍在中央遴选考试失败以后,担心领导询问,但是又害怕领导不闻不问,于是她采取一些细节来暗示领导,最后领导既没有过问王丽萍的考试成绩,又没有忽视王丽萍的升迁。因此,在生活中,不自然的细节,往往越是要表现的越是想要隐藏的。那么,如何才能读懂这些细节呢?

1. 经常喜欢遮口的人

生活中,总有很多人在沟通的时候用手遮口,这样的人一般比较胆小、羞怯。一般来说,用手挡口是为了雅观,掩饰其口大的缺陷。在生活中,在交谈过程中,刻意地用手或手绢遮口,从表面上看是行为者希望能够引起对方的关注,其真实目的往往是掩盖自己的木讷与胆怯。要想与他们交流和沟通,要适当地加以引导,让他们放松自己,不要担心缺点和失误暴露出来。

2. 不经意间打手势的人

一般来说,喜欢打手势的人做事果断、自信十足,喜欢充当领导的角色,对别人爱加以指点批判。他们比较有实力,很有男子汉气派,性格大都属于外向型。但是不经意打手势的人往往是为了掩饰自己内向的心理,隐藏自己内心的自卑。和他们接触的时候,要尽量营造轻松的氛围,这样他们便不会因为自卑而感到紧张。

3. 总是喜欢拉拉耳垂的人

喜欢拉拉耳垂的人,往往不想听你一个人说个没完,想打断你的谈话自己发表意见,而又有些胆怯,生怕自己打断你的说话引起你的不快。他们之所以喜欢不停的拉耳垂,往往是想掩盖自己不敢发言,害羞的缺点,于是拉拉耳垂以此来掩饰自己内心的紧张。和他们接触和交谈的时候,要温和一些,适当的询问他们的感受和想法,让他们慢慢的和你靠拢。

4. 没事经常拍打自己的头部

生活中,我们常见很多人在和人交流和沟通的时候,经常拍打自己的头部,这样的人往往比较聪明,思想独特,做事有主见,对新事物有大胆尝试的精神。他们勇于创新,积极开拓。他们想要让自己的想法和看法更加引人注意。因此,当你发现对方在不自然的拍打头部的时候,不妨把话语权暂时交给他们。

❧ 小意外发生时会出现下意识的动作或叹词

我们在平日里看一个人的性格并不容易,但是如果发生一些小意外,再看他们不同的应急反应,就能看到他们不同的心态。比如,有的人会发出惊叹的声音,而有的人却开心愉悦,不是他们刻意做出的反应,而是因为他们不同的性格所决定的。和他们接触和交往的时候,要根据他们的不同的性格采取相应的方法。

夏露是一名很乖巧的小学生,她的母亲从小就对她管教很严,不允许她乱花钱,因此,夏露从小就养成了一个勤俭节约的好习惯。

有一次,班里要组织一次活动,需要每位同学交五元钱作为活动费,但是夏露很担忧,因为母亲很可能不同意自己交五元钱,往往还会让母亲误认为自己贪钱。

回到家中,夏露没有把要交活动费的事情告诉母亲。忽然,夏露发现母亲的卧室里面有五元钱,于是趁母亲不注意,她悄悄地将钱拿走了。

几天后,在饭桌上,母亲突然问夏露:"你有没有看到我卧室里的五元钱?不知道放哪去了?"

夏露被母亲这么一问,有些惊慌,筷子一下就掉在了地上,嗫嚅道:"我……没拿,我不知道。"

母亲也相信夏露不是喜欢乱花钱的孩子,于是便没再追问。

有一次,夏露对母亲撒了一个善意的谎言,被母亲揭穿并且挨批评以后,吓得夏露手中的碗差点掉在了地上。

夏露的母亲是一个比较细心的人,她回想起上次问女儿五元钱的时候,女儿的筷子就掉在了地上,于是怀疑女儿是在说谎。

于是,她把女儿叫到身边,再次追问五元钱的事情,终于发现女儿确实是在说谎。

于是,夏露挨批评了。

在这个案例中,夏露在发生小意外的时候,下意识的动作就是双手发抖,从而导致手中的筷子掉在地上,从让母亲看出了端倪。因此,生活中,小意外发生时,可以从下意识的第一个动作或叹词中读出行为者的内心。那么,如何从对方的一些小意外中,看出对方的内心变化呢?

1. 发出惊叹声之人

小意外发生时,发出惊叹声之人往往心中比较胆怯,喜欢将心中的不愉快的感情说出来,这种人往往没有心计,不喜欢算计别人,为人直率,心中往往比较阳光。但也很有可能遭别人算计。所以,和这种人打交道的时候,不需要刻意的去做安排,也不需要去防备他们,简单一些,开心一些就好。

2. 双手抖动之人

小意外发生之时,双手抖动之人往往比较内向,胆子比较小,心中有不愉快的事情也常常独自忍受着,不愿意和他人交流,这种人往往性格比较坚强,但是社交圈子比较小,不怎么受欢迎。如果你想要和这样的人做朋友,那么就要多关心他们的内心情感,多去了解他们,慢慢的走进他们的内心深处。

3. 纹丝不动之人

小意外发生之时,能够纹丝不动,仿佛什么事情也没有发生一样的人,往往是内心平和,办事沉着稳重的人,这种人办事有自己的一套原则,不管外界怎么变,他都不以物喜,不因己悲,坚守自己的原则。与这样的人交往的交往的时候,就要多留个心眼,因为他们太过冷静,心思比较缜密。

4. 双腿发软之人

小意外发生的时候,双腿发软之人往往是典型的胆小之人,他们往往很惧怕陌生事物,即使原有的生活发生了细微的变化,他们也会感到害怕,这种人往往不会有害人之心。对于这种胆小之人,要对他们进行鼓励,让他们自信一些,在交往的时候,多关心他们,让着他们,让他们觉得你是可以信赖的。

5. 玩笑自嘲的人

有些人在发生了意外之后,不是惊慌失措,而是轻松的耸耸肩,开个玩笑,或者自嘲一番,这样的人,相对来说比较成熟,因为他们对生活的意外看得很淡,而且看成是小插曲。和这样的人交往的时候,你不会有过多的压力,相反会非常愉悦。因此,你不妨放松一些,你越紧张,会弄得他们也不好意思起来。

❀ 站姿或坐姿告诉你的真性情

有些时候,想要发现一个人的真性情,不仅可以通过语言交流来观察,而且可以通过一个人的站姿或者坐姿来观察。在日常生活中,仔细地观察,就会发现人们的坐姿各具特色:有的人喜欢跷着二郎腿;有的人喜欢双腿并拢。有的人喜欢双脚交叠。这些人的不同坐姿,看起来似乎都是无意说的,实际上却透漏出他们不同性格和心理状态。

王明是一家电脑公司的销售人员,他是一个月前进入这家公司的,之前他在建筑公司干过现场监理员,由于在社会上接触的五花八门的人多了,他学会了一些陋习,比如坐着的时候喜欢跷二郎腿,走路的时候双臂前后摇晃的幅度很大,常常让人觉得反感。

有一次,店里来了一个客人,准备买十台笔记本电脑,王明跷着二郎腿对客人说道:"我们店里的电脑有很多种牌子,这些只是一部分样品,如果你还需要其他品牌的电脑,我们可以低价帮你订购过来。"

客人看了一会儿,指着一种牌子的电脑说道:"这台电脑的价钱比较便宜,你简单的给我介绍一下这台电脑与其他的电脑有什么不同。"

王明说道:"这台电脑就是国产的杂牌,具体的信息你可以翻看说明书。"

说完,王明将产品说明书扔了过去。

客户翻了翻之后,心中愤愤不平,低声说道:"那么傲慢,服务态度也太差了点吧。"

王明没听清楚,也没在意,只看见客人匆匆地走了。

在这个案例中,王明跷二郎腿的姿势让顾客觉得他很傲慢,没有将顾客放在心上,更没有诚意做生意,于是匆匆地离开了。因此,在生活中,通过观察一个人的站姿或者是坐姿往往是可以发现对方的真性格的。那么如何才能做到这一点呢?

1. 保守古板的人的坐姿

入座之后,如果你看到对方的两腿及两脚跟并拢靠在一起,双手交叉放于大腿两侧,这样的人往往比较保守、比较古板,他们性格比较固执和倔强,从不轻易接受他人的意见,有时候明知自己错了,但是仍然会坚持下去。这种人凡事都想做得尽善尽美,干的却又是一些可望而不可即的事情。他们对爱情和婚姻也都比较挑剔,看起来这是慎重的表现,其实不然。

2. 聪明自信的人的坐姿

很多人入座后总是将左腿交叠放在右腿上,双手交叉放在腿跟儿两侧。这样的人非常自信,坚信自己的想法和做法是正确无误的;他们天资聪明,总是能想尽一切办法并尽自己的最大努力去实现自己的梦想;他们的协调能力也很强,在圈子里总是充当着领导的角色;不过他们也有一个致命的弱点,那就是喜欢见异思迁,常常"这山望着那山高"。

3. 谦逊温和的人的坐姿

坐着时喜欢将两腿和两脚跟紧紧地并拢,两手放于膝盖上,坐得端端正正的人往往性格比较内向,为人非常的谦虚,对于自己的情感世界很封闭。他们常常替他人着想,身边的朋友对此感动不已。正因为他们性格非常的内向,所以在结交朋友上存在着一定的障碍,但是他们的朋友却不少,因为大家尊重他们的为人,他们是"人敬我一尺,我敬人一丈"的典型代表。

4. 坚毅果断的人的坐姿

喜欢将大腿分开,两脚跟儿并拢,两手习惯于放在肚脐部位的人,做事情往往很勇敢,也很果断,他们从来不优柔寡断,一旦决定了某件事情,就会立即去采取行动。不过他们的独占欲望相当强,从来不容许别人和自己分享,动不动就会干涉别人的私生活,所以时常遭到他人的反感。

5. 腼腆羞怯的人的坐姿

把两膝盖并在一起,小腿随着脚跟分开呈一个"八"字形,两手掌相对,放于两膝盖之间,这种人往往特别害羞。他们对待朋友是相当诚恳的,而且会非常热情的去帮助别人,他们往往思想比较保守,做事情总是遵循一定的传统和规则,有时候甚至会没有主见。

⚜ 通过他打招呼的方式,解读他的心

在生活中,从一个人打招呼的方式中,可以看出这个人身上的很多东西。能揭示性格的打招呼方式,是指刚刚结识的友人打招呼的方式,每一种

打招呼的方式，都体现了说话者的性格特征。比如打招呼的时候喜欢说"你好！"的人，往往头脑冷静，只是有点迟钝。他们对待工作勤勤恳恳、一丝不苟，能够把握自己的情绪，不喜欢大惊小怪，深得朋友们的喜欢。因此，领略一个人打招呼的方式可以解读他的心。

方华和张雨柏在大学时候就是好朋友，毕业的时候，他们两个都报考了公务员，张雨柏考上了公务员，而方华没有考上，他非常羡慕张雨柏，后来一家银行招聘应届毕业生，方华便考上了银行的职员。

转眼三年过去了，方华再次和张雨柏在校园里相聚，方华一见面就说："这三年来，你怎么样？"

张雨柏有些嗫嚅地说道："嗨，勉强凑合吧。"

方华没有注意到张雨柏内心的胆怯，以为他是在故意谦虚，于是说道："你怎么不开你的轿车过来啊？咱俩好比试一下速度。"

张雨柏脸微微泛红，低头不语。

方华看见张雨柏的表情不那么直爽，有些不满，说道："怎么了？升官发财了，就跟老同学见外了？"

看张雨柏拘谨的样子，方华有些想笑，说道："你是当官的，有钱有权，今天吃饭你掏钱。"

方华连拖带拉地拽着张雨柏走到一家大饭店，点了一桌子的酒菜。

在吃饭的过程中，方华发现张雨柏好像变得沉默许多了，于是问道："你是不是遇到什么麻烦了？"

经过方华的细心询问，才知道张雨柏是担心没有钱买单。

方华问道："你一个月多少钱？怎么比我还穷？"

张雨柏说道："其实，自从公务员实行阳光工资以后，工资下降了很多，基本上只够解决温饱。"

方华这个时候才明白自己的老同学原来从打招呼的时候就很自卑，于是安慰他说道："那你想办法调到我们银行来吧，我现在是一个小科长了，可以给你安排一个肥差。"

张雨柏苦笑了一下，然后喝了一口酒。

在这个案例中,从方华打招呼的方式中我们可以看出,他是一个自信,喜欢被人注意,爱出风头的人,而张雨柏是一个胆小、自卑之人。因此,通过一个人打招呼的方式可以解读他的心。那么如何才能做到这一点呢?

1. 打招呼时说"你好"的人

我们和别人接触和交往的时候,总是会听到很多人打招呼时说"你好"。一般情况下,这样的人头脑都比较冷静,只是反应有点迟钝。他们对待工作非常认真,总是勤勤恳恳、一丝不苟,因此深得身边的朋友们信任。因此,这样的人身边的朋友总是很多。

2. 打招呼时说"喂"的人

有的人,见了别人总是笑嘻嘻地说"喂",这样的人是天生的乐天派,他们往往快乐活泼、精力充沛,而且性格比较直率坦白,思维非常敏捷;有时候还富有幽默感,他们很尊重别人,喜欢听取别人的建议;这类人往往很简单,没有心计,不会存心算计别人,但有可能被别人算计。

3. 打招呼时说"嗨"的人

有些人跟别人打招呼的时候,总是微笑着说一句"嗨",这样的人善于控制情绪,性情比较温和,这种人生性有些害羞,且多愁善感,经常由于担心会出错,而不敢放开手脚去按自己的意愿做事情。当他们跟家人或知心朋友在一块时,非常的热情,处理事情也很稳妥。

4. 说"你怎么样"的人

很多人在见了别人,总是来一句"最近怎么样?"这样打招呼的人往往喜欢出风头,他们对自己充满自信,但是有时候也会因为自己或者他人的一些举动而陷入深思。他们往往喜欢深思熟虑之后再做行动,喜欢反复考虑,不会轻易采取行动,一旦接受了一项任务,就会全力以赴地投身其中,不达目的誓不罢休。

第11章 靠近女人，她们的心并非是海底针

面对女人，有些粗心的人，往往不细细品味女人，以为女人都是百变女郎，感觉她们的心就是海底针，这些人往往不留心观察女人，而且对女人也比较疏远，同样，女人也往往看不透他们。相反，有些人能够留心观察生活，靠近女人，认真分析女人的一举一动，把握她们的内心变化规律，从而与女人友好相处。前后两者为什么会有这么大的差异呢？其实，只是后者更贴近女人，善于发现她们的内心变规律罢了。如何才能做到这一点呢？不妨看看本章节的详细介绍。

❧ 怎样看穿女人的"口是心非"

有些时候,对于一些事情,女人往往满口答应,但是到实践的时候,她们往往不见了踪影;相反,有些时候,嘴上说"不"的事情,往往内心却在说"是"。比如当一个女人神色庄重地说"你是个好人"时,你们的恋爱往往就要结束;相反,当女人拧着你的耳朵说"你真坏",那么恭喜你,你离洞房花烛夜不远了。因此,用心了解,往往是可以看穿女人的"口是心非"。

苏芩和蔡昭是村里的两个高材生,从小青梅竹马,关系一直不错,蔡昭比苏芩大两岁,所以从小蔡昭就像哥哥一样宠着她,不管苏芩要什么东西,蔡昭都会满足她,哪怕是想要天上的星星,他也会给她摘下来。

高中毕业后,苏芩去国外留学了,蔡昭则考上了国内的一所名校,毕业后考上了市级机关的公务员。

有一次,苏芩回家来过春节,恰巧蔡昭也回家过春节。听说苏芩回家来过春节了,蔡昭异常兴奋,因为他一直都很牵挂她,为了她,蔡昭在大学期间一直没谈恋爱,在学校的时候蔡昭一直拼命学习,想努力考上公务员,使自己有些脸面,然后等苏芩回来就向她表白。

现在蔡昭已经考上公务员了,觉得时机已经成熟,于是他走到苏芩家里,见到苏芩后,有些害羞地说:"几年不见,变得越来越漂亮了,在国外过得还习惯吧?"

苏芩大大方方地说:"哥,你也回来过春节了,听说你考上公务员了,我正准备过去看你呢!我留学回来了,以后打算在家乡发展。"

蔡昭一听苏芩打算留在家乡,心中欢喜,说道:"那太好了,以后我们又可以在一起了。"

说完,蔡昭犹豫了一会儿,脸有些红,说道:"吃完晚饭后,咱们依然像小时候那样去河边玩一会儿"

苏芩没有犹豫,脱口而出地说道:"好啊,时间定在晚上六点,可不许迟到哦!"

蔡昭美滋滋地跑回家去准备,他早早地吃完晚饭,然后就开始打扮自己。

六点钟时,蔡昭和苏芩两人一起到了河边,蔡昭和苏芩互相询问对方的生活状况以后,蔡昭就开始向苏芩表白了,说道:"有句话我在念高中的时候就想跟你说,后来你去国外了,也没有机会了。"

苏芩好奇地问道:"什么话,现在就说吧。"

蔡昭满脸通红地说道:"我爱你!"

苏芩听后,脸色立马变得严肃起来,然后庄重地说:"你是一个好人,在我心目中你是最好的哥哥。"

蔡昭有些失落,知道自己已经被拒绝了。

苏芩说道:"但是我们之间只有兄妹之情,没有其他,况且以你这么好的条件,你一定可以找到比我更好的姑娘。"

说完,俩人就尴尬地离开了。

在这个案例中,苏芩是一个"口是心非"的姑娘,当她对蔡昭说"你是一个好人"时,其实她心里已经拒绝他了。因此,在生活中,用心了解,往往可以看穿女人的"口是心非"。那么,如何才能做到这一点呢?

1."不要啦"就是代表不拒绝

女人往往会口是心非,明明自己心里喜欢,可是嘴上却说"不要啦",如果这时候,你真的停止了和她的亲密接触,那么对方一定会几天不理你,让你丈二和尚摸不着头脑。女人之所以这么说,是因为对于她们来说要讲点矜持,如果不这么说,会让别人觉得她们没有廉耻,更何况这种拒绝后的顺从,让她们在男人心里更有分量。

2."真讨厌"说明她很喜欢你

女人往往不愿意说实话,可能是想让对方不受伤害。比如女人对你说"你是一个好人"时,后面往往跟着"不过你不适合我",实际上是在拒绝对方。同样,当一个女人对你说"讨厌",那么她是在告诉你,她很喜欢你。男人要听得懂女人的口是心非,千万不要被她们嘴巴欺骗了。

3."太贵了"说明她很喜欢这东西

女人天生都是购物狂,而且她们特别喜欢逛街,如果你的女朋友看到了一样喜欢的东西,会凑上去仔细察看,尽管心里非常想买,但是害怕你拒绝,往往会说"太贵了"。这时,如果这个男人真的喜欢这个女人,那么一定会给她买下来。因此,聪明的男人要懂得"察言观色",听得懂女人的"太贵了",就是在招呼你掏钱买东西给她。

4."不在乎"恰恰说明她在乎

有的女孩表现的很大气,说她们不在乎男人以前的女友,作为男人,如果你真相信她们说的,那么你会发现,你的女朋友会很生气,甚至会一段时间不理你。除非这个女孩不爱你,否则怎么可能不在乎呢?她嘴上说的不在乎其实并不是说给你听的,而是在自言自语的告诫自己不要在乎,叮咛自己别吃醋使至表现失态,可是等她知道了之后,就会吃醋。因此,男人应该学会不要跟女朋友什么都说。

5."我没事"说明她肯定有事

女孩子还经常将"我没事"挂在嘴边。这是在她心里郁闷,或者是你伤害了她之后,常说的话,话中的意思就是"我很不爽"。如果你真的以为她没事,那么就会给你俩的关系蒙上阴影。这时候,聪明的男人应该及时反省自己,看有什么话说的不合适,有什么事情做的不合适,尽早解开女生心里的疙瘩。

口红颜色诉说着女人的唇之心语

在生活中,只要你细心观察你就会发现,喜欢不同颜色口红的人的性格往往不同。比如,涂淡粉色口红的女性的爱情生活往往很美满,涂亮红色口红的女性往往是事业成功的女人。其实,不同的口红颜色往往会给人不同的心理感受，女性朋友往往喜欢挑选让自己感觉舒服的口红颜色，而这往往又和性格有关。因此，口红的颜色往往诉说着女人的唇之心语。

刘莉是一个工作狂，因为她的努力，她自己开办了一家网络会所。但是她人已经奔三十，却没有对象，甚至连恋爱都没有谈过，事业有成的她才开始发愁起来。

有一次，她在网上发了一个征婚帖，并且附有照片，照片上，刘莉涂了紫红色的口红。几天后来了一个小伙子，这个小伙子并没有留意刘莉的口红颜色，他本来是一个内向的人，由于找不到对象，所以抱着试试看的心态。

进楼之后，小伙子发现房子很豪华，一看就是有钱人家，敲门之后，不一会儿，门开了，他小心谨慎的对刘莉说："你好！我是看到你的征婚帖才过来的，我们能不能聊会儿。"

刘莉大大方方地说："没问题，请进屋说话。"

小伙子说道："你父母是做生意的还是做官的？"

刘莉有些诧异，皱着眉头说道："我的父母死得早，其实，这些家产全部都是我白手起家自己挣的。"

小伙子感到有些尴尬。

刘莉也有些不高兴了，于是两人敷衍了事地说几句就散了。

几天后，又来了一个年轻人，进屋之后，他先注意了刘莉涂的紫红色的口红，心中大概就猜到刘莉是一个事业有成的女人，很可能是为了事业将自己的终身大事给耽误了。

年轻人说道："你真了不起，一个女孩子家竟然独自一人创下了这么大的家产，佩服！"

年轻人一边说一边笑。

刘莉显然被他的话给打动了，也笑起来了。

之后，两个人就互相聊了一下兴趣爱好。

一年之后，年轻人和刘莉结婚了。

在这个案例中，刘莉作为一个事业有成的女人，往往吃过很多苦，于是喜欢用紫红色的口红来让自己的内心感觉温馨，后面来的青年由于注意到了刘莉的口红颜色,于是看出了她的心思,说话往往能够说到刘莉的心坎上去,最后他们结婚了。因此,在生活中,口红的颜色往往诉说着女人的唇之心语。那么,如何才能读懂这一点呢?

1. 涂红色口红的女人

生活中,我们经常看到很多女人涂大红色的口红,事实上,这是大多数女人的选择。这样可以让自己看起来更加性感,更加精神。因为嘴唇是皮肤最薄弱的地方,一个健康、活力四射的女人往往血很旺,嘴唇看起来很红,如果女人发现自己的嘴唇苍白,就会想办法涂红色口红来遮掩。

2. 涂橙色口红的女人

涂橙色口红的女人往往柔性似水,是典型的贤妻良母,她们很爱自己的丈夫和孩子。涂橙色口红让自己看起来水分更足,以增强自己保养的力度,尤其在晚上,看起来更加的娇柔,往往在这时候,丈夫经不住她们的诱惑。如果有孩子的话,一定会被她们惯坏的,天生的母性会让她们溺爱孩子。

3. 涂粉色口红的女人

粉色最能表现青涩感觉,让成年男子见了想入非非又不敢胡乱动作。因此是青春期少女的最好的选择,这样让她们看起来更加的纯情。实际上,这样的女生往往内心非常的躁动,但自己又不喜欢主动。如果你喜欢上这样的女生,那么不妨主动一些,她们嘴上会拒绝你,但是内心中却特别渴望你的爱。

4. 涂褐色口红的女人

很多时候,中年妇女想扮俏但又怕被人说成不正经,于是她们就拿褐色描唇,既沉稳,又含蓄,而且魅力难挡。喜欢此颜色的女性,多半有自己的家庭和小孩,不会轻易的犯错误,但是内心又不甘于寂寞、平淡。她们的眼光极高,对男性有很强的鉴赏力。

5. 涂紫色口红的女人

涂紫色口红的女人往往有一点反叛精神,尤其是80后、90后的女孩子喜欢使用。使用这样的口红,让她们看起来更加的有个性,展现出她们骨子里的反叛,她们的不安于现状等等。

女人的手是女人的第二张脸

我们做事情绝对离不开手,甚至在社交当中,手也起着极其重要的作用。在举手投足之间,人们有意无意地都会注意到你的手,甚至通过观察你的手来对你有个初步的断定。手上显露出来的信息,往往也把你的内心毫无保留地显露出来。因此,女人的手往往就是女人的第二张脸。

赵倩是一个刚毕业的大学生,准备应聘一家商店的营业员,由于在这之前一段时间她在一家加工厂干活,所以手部的皮肤非常粗糙,而且还有些伤疤。

她打电话先和老板预约之后,打扮得漂漂漂亮亮的就向店里走去,走进店里,老板上下打量了她,心中很是满意,微笑着说道:"长得很漂亮,外表不错!"

赵倩低头笑了笑。

老板说道:"之前你干过营业员没有?"

赵倩摇摇头说道:"没有。"

老板大大方方地说道:"没干过不要紧,只要认真学就行了!"

赵倩点点头。

于是老板说道:"你现在先去打盆水来,擦擦桌子。"

赵倩按老板的吩咐做了。

当赵倩挽起袖子时候,老板才发现她的手很粗糙,而且还有许多伤疤,于是皱了皱眉头,心想,这双手要是让客人看见了还不把客人吓走,但是嘴上又不好意思说出来。

于是,老板说道:"今天你就干到这里吧,我现在还有一点事情,你先回家去等消息吧!"

赵倩只得回家去。

几天过去了,还没有接到老板通知上班的电话,赵倩有些等不急了,于是打电话过去问,可是没有人接听,一连打好几回都是这样。

赵倩静静地反思是不是自己做错什么事情了。

忽然,她想起老板曾经让她擦桌子,然后想起自己粗糙的手,于是她知道老板那天匆匆让她离去的原因了。

赵倩没有再等老板的电话,而是去医院将自己的双手治好。

赵倩将双手治好后,在一家公司当上了总经理助理。

在这个案例中,赵倩是一个优秀的女生,但是由于双手粗糙,让她失去了一次工作机会,当她知道女人的手其实是第二张脸后,她将双手治好,最后找到了一份更好工作。因此,在生活中,女人的手往往就是女人的第二张脸。那么,如何才能从女人的手上看出她的内心世界呢?

1. 习惯用右手做事的女人

习惯用右手做事的女人,大多左脑比较发达,她们性格中理性的成分要多于感性;做事有条理,逻辑性强;她们往往对爱情有着理性的认识,很少会被男友伤害;但在美学、文学等方面则要相对逊色一些。

2. 习惯用左手做事的女人

具有这种习惯的女人,大多右脑比较发达,在她们的性格中,感性的成分往往要多于理性,这样的女性往往占多数。她们具有丰富的想象力和很强的创造力,感觉比较准确和灵敏,这样的人在很多时候不能与社会有同样的节奏。

3. 手指修长纤细的女人

这些人大多是相当敏感的,她们常常会对一些事情进行无端的想象和猜疑,然后自寻苦恼。她们的感情十分丰富,但是内心却很脆弱,常常别人无心的动作或话语,也会给她们带来很大的伤害。因此,对这类女人要慎言慎行。

4. 手指短且粗的女人

这类人多数是积极向上的,有强烈的责任心。她们对任何一件事情,一旦决定要做,就会全身心地投入其中,并有始有终地把它完成;她们比较坚强和固执,多会选择一些判断力强、敏感度很高的职业;她们一旦爱上一个男人之后,就会奋不顾身地追求。

5.总是紧握着拳头的女人

这些人可能是缺乏安全感,大多防御意识比较强。因此,这类女人往往想找一些比较高大的男人来作为靠山,这样她们心里面就会多一些安全感。

闻到哪种香味,就知道她是哪种女人

爱打扮的女性朋友往往喜欢在自己身上喷香水,性格不一样的女人往往会喷不一样香味的香水,对感情执著的女人往往喜欢喷气味浓烈的香水;比较理性的女性往往喜欢喷气味淡雅的香水;内心坦率,没有心计的女人往往不喜欢喷香水。因此,在生活中,闻到哪种香味,她往往就是哪种女人。

刘洁是公司的一名高级主管,身为领导,平时对员工管教很严。她也25岁了,还没有处对象,她属下的有些男生有追求她的意图,但是那些男生不知道她究竟有什么喜好,从而无从下手。

有一天,公司里来了一位新人,名叫孟阔,这个人平时喜欢吹牛皮,爱耍嘴皮子。有一次,同事们觉得孟阔有点"猖狂",于是和孟阔打赌:如果孟阔能够把刘洁追到手,那么同事们给他一万块钱来祝贺他,否则,就让孟阔将他当月的工资请大伙吃饭。孟阔满口答应了。

孟阔经过初步观察,发现刘洁属于那种高傲型的女生,不太喜欢和他人有太多的交往,因此也没法从她的朋友处了解她的更多喜好。

有一天,刘洁下班后,刚好从他面前经过,孟阔忽然闻出刘洁身上散发出一股淡淡的幽香,于是他灵机一动,想起了香水与女人内心往往有很大的关系。

于是孟阔马上跑到书店去翻看了一下女性心理学方面的书籍,他发现,身上散发出淡淡香味的女人,一般比较高雅、孤傲,但是遇到大挫折以后,往往很难控制住自己的情绪，需要人安慰。

恰巧最近刚开完员工大会，在会上，董事长严厉批评了部分高管管理不善，致使公司遭受巨大损失，被批的高管包括刘洁。

有一天下午下班后，看见刘洁神情沮丧地从总经理办公室出来，孟阔心想，机会来了。于是他悄悄跟在刘洁后面，看见刘洁独自一人走进了一家酒吧，然后一边喝闷酒一边哭。

这时孟阔假装碰巧看见刘洁，微笑着说道："刘姐，这么巧，你也在这啊。"

刘洁连忙擦干眼泪，强作笑脸，说道："你是新来的孟阔吧，真的很巧。"

孟阔见刘洁没有生气，继续说道："那么，我们一起喝几杯如何？"

刘洁点点头。

然后孟阔假装无意地说道："唉，公司最近业务不好，其实不能怪管理人员，在这种金融危机的大背景下，业务少是很难避免的。"

刘洁一听，感觉找到了知己，于是便忘记了自己是高管，滔滔不绝地和刘杰谈起来了。

后来，刘洁成了孟阔的女友，孟阔和同事们的打赌也赢了。

在这个案例中，面对孤傲的刘洁，孟阔并没有鲁莽行事，他首先通过刘洁身上散发的香所判断出她真实的内心情感，从而找到接近她的对策。因此，在生活中，闻到哪种香味，她往往就是哪种女人。那么，如何才能做到这一点呢？

1. 浓香味的女人

散发浓香味的女人，往往喜欢闻浓浓的香味，这样能够让她们内心的情感被点燃。这类女人往往性格比较火辣，遇事比较鲁莽，但她们敢爱敢恨、爱憎分明。因此，和这类女人打交道的时候，你最好不要惹恼她们，否则后果会很严重。

2. 淡香味的女人

散发淡淡香味的女人，往往淡泊儒雅，生活格调比较高。喷洒淡淡的香水能够让她们感到心情舒畅，也能缓解疲劳等。这种女人往往对感情执著，对人平和,很少结怨,处事稳当。因此,这类人往往受到很多人的欢迎。

3. 不喷香水的女人

在生活中,不喷香水的女人往往是平常人家的女孩,她们生活俭朴、自然,比较注重实际,不太喜欢故意打扮自己。这种女人虽然平凡,但是为人真诚,很少有心计,往往喜欢帮助别人。

4. 偶尔喷香水的女人

有些女人往往在比较重要和正式的场合才喷香水,而在一般情况下往往不会喷,一方面,她们精打细算,为了节约香水钱;另一方面,天天喷香水也很麻烦。这种女人一般比较务实,很有心计,但是很会过日子。

再粗心的女人也有她细腻的那一面

在生活中,有些女人大大咧咧的,做事很粗心,但是遇到真正令她动心的事情时,她也会表现出女人天生的那份细腻。女人天生细腻敏感,就决定了她们对爱情的理解会比男人更丰富,也更能记住那些让人感动的小瞬间。同时,这些又反过来让女人更加的细腻。因此,再粗心的女人也有她细腻的那一面。

王云娜和李碧川一对恋人,两人从高一的时候就开始谈恋爱,一直谈到大学毕业。其实,刚开始是王云娜主动追求李碧川的。

大学毕业后,李碧川考上了公务员,也算有了份固定的工作了,于是王云娜对李碧川说:"咱俩去把结婚证领了吧。"

李碧川总感觉王云娜平时大大咧咧的,做女友还行但是不太合适做妻子,可是又不便直接告诉她,怕她伤心,于是想逐渐疏远她。

看见李碧川良久不答,王云娜有些生气地说:"你听没听见啊?"

李碧川没办法,只好说道:"再等等吧,你看咱俩的岁数也还小,可以再赚几年的钱后,再考虑结婚的事情。"

王云娜撇着小嘴,反驳道:"我害怕时间拖久了,你会被别人抢走,我们辛辛苦苦培养的这几年感情就全没了。"

李碧川没有办法,只好敷衍了事地说道:"怎么会呢?"

平时他俩在一起的时候,免不了会谈到结婚这个话题,每次,李碧川总是想办法蒙混过关。

有一次,李碧川心中烦闷,于是便到网吧去玩游戏,到深夜才回家。路上,离他不远处有一群青年好像在跟着他,起初,李碧川并没有注意,后来,李碧川走进一条漆黑的巷子时,那一群青年迅速扑上来,将李碧川一顿乱打,抢了他的钱财就跑了。

第二天,李碧川醒来时,自己已经躺在医院了,睁开眼正好看见王云娜泪眼婆娑的看着自己。

见李碧川醒后,王云娜开心地笑了,说道:"谢天谢地,你总算醒了,吓死我了,你现在还疼吗?"

李碧川摇摇头,感觉浑身酸痛,有点想坐起来。

王云娜见状,马上过去轻轻地将他扶起,然后给他揉肩,用毛巾擦脸……

李碧川忽然发现,原来平时看似大大咧咧的女友,竟然也有她细腻的一面。从此,李碧川从心里再也没有嫌弃过女友。

一个月后,李碧川的病好了,他主动要求和女友去领结婚证。

在这个案例中,李碧川在住院后,得到了女友的细心照顾,他发现平时大大咧咧的女友其实也有细腻的一面,于是他再也不嫌弃女友了,主动和她结婚了。因此,在生活中,再粗心的女人往往也有细腻的一面。女人天生细腻敏感,就决定了她们对爱情的理解会比男人更丰富,也更能记住那些让人感动的小瞬间。那么,如何才能通过一些细微的动作来打动女人的芳心呢?

1. 吃饭时,不妨给女友夹菜

这事简直微不足道,但是你知道吗?每次有男友给女友夹菜,女友心里一般都感觉到美滋滋的。女人生来就是要人疼爱的,吃饭这样的每天必做的事情最能考验一个人的耐心了,如果你对一个女人足够好的话,那么不要忘记,吃饭时第一筷子菜先给她。

2. 出差时不妨寄点小礼物给女友

出差时,寄一点小礼物给女友,往往让女友感觉到对方的关心,想起来会感觉很温馨。比如寄花到女友的单位,让身边的朋友羡慕不已,虽然爱情是自己感受的,但是多一点羡慕的目光也没什么不好。

3. 为女友的生日花点小心思

随着年龄的增长,女孩子往往越来越重视自己的生日,因为每过一次生日,就预示着她们的年龄会变大一岁,她们离人老珠黄也更近了一步,因此,在女人的生日时要花点小心思,抓紧机会感动对方,这样往往让女孩子记挂很久,比如用蜡烛摆一个字,写一封长信,真的是小心思就足够了。

4. 有一首歌只唱给她一个人听

如果在你恋爱的时候,经常听一首歌,甚至专门为对方选一首歌,这事想着都觉得浪漫无比。女孩子往往会感动得热泪盈眶,因为她们觉得自己在你的心目中是独一无二的。甚至是听到这首歌的时候就会想你。因此,当你想打动一个女孩子的芳心时,不妨唱一首歌给她听。

5. 总是帮女友开门

很多时候,很多女友往往特别害怕那一种人——自顾自往前走,从不给女人开门,他以为这叫"个性",可是往往让女友心生不快,因为女人的心往往都很细腻,她们往往能从对方的细微动作中判断出这个人的品性。因此,不妨多给女友开门。

第12章 读懂男人，他们的行为举止会告诉你什么

当事关男人面子问题的时候，有些女人往往会和男人争吵，将男人的丑事和陋习翻个底朝天，唯有如此方可发泄她们心头之恨，最后往往双方弄得不欢而散；相反，有些女人则处处顾着男人的面子，这样男人往往在心里惦记着她们的好，最后双方还有可能成为知己。因此，无论在生活中，还是在工作上，男人往往比较好面子，他们为了面子有时会争得面红耳赤，有时甚至会大打出手。究其因，就是男人们的面子大过他们的天。具体的介绍请仔细阅读本章节的内容。

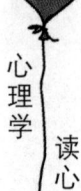

"坏男人"是不是真的那么有吸引力

无论是在爱情剧中,还是在言情小说中,作者往往将"坏男人"描写得非常具有吸引力,但是在现实生活中,"坏男人"真的那么有吸引力吗?在生活中,"坏男人"往往没有责任心,而女人往往最看重的就是有责任心的男人。"坏男人"往往还喜欢拈花惹草,而女人往往喜欢用情专一的男人。所以,从某种程度上来说,"坏男人"其实是不具有吸引力的。

上官芹和陆显从小就是邻居,在上小学的时候,他们俩一起去上学,然后一起回家,总之两人是形影不离。

上高中的时候,陆显开始变坏起来了,不喜欢学习,学会了抽烟、喝酒、赌博和打架。经常挨老师的批评,但是每次陆显被批评或者挨打后,上官芹都会心疼他,常常安慰他,还给他买止疼药,甚至还替他顶罪。

时间如白驹过隙一般,高中三年很快就结束了,上官芹考上了一所名校,而陆显则名落孙山,父母已经被陆显伤透了心,于是决定不给他机会补习高三,陆显只好独自一人到外地打工。

四年后,上官芹大学毕业了,而且考上了公务员,而陆显依旧在社会上和一些地痞流氓混。

春节的时候,上官芹和陆显恰巧都回家来过春节,听说上官芹回家来过春节的消息后,陆显急急忙忙的赶了过去。

看见上官芹后,陆显非常兴奋地说:"几年不见,越来越漂亮了,听说你还考上了公务员,看来日子过得不错啊。"

上官芹微笑道:"一般般吧,你呢?这几年你在干什么呢?"

陆显得意地笑道:"什么都干吧,监狱也蹲过。"

上官芹有些不高兴了,严肃地说道:"那你怎么不干一个正正经经的工作,你看你都老大不小了,怎么还乱混呢?你应该有一点责任感才行啊。"

陆显感到有些意外,因为这是有生以来上官芹第一次用教训的口吻和他说话,他有些不自然地说道:"你变了,想不到以前我们关系那么好,现在你居然变了。"

上官芹严肃地说道:"如果非要说我变了,那我应该是变聪明了、成熟了;小时候,你干坏事我帮你顶罪,那是因为我不懂事,现在我们都长大了,应该知道自己身上的责任了。"

说完,上官芹就进屋去了。

陆显在门外站立良久,有些失落,也有些悔恨,然后悄悄地回家了。

在这个案例中,陆显在高中时候由于他的"坏",而吸引了不懂事的上官芹,但是大学毕业后,上官芹懂事之后,陆显的"坏"不仅不能吸引她,反而让她反感。因此,在生活中,"坏男人"往往是不具有吸引力的。那么如何才能揭开坏男人的真面目呢?

1. 我完全是为了你和这个家

很多时候,男人出去花天酒地,可是回家后,却对妻子说"我完全是为了你和这个家在累死累活的努力。"如果说此话时再配以恰当的表情,往往会把你感动的一塌糊涂。但是这时候,作为女人,先不要急着感动。你不妨冷静下来,想清楚,男人奋斗首先是为了他自己,为了像别的男人那样吃喝玩乐,如果不是为了满足自己的这个愿望,他是不会为你做任何事情的。男人说这话的目的是想逃避家务,为夜不归宿找借口。

2. 我是为了事业才应酬的呀

很多坏男人,总是在夜不归宿的时候,喜欢说成是"应酬",而且善于"应酬"。事实上,工作上的应酬只是个体面的幌子,这使得他们在外面跟别的女人鬼混变得顺理成章。很多时候,女人面对男人"应酬"的谎言也只好就此作罢,谁让他们在努力的养家呢,时间久了,女人也麻木了,也懒得管了,这样让男人更加的肆无忌惮。

3. 我保证让你幸福一辈子

很多男人在欺骗女人的时候,都会说:"我保证让你一辈子幸福,保证对你好一辈子。"他们说完这些话,会把女人感动得一塌糊涂,女人对他们死心塌地之后，他们便忘记了自己的承诺。如果你不能让他继续幸福和快乐甚至成为他的累赘时，他恨不得像甩掉粘在手上的口香糖一样早点把你甩掉。

4. 我会让我们的生活永远很浪漫

坏男人往往是制造浪漫的高手，和这样的男人谈情说爱，妙趣横生。结婚后你才发现所有的一切都慢慢的凋零了。他们不会再为你花钱买玫瑰花，不会再为你专门准备一场烛光晚餐。甚至在你的生日给你买礼物的念头都会消失的无影无踪，更别说有空的时间带你去旅游了。

5. 难道你没有发现我很会生活吗

坏男人在刚刚结婚的蜜月期间可能会炒一手好菜，而且会变着花样给你做早点，打理家务，把小日子经营得有声有色。不过，随着蜜月期的结束，他的兴趣慢慢地就转移了。他也许更加热衷于麻将桌或电视机，如果你在被家务累得腰酸背痛时发几句牢骚，他会理直气壮地反唇相讥："女人不干这些干啥？"

❦ 男人也有柔情的一面

在有些女人眼里，男人往往是只懂得在外做大事，很少会细心料理家务，遇事流血不流泪，内心刚强而少有柔情。其实只要你细心观察，你就会发现男人也有柔情的一面，比如在蜜月中，男人往往会给你露一手，炒几个小菜，有些时候男人还会专门唱一首歌给你听。因此，男人也有柔情的一面，只要你慢慢品味，你就会发现。

孙丽和袁坤两人结婚已经两年多了，每次孙丽与邻居和同事们在一起聊天的时候，一旦谈起男人这个话题，她就会抱怨袁坤不懂浪漫，一点柔情都没有，经常把"婚姻就是爱情的坟墓"这句话挂在嘴边。

有一次，孙丽觉得回家很无聊，于是下班后就到同事家去打麻将，一直打到晚上九点多。在回来的路上，孙丽一边走，一边玩手机QQ，当看见有网友祝福自己生日快乐时，她才想起今天是她的生日。

想到是自己的生日，孙丽心中就有很多委屈，因为袁坤经常忘记她的生日。看着同事们的老公在她们生日那天给她们买金买银的，孙丽心中很是羡慕，她不奢求丈夫给她买什么奢侈品，只希望丈夫能够记住她的生日。

孙丽一边走一边想：丈夫现在应该睡觉了吧，我一个人这么晚了还没回家，他也不知道打电话关心我一下，万一我碰到歹人，那不就……

想到这里，孙丽心里一酸，差点掉下眼泪了。

不一会儿孙丽走到了家门口，看着窗子里边黑漆漆的，心中很是恼怒。孙丽走到门口，发现门是虚掩着的，她推开门，里面黑漆漆的，不知道丈夫在不在。

孙丽正准备开电灯，突然"咔"的一声，打火机亮了，孙丽在朦胧的微光中，隐隐约约地看到蜡烛和蛋糕，孙丽有些诧异，有些惊喜，还没等孙丽反应过来，袁坤已经把蜡烛全部点燃了，在烛光中，袁坤轻声唱到："祝你生日快乐，祝你生日快乐……"

孙丽有些惊呆了，半天才回过神来，心中异常兴奋，泪水不自觉地流出来了，她走过去紧紧地抱着丈夫，深深地吻了他一下。

于是，两个人就在烛光中给孙丽过了一个浪漫的生日。

从此，孙丽在邻居或者同事面前再也不说丈夫没有柔情了。

在这个案例中，在孙丽生日那天，袁坤给了她一个惊喜，于是孙丽发现其实袁坤也是有柔情的。因此，在生活中，男人也有柔情的一面，只要女人慢慢品味就会发现。那么，如何才能读懂男人的柔情呢？

1. 夏天出去钓鱼的时候，悄悄地为你撑伞

夏天相约去钓鱼的时候，在你全神贯注于水中的鱼儿之时，男友往往会悄悄地在你的身后给你撑起一把伞，你往往还会误以为太阳被云层遮住了，当你抬头望着天空的时候，你会一惊，发现男友正在含情脉脉地注视着你。

2. 深夜回家，发现男友已经给你点亮了生日蜡烛

也许你每天忙于工作，忙于学习，将自己的生日给忘记了，当你忙完回家的时候，突然发现你的屋子里的有微弱的烛光，你好奇的走进去一看，往往是男友正在点亮生日蜡烛，准备给你一个惊喜。

3. 哭泣的时候，发现男友悄悄递过来的手帕

当你心中委屈不小心掉下眼泪,怕被周围人看到,你正准备擦掉眼泪,却找不到纸巾时,你的男友往往会在不经意之间出现,然后随手递过来一块手帕。也许你会感动得再次落泪。

4. 走到门口,男人往往会给女人们扶住门

在生活中,其实男人也很柔情,当男人和女人们一起走到门口的时候,男人往往会给女人扶住门,等到女人们通过以后,自己才慢慢穿过门口。也许你并没有留意,但是这却是男人们保持柔情的秘密武器。

5. 在蜜月中,丈夫亲自下厨给妻子露两手

新婚夫妻在度蜜月的时候,丈夫往往会亲自下厨给妻子露两手厨艺,如果你的丈夫是一个厨师,也许你并不会留意他的用意,如果你的丈夫不是厨师,你也许就会发觉丈夫其实也有柔情的一面。

为什么要看男人的袜子从而了解他

俗话说:"看袜识男人,看脸识女人。"在生活中,男人往往是比较粗心的,往往注重大事,而不太留心小事,倘若一个男人连袜子这种琐事也注重的话,他往往是一个能够细心成大事的人。一般来说,理性而实际的男性大多穿着经典的黑色袜子,而灰色和棕色的袜子则是保守派男人的最爱。因此,在生活中,了解一个男人不妨看看他的袜子。

赵月和吴乾是大学同班同学,两人在班里的成绩均是名列前茅,两人都很敬佩对方,但是两人都是内向性格之人,他们平时碰面也最多就是微笑一下,不好意思说太多的话,因为班里经常有调皮的同学调侃他们说:"你们两个是班里的第一二名,如果成为一对恋人,那就是绝配了,才子配佳人!"

有一次,临近期末了,赵月和吴乾同在一个教室复习功课,夜深了,其他同学都走了,只剩下赵月和吴乾俩,吴乾偷偷地回头,看见赵月正在聚精会神地写作业,样子十分清纯,楚楚动人。

都是花季少男少女，吴乾不免有些心动，但又不好直接过去，于是，他找了一道数学难题悄悄地走到赵月面前，说道："不好意思，赵月同学，打搅你一下，能不能麻烦你给我讲一道数学题？"

赵月有些吃惊，因为平时他们几乎是不互相请教问题的，这次吴乾主动向她请教问题，赵月心中既有些吃惊，又有几分得意，于是赵月一边看题一边思考。

当俩人近距离接触的时候，吴乾才发现赵月是多么的美丽动人，于是他悄悄地将自己已经写好的小纸条夹在了赵月的书中。

赵月给吴乾讲解完题目以后，吴乾害怕赵月当场发现纸条，于是先走了。

赵月正准备收拾书本回寝室睡觉的时候，忽然发现书本里夹着一张纸条，于是好奇地打开。

看完之后，赵月两颊浮起了一片红晕，但是她不是一个随便的人，虽然只是恋爱，她也会认真地对待，她决定从第二天起，留心观察吴乾的一举一动。

回到寝室，赵月久久不能入睡，她在想，吴乾是一个内向之人，要了解他的内心还不太容易。

忽然，她灵机一动，想起了以前自己看过的一本心理学书籍，好像记得书中写道：看一个男人的内心，可以从他的袜子着手，袜子干净无臭味之人，往往是具有高雅格调的男人；袜子颜色深的人往往内心沉稳、诚实可靠；袜子颜色浅的人往往比较浅薄。

想到这里，赵月有些激动，她决定第二天早上就去观察吴乾的袜子。

第二天早上，赵月假装在桌子下面找东西，其实是在悄悄地观察吴乾的袜子，由于离吴乾不远，她清清楚楚地看到吴乾的袜子干干净净的，而且还是深色的，于是她心中暗喜。

第二天，赵月主动邀请吴乾出去玩耍。

大学毕业后，赵月和吴乾结婚了。

在这个案例中，吴乾是一个内向的男生，面对吴乾的表白，赵月选择从吴乾的袜子着手，从而判断吴乾的内心品质，最后他们两个人终于幸福地走到了一起。因此，在生活中，了解一个男人不妨看看他的袜子。那么，如何

才能从男人的袜子中看出端倪呢?

1. 红色袜子是特立独行男人的专属

如果你发现身边的男人穿着红色的袜子,那说明他有着专属于自己的风格。他们往往比较追求自我的满足,生活中很讲究,有自己专属的烟和酒等等。他们不喜欢融入到大众生活中,不喜欢和别人分享一些东西。因此,穿红色袜子的男人往往是特立独行的。

2. 蓝色袜子,体现男人对体育和旅行的热爱

往往穿蓝色袜子的人,比较喜欢体育和旅行。他们喜欢接受新鲜的事物,喜欢刺激和冒险。这样的男人很有品位,对生活也很讲究。他们对待任何事情都不会随便的将就,更不可能随便的妥协,因此穿蓝色袜子的男人很有闯劲。

3. 理性而实际的男性大多喜爱经典的黑色袜子

经典的黑袜子,一方面,即使袜子有些污损,也不易被发觉;另一方面,能够让他们心里有一种厚重的感觉。因此,穿经典黑色袜子的男性往往理性而实际,他们对生活充满期望,属于精打细算的那一类。

4. 而灰色和棕色的袜子则是保守派男人的最爱

在生活中,保守派的男人往往谨言慎行,即使是穿袜子,他们也不会穿颜色鲜艳的袜子,他们往往选择灰色和棕色的袜子,因为这两种颜色的袜子最不引人注意,因此,他们的生活圈子也不易被他人打破。

❦ 从男人的吸烟状态中发现他的秘密

很多男人有吸烟的习惯,他们的吸烟方式各有千秋,有些人吸烟具有绅士风度,动作姿势都很优美,有些人则喜欢深吸一大口烟之后,让烟雾从鼻孔里流出来,弄得周围烟雾缭绕,往往引来周围人的白眼。其实内心性格不一样的人,往往吸烟的方式也不一样。因此,在生活中,从男人的吸烟状态中往往可以发现他的秘密。

马雯是镇里远近闻名的大家闺秀,名牌大学毕业,人长得漂亮,对父母也很孝顺,而且还考上了教师,年纪也才23岁,王雨是县里首富的儿子,有车有房,王雨年纪轻轻就自己经营了一家公司。

马雯和王雨都是未婚。有一次,王雨坐车到镇里去开发一个项目,恰好看见马雯,王雨对马雯一见钟情,连忙问助理:"那个女孩是谁家的?你给我打听一下。"

助理笑道:"那就是镇里远近闻名的大才女马雯,不用打听都知道。"

于是,王雨找来了媒人,让她上门去做媒。

一天傍晚,媒人走到马雯家里,向马雯说道:"马雯,我的大才女,哟,你可是交了大财运了。"

马雯一听糊涂了,问道:"此话怎讲?"

媒人说道:"县里首富的儿子王雨看上你了,特地让我来说媒。"

马雯有些害羞,但还是继续听媒人说:"你要是同意的话,我给你们安排时间见个面,如何?"

马雯点点头。

一个星期后,在媒人的牵引下,王雨和马雯在一家咖啡厅见了面。王雨从进咖啡屋起,就抽着烟,他喜欢深深的吸一口烟,然后将烟从鼻孔里吐出来,他走过之地往往是烟雾缭绕。

在这之前,王雨的助理也曾提醒过他说:"你要注意一下形象,最好不要吸太多的烟,否则会让女生烦的。"

王雨有些生气地说:"你又不是女生,再说我好歹也是个富家子弟,她一个黄毛丫头,凭什么烦我?"

在和马雯交谈的过程中,王雨不停地抽烟,咖啡厅的服务员也经常提醒他不要抽烟,但是他根本就没听,而且还把烟头乱扔。

马雯有些受不了王雨高傲的个性,于是话还没有说完,就匆匆离去了。

在这个案例中,马雯从王雨的吸烟状态中看出王雨是一个高傲、专横跋扈的富家子弟,于是心中不满,谈话未结束便匆匆离去。因此,在生活中,从男人的吸烟状态中往往可以发现他的秘密。那么,如何才能做到这一点呢?

1. 用水浇灭香烟的男人

抽烟的时候,用水浇灭香烟的男人,往往做事情的时候总是考虑别去伤害别人,让对方能接受,这样往往瞻前顾后,束缚了手脚。他们做事情总是喜欢追求完美结局,甚至是吹毛求疵,让身边的人接受不了。他们这种矛盾的性格,使得他们怀有一颗善良的心,却容易招致别人的不满,往往觉得自己特别委屈。

2. 用脚踩灭香烟的男人

爱用脚踩灭香烟的男人往往比较喜欢出风头,无论发生什么事,他总会第一个跳出来发表自己的想法,谈自己的观点。目的只有一个,那就是想吸引别人的注意力,让别人对他产生兴趣。有时候他们会刻意追求一些新异的刺激来满足自我的虚荣心,并且往往对别人的优秀表现进行讽刺和压制,不肯轻易服输。

3. 烟灰已经很长,却不在意

抽烟的时候,烟灰已经灭了,但是他还没有注意到。这种类型的人往往心思比较缜密,做事情也非常谨慎,一般很有城府,心眼也很多,他们善于把自己伪装起来、隐藏起来,不轻易暴露自己的情绪和内心的想法。因此,与这样的男人相处的时候,你要多加小心,多个心眼,否则会被他们玩弄于股掌之中。

4. 烟快烧到嘴巴,还一直吸

抽烟的时候,烟快烧到嘴巴,还一直吸的男人往往对自己缺乏信心,总是在理想与现实之间徘徊,他们感情非常的细腻,经常会非常的痛苦。他们常常将失败归咎自身,喜欢自责,从而导致自己严重的缺乏自信。但是如果他们具有积极向上的心态,将自己引向一个比较高的目标,不断地追求,最终也能获得成功。

5. 喜欢将香烟叼在嘴角,烟头微微上翘

还有一种男人,抽烟的时候总是将香烟叼在嘴角,烟头微微的上翘。这种人往往过于相信自己的能力,甚至比较自负;他们喜欢吹牛,总是把自己吹得神乎其神,他们对客观事物不能理性的去分析,当他们连续成功几次后,往往会产生一种不切实际的高傲,往往会高估自己的能力。

男人的钱包往往藏着他隐蔽的心

男人往往比较爱面子,而钱包往往就是男人面子的一个实物象征。有些没钱的男人,往往喜欢用颜色鲜艳,式样奇特的钱包,一方面在买东西掏钱的时候往往会比较有面子,另一方面这样的钱包往往能激发他们赚钱的意愿,时时提醒他们努力工作。

有钱的男人,往往喜欢喜欢用样式普通,颜色浅淡的钱包,因为这种钱包一方面不会引起小偷的注意,另一方面这种钱包也时刻提醒他们,居安思危,在有钱的时候更要注重节约。因此,男人的钱包往往藏着他隐蔽的心。

袁方今年28岁了,在村里勤劳朴实地耕种已经快三十个年头了,但是还没有找到对象,他心中急,俗话说:不孝有三,无后为大。他的父母更着急。

可是村里的姑娘们,只要一到16岁,差不多都跑到外面去打工了,留在村里干活的都是中老年妇女。于是,袁方的父母决定在城市给他们儿子找一门婚事。

有一天,一个媒人兴冲冲地跑到袁方家里来,说道:"凭借我的三寸不烂之舌,终于在城里给你们家袁方找到一个合适的对象了,那个姑娘家底也很好,人又长得漂亮。"

袁方的父母有些兴奋,急忙问道:"那什么时候见面?"

媒人说道:"就定在后天傍晚,后天下午我带你儿子去。"

媒人说完,袁方的父母赶紧递了一个红包给媒人,这是感谢媒人的帮忙,无论成败。

第二天,袁方赶紧买了一套像样的衣服,换了一个样式奇特的钱包。

第三天很快就到了,在媒人的带领下,袁方来到了相亲的地方——咖啡厅,俩人见面之后,在媒人的介绍之后,互相聊起来了。

临走的时候,袁方和姑娘一起走到柜台前,服务员说:"一共是两百元!"

袁方顿时大汗直冒,因为价钱确实有点高,两百元钱是他们全家人一个月的生活费,但是碍于面子,也不好意思和服务员讨价还价。

于是硬着头皮掏出钱包付钱,付完钱后,姑娘看见袁方的钱包式样很奇特,于是就抢过去看,袁方也不好意思不让姑娘看。

这时袁方的钱包的口还没有关,姑娘清清楚楚地看见里面只有一些零散的一元一元的人民币。

姑娘看过后,什么也没有说,犹豫了一会儿,就将钱包还给了袁方。

临走时,袁方问姑娘的电话号码,姑娘说:"我有你的电话号码,回去之后我打电话给你就行了!"

袁方也不好意思再说什么。

回到家后,等了一个多星期,袁方仍没有接到姑娘打来的电话。

在这个案例中,袁方无意中将自己的钱包给相亲的姑娘看了,姑娘看出远方不是一个有钱人,而且虚荣心比较强,于是相亲失败。因此,男人的钱包往往藏着他隐蔽的心。那么,如何才能从男人的钱包中看出他隐蔽的心呢?

1. 颜色鲜艳的钱包

如果男人的钱包颜色鲜艳的话,那么这种男人往往比较爱慕虚荣,比较小家子气,赚钱能力往往也不强。为了让别人误以为自己很有钱,所以往往买一个颜色鲜艳的钱包,一方面是为了吸引大家的眼球,另一方面是为了炫富。

2. 颜色浅淡的钱包

如果男人的钱包颜色浅淡的话,那么这种男人往往为人厚重,办事稳当,心细如发,是能成大事的男人。他们之所以会选择这种钱包,一方面不会引起小偷的注意,另一方面这种钱包也时刻提醒他们,居安思危,在有钱的时候更要注重节约。

3. 样式新奇的钱包

如果男人的钱包样式新奇的话,那么这种男人往往喜欢标新立异,好出风头,他们很难长久的呆在一个地方,因为他们很喜欢刺激,只在寻找新鲜感。这种男人一般比较贫穷,但是心态比较乐观。

4. 样式普通的钱包

如果男人的钱包样式普通的话,那么这种男人往往内心比较坚强,能够忍受常人难以忍受的痛苦,他们往往很会生活,能够精打细算地过好小日子,即使在最贫穷的时候,这种男人也不会轻易向生活低头。

❧ 由酒品男人,酒后的男人是否吐真言

男人的应酬往往比较多,在应酬中喝酒一方面是为了拉近人际关系,另一方面男人往往在酒中才能释放自己的一些痛苦和压力。因此,在生活中,可以由酒品男人,酒后的男人往往会吐真言。

王启是一名刚毕业的大学生,毕业后考上了市级机关的公务员,由于初出茅庐,所以处处碰壁,机关有些领导和同事对新人很冷漠,甚至有些敌意。

王启常常在深夜里躺在床上,反思自己是不是什么地方做错了,可是仅凭自己的猜测,很难想象得出自己是什么地方做错了。

有一次,单位一把手过生日,领导宴请全单位的人吃饭。在酒桌上,王启故意挨近平时对自己有些敌意的人坐着,因为他听说男人酒后吐真言,他想听听他们为什么对自己不满。

当王启看见身边的人喝得醉醺醺的时候,他倒了一杯酒说道:"科长,我敬你一杯,这半年非常感谢你对我的关照!"

科长醉意朦胧地说:"小王啊,你有学历,有文化,长得也很帅,但是就是有一点不行。"

王启赶紧给科长倒酒,说道:"科长,您请说!"

科长带着几分醉意说道:"你就是太毛嫩了,逢年过节都不知道去领导和老同志家里转转,这样才可以增进感情嘛。"

说完,科长有些得意的笑了:"你知道吗?去年你来之前,我们单位有一个小伙子已经被调到省政府办公去了,你知道他是怎么进去的吗?"

王启有些好奇地说:"请科长明示。"

科长继续说道:"那还不是天天往领导家里面跑,我只告诉你一个人,其实就我这么一个小科长就经常收到好烟好酒,老实说,在他走之前,我是常年好烟好酒不断。"

王启有些冒冷汗,越听越感到害怕。

酒席过后,王启躺在床上,久久不能入眠,他想到了自己考公务员的目的就是为人民服务,可是眼前的现实却让他心寒不已,于是他决定辞职。

第二天早上,王启写好了辞职信,递交给了领导,领导也没有挽留。

一个月之后,王启正式离开了政府机关。

在这个案例中,王启深知男人酒后吐真言的道理,于是他在酒宴上得知了领导对自己的不满,后来深知自己不适合在机关工作,于是毅然辞职。因此,在生活中,可以由酒品男人,酒后的男人往往会吐真言。那么如何才能从酒中品读出男人呢?

1. 喝酒细腻的人

喝酒细腻的人,办事往往细致、周全,他们喜欢慢慢地品味人生,在浮躁的社会,他们能够守护住他们那颗平静的心,不浮躁,不沉迷于物欲的享受之中。因此,在生活中,喝酒细腻之人,往往是有品位之人。

2. 喝酒豪爽之人

喝酒豪爽之人,做事往往不那么仔细,毛手毛脚的,整不好自己先醉了。但是这种人心胸宽广、内心坦荡、虚怀若谷,喜好结交朋友,往往为大众所欢迎。因此,这类人是适合结交朋友的人。

3. 喝酒先慢后快的人

喝酒先慢后快的人往往是受气氛的感染,这类人往往能够入乡随俗,他们能够迅速地融入群体,和周围的人打成一片,这种人不会觉得孤独,他们往往会有很多朋友,他们能和各种各样的人打交道。

4. 喝酒先快后慢的人

喝酒先快后慢的人往往是受酒量的制约,他们能够量力而行,不强迫自己做自己能力不及之事,他们自爱、自重,即使诱惑再多,他们往往也能够洁身自好。因此,喝酒先快后慢之人往往是懂得洁身自好之人。

下篇 沟通术：有效沟通，把优势攥在手中

第13章 消除心理戒备，打开对方心扉

在生活中，无论是初次见面的陌生人，还是分别多年而又重逢的朋友，在见面之时往往互相都会有心理戒备。对此情景，有些人在心里环环戒备、处处设防，对方也会被他所感染，同样时时戒备着，于是双方的心越来越远；相反有些人会用一个善意的微笑、一句真诚的问候、一个亲切的握手、一个热烈的拥抱来消除心理戒备，打开对方心扉。前后两者的处事方式截然不同，最后结果也有着天壤之别。我们如何才能避免出现前者的情形而像后者一样呢？你将在本章节的内容中找到答案。

✦ 言语间暗示他人你不是敌人

生活中,由于人与人之间存在距离,无法确定彼此究竟是朋友还是敌人,为了让自己不受伤害,都有很强的防备心理。自己在和别人的谈话中,要反复的从言语上进行暗示,让别人感觉到你是友好的,你不会伤害他,这样,对方的紧绷的神经会慢慢的放松下来,对你的提防也会慢慢降低,最终消失,并给予你同等的友善。

自从慧慧15岁那年发生了一场车祸之后,她的生活全然的改变了,她的声音不再有女孩子的柔美,而是渐渐的变粗了,最让她接受不了的是,她的嘴巴上竟然有了胡须。

从那以后,她再也不敢说话,更不敢照镜子。后来,她索性把自己锁在屋里,不出门。慧慧新来的班主任得知情况后,她相信她可以帮助慧慧。

来到慧慧的房门前,她敲了敲门说:"你好,慧慧,我是你的新班主任,我想认识你一下,想和你做个朋友,可以吗?"

屋里死一般的沉静,几秒钟之后,传来了砸门的声音,随后响起了咆哮声:"走开,走开,我不要,你滚开!"

班主任温和地说:"慧慧,相信我,老师是来帮助你的,不会伤害你,也不会嘲笑你。"

屋里依旧静悄悄的,没有任何声音。

班主任继续说:"慧慧,真的没什么的,相信老师,你打开门走出来,我们一起想办法,好不好啊?"

屋里依旧没有动静。

班主任继续说:"慧慧,你开门和老师握握手好不好?老师真的不会伤害你,也不会嘲笑你,相信老师,好吗?"

几秒钟之后,门打开了一条小缝,露出了慧慧一双惊恐的眼睛。当她看到老师微笑着向她点头示好后,眼里的惊恐少了很多。班主任趁机慢慢的把手伸向了她。隔着门缝,慧慧抓住老师的手,握了握。

班主任凑上前去,微笑着说:"慧慧,你走出来,好不好,老师想抱抱你,行吗?"

门缓缓地打开了,慧慧一边望着老师,一边慢慢地走了出来。班主任轻轻地走到她身边,给了她一个拥抱。

随后,在班主任的诱导下,慧慧开始慢慢的和她交流起来。

故事中的慧慧因为身体发生了一些变化而担心别人会嘲笑她,伤害她,因而将自己封闭了起来。班主任得知情况后,和她进行了沟通,在言语间暗示了自己不是敌人,而是朋友,消除了慧慧的戒备,从而打开了她的心扉。由此可见,想要一个人消除内心的戒备,敞开心扉,首先得让他感觉到绝对的安全,感觉到你不会伤害他。那么,在说话的时候,如何才能暗示对方你是朋友,而不是敌人呢?

1. 语气温和一些

与不熟悉的人沟通的时候,说话声音温和一些,可在一定程度上降低对方的戒备心。一般情况下,他人在判断你是敌人还是朋友的时候,往往是从你的说话声音上判断你是否有攻击性。如果你声音大、语气硬,会觉得你攻击性很强,是敌人。如果你说话的声音稍微温和一些,则让人觉得你没有攻击性,是朋友,而不是敌人。

2. 给予对方尊重

在与互相不熟悉的人接触的时候,我们判断对方究竟是敌人还是朋友,往往会从自己是否充分的受到了对方的尊重为依据。一般情况下,朋友会尊重你,而敌人则是强迫你。因此在交往中,在言谈举止上要给予对方充分的尊重,让别人感受到你的礼貌和友善,这样一来,对方自然就会把你当成朋友,而不是敌人,对方心中的戒备自然就消除了。

3. 让人感受温暖

朋友会帮助你,而敌人却不会。我们判断对方究竟是朋友还是敌人,就要看对方是给你温暖还是让你心寒。当然我们不能给生活设置场景,这就要通过对方是更关注自己,还是更关注你来熟悉。如果关心你就会给你温暖,如果对你不闻不问,很难想象,在你遭遇困境的时候会出手援助。当然,也要提防一些别有用心的人的关心。

4. 要面带微笑

一般情况下,友善的人和你交谈的时候会面带微笑,而不怀好意的人往往紧绷着脸掩饰自己。因此,我们也会从面部的表情来判断对方究竟是敌人还是朋友。因此,要想让并不熟悉的人将你当作朋友而不是敌人,那么在接触和交往的时候,就要面带微笑,向对方传递你的友善。当他人感受到你的友善之后,同样也会给予你一个友善的微笑。

5. 要慢慢的接近

由于彼此之间不熟悉,彼此的心理戒备非常强。如果一下子踏入了对方的警戒范围,那么会让他人觉得你是在侵犯他,将你当作敌人进行防范。所以,在和对方接触的过程中,要慢慢的接触,让他感觉到你是朋友,对他没有攻击性,当对方一步步的感觉到你的友善之后,会慢慢的缩小警戒范围,甚至缩小到朋友之间的距离。

注意坐的位置和姿势,消除对方戒备心

不同的落座顺序,或是不同的座位摆放,都会给对方不同的心理暗示。很多人也许对这种细枝末节并不在意,可有时候恰恰就是这些所谓的细枝末节造就了你与对方的心理距离。因此,要想消除彼此之间的间隙,拉近心理距离,那么就要在入座的时候,多加留意坐的位置和姿势。

一天,小李家里来了一位远房表亲,确切点说,他还要叫小李一声大哥。母亲告诉小李表弟是来治病的,所以可能要在家里住一段时间,希望小李能够好好的对待他。

刚开始,小李对这位表弟很热情,表弟对小李也很亲热。可是慢慢地,

小李发现,表弟开始疏远他,而且有时候还会有意无意地表现出对小李的敬畏,虽然这些没有什么不好,可是小李总觉得很别扭,毕竟表弟和自己年龄相差不多,他希望彼此可以成为好朋友,而不是现在这种主人和客人之间的关系。

在吃饭的时候,表弟总是很自觉地坐到最边上,有时候和小李聊天,他也会坐在小李的对面。小李非常纳闷,不知道表弟为什么会有这样反常的行为。想了一个晚上,他才突然想起,原来有一次,吃饭的时候他跟表弟开玩笑,让表弟坐在边上,因为他们是主人与客人的关系。其实当时小李只是一句玩笑话,没想到表弟却当真了。

自此之后,小李吃饭时总要求表弟和自己坐在一起,而且在聊天的时候,小李也特意和表弟并排坐着。小李希望自己能够通过这种座位的心理暗示,使表弟明白他们是平等的。一开始,表弟显得有些拘谨,慢慢的小李的坦诚和热情让表弟悬在那的心落到了实处。

经过一个多礼拜的心理暗示,表弟似乎明白了小李的用意,慢慢的开始和小李变得亲近了。

在故事中,小李用座位的位置向表弟传达了友善,传达了平等。事实上很多时候,人们总是忽略座位的礼仪,从而人为的造成了彼此之间的不平等,造成了很多人与人之间的隔阂和矛盾。因此,在平时坐座位的时候一定要注意,要想让对方感受到平等,就一定要坐在相对平等的位置上。那么,在入座的时候,要注意哪些忌讳呢?

1. 要坐在对方的身边

一般情况下,朋友之间交谈的时候,会坐在同一水平线上,而且是很近的位置上,这样有利于双方通过语言和表情来交流情感。因此,如果想要和陌生人迅速的拉近心理距离,那么就要和对方坐在一起。可能由于彼此之间不熟悉,坐得太近不合适,但是至少要保证坐在同一水平线上。这样给对方的暗示是,你和他处在同一水平线上,是平等交流的。

2. 不让要对方坐门口

通常,门口的位置上是为了方便随时进出,如果让一个并不熟悉的人坐在门口,一来让对方感觉没有安全感,二来对方会认为你希望他随时离开,没有足够的诚意。这样就不利于拉近彼此之间心的距离。所以,如果是对方来拜访你,切忌让对方坐在门口;如果在公众场合,也要让对方坐在里面,以示尊重;去拜访他人,也要让别人坐在里面,表示自己随时可以离开。

3. 注意入座时的尊位

生活中,有朋友来拜访,我们都会邀请他上座,以表达对客人的尊敬。一般情况下,上座也是坐北朝南的位置。因此,在与陌生人入座交谈的时候,要注意了,如果座位有别,那么千万别坐在"上座"上,这样会造成双方心理上的不平等,坐了上座无疑高人一等,这在无形之中拉远了彼此的心理距离。

4. 入座后忌跷二郎腿

很多时候,跷二郎腿会传达出对对方的轻视和不尊重,当然好朋友和熟人之间因为关系熟了,会觉得无所谓,但是在与陌生人接触和交谈的时候,一定要注意了,你不经意间的一个二郎腿,会给对方传达你看不起他的信息。这不但不会拉近双方的心理距离,还会因此而产生隔阂。

❧ 对方看到你的缺点,会放松戒备心

每一个人都是有缺点和毛病的,在和别人接触的时候,我们会尽量的掩饰这些不足,呈现一个完美的自己给对方,因此,我们总是小心翼翼的和他人保持着距离。我们是这样的,别人也是这样的。因此,为了能迅速的和他人拉近心理距离,可适当的把你的缺点和不足暴露给对方,让他人感觉到你也是有缺点的,从而打消因为害怕自己的缺点被人发现,受人嘲笑的担忧,这样,对方的戒备心就会放松。

在新的工作环境里上班的第一天,黄满感觉到非常的不习惯,不仅仅是因为对新的环境不适应,更主要的是和新的同事不熟悉。尽管随着时间的

推移,她终究会和他们打成一片,但是黄满可不想把主动权交给时间。

于是,这天中午,她利用午休的时间和同事环美聊起了天。由于刚刚认识,环美对她抱有很强的戒备心,双方聊了聊天气,聊了聊拥堵的路况,就没了话题。而且环美表现得非常矜持,没有多发表意见。

这时候,黄满说:"我这人方向感特别不好,今早上来的时候走错了地方,我还一个劲地敲门呢,结果走到了隔壁楼,幸亏一位大姐的热心帮助,我才找到了这边来。你说我是不是太笨了点啊?"

环美笑着说:"这不算什么,我当时直接坐反了车,还一直纳闷呢,怎么没有说的那个公交站点啊?直到车到了终点不再走了,我还疑惑呢,后来问了乘务员才知道原来自己坐反车了,当时好丢人啊。"

……

就这样,黄满和环美之间的话慢慢地多了起来,环美也不再表现得那么矜持了,而是畅所欲言,再加上两人年龄相仿,聊的话越来越多。黄满嗓门很大,环美也不再装淑女开怀地大笑起来。她们很快从陌路成为了无话不谈的朋友。

黄满再也不觉得难受了,她在这个新环境里有了朋友,再也不孤独了。

故事中的黄满和环美由于刚认识,所以彼此之间都有戒心,后来在暴露了彼此的不少缺点之后,双方的心理距离迅速拉近了。由此可见,暴露缺点让他人感觉到你的真实,进而跟真实的自己进行比较,觉得安全,彼此的心理距离会迅速拉近。那么,向对方暴露自己的缺点时,要注意哪些方面的因素呢?

1. 要暴露大众会有的缺点

暴露自己的缺点,是为了让别人感受到你的真实,感受到你也是个有毛病的人。这个"毛病"要有大众的特点,也就是大多数人会有的毛病。比如粗心马虎,像故事中的黄满一样,因为粗心而走错了地方。由于是大多数人都很容易犯的毛病,对方身上可能也有,这样能迅速地引起情感的共鸣,有利于迅速拉近心理距离。

2. 能力的不足忌讳说

对于一些能力上的欠缺,在不熟悉的人面前最好别说,以免给别人留下你能力差的坏印象。在"近朱者赤,近墨者黑"的观念影响下,一般人都不愿意跟一个没有能力的人接触和交往,这样你的坦诚不但换不来友善,还会拉远彼此之间的心理距离。因此,在暴露缺点的时候,能力上的不足是个例外。

3. 人性的缺点忌讳说

在暴露缺点的时候,对于人性的一些缺点,比如自私自利、损人利己等最好别说,尽管你是为了让别人更加了解你,但是别人知道了你的这些缺点后,为了自身的利益会选择远离你。尽管价值取向多元化,但是别人是非判断的观念并非多元化。你暴露的缺点,让别人对你的人品有了成见,这无益于你和别人拉近心理距离,相反是拉远了距离。

4. 暴露些优点式缺点

在暴露自己的缺点时,不妨多说一些优点式的缺点,比如你比较"傻",总是吃亏,你比较"老实"等,表面上是在说自己的缺点,实际上是在说自己的优点。别人得知了你的这些缺点,自然会对你有个整体的判断,当他人感觉到和你在一起是安全的,自然也会说出他的缺点,消除戒备和你拉近心理距离。

5. 暴露缺点忌埋怨人

很多人在向别人暴露缺点的时候,不是在说自己的毛病,而是在抱怨别人。这样会让对方感觉到你不会良好地处理人际关系,而是在怨天尤人。和你接近如果出了问题,你也会抱怨他。因此,对你有了成见和看法。实际上,你的坦诚并没有换来别人的亲近,相反,导致别人的心理戒备加强和你拉远了关系。

❧ 积极向对方表示关心,可唤起对方相同的回应

人与人之间的关系简单说就是镜子原理,你对别人怎么样,别人也会怎样的回报你。尤其是刚认识的陌生人,彼此之间不熟悉,心理戒备很强。这

时候，双方都会对对方有个试探，如果你对他人表达友善，他人也一样会向你表达友善。因此，当你想要和对方拉近心理距离的时候，不妨表现出对对方的关心。

黄冈大学毕业之后，一直在广东打拼，他想开创自己的事业。可是对于祖祖辈辈在老家生活的父母来说，他们更希望能看着儿子在这个小县城能找一份稳定的工作，不为别的，就为了光宗耀祖。

在父母的苦苦相劝之下，黄冈回到了老家。正巧赶上了每年一度的公务员考试。对于参加过公务员考试的人来说，报名可谓是轻车熟路。可是对于黄冈来说，多少有点陌生。这天他来到报名点，看着熙熙攘攘的人有点恐慌。

这时候，旁边的几个小伙子正在忙着填表贴照片，黄冈靠上去说："同学，你是2007年毕业的？"小伙子抬头看了一眼，说："是啊，你呢，哪一年毕业的？"黄冈回答说："我2003年毕业的。"

小伙子问："工作了没？"

黄冈笑了笑说："当然工作了，只不过我一直在外地打拼呢。"

小伙子："那不是挺好的吗？为什么回来啊？"

黄冈："家里不同意，非要让我回来考这个，说稳定。哎，无奈啊。"

小伙子："我也是，家里逼着让考公务员，没有办法，那就考呗。"

黄冈不好意思的问："怎么报名啊？"

小伙子说："要先去领两张表，填好后拿着你的毕业证、身份证等证件去那里验证，验好之后，交了表就行了。"

黄冈说："表在哪里领呢？"

小伙子指了指一边说："那边，你过去问他要就行。"

……

故事中的黄冈表现出了对对方的关心，继而得到了对方的关心和帮助。由此可见，当你和陌生人打交道的时候，要积极的向对方表达你的关心，只有你关心了别人，别人才会关心你。这样，才能让陌生感慢慢的消失，也才能消除戒备，打开心扉。那么，如何积极的向别人表达你的关心，在表达关心的时候有什么要注意的呢？

1. 表达关心的时候要热情。

在向陌生人表达你的关心时，要尽量的热情一些，让别人觉得你是真的在关心他，而不是为了嘲笑他，看不起他。你的热情会让对方感到温暖。同样，对方也会因为你的热情而对你产生好感，进而关心你。人都是有感情的，当一个没有任何关系的人对你表示出热情时，大多数情况下，你会同样报以热情的关怀。

2. 打消别人不必要的顾虑

一个和你没有任何瓜葛的人向你表示关心的时候，除了表示感谢外，一般人还会多留个心眼，认为对方别有用心，对自己造成伤害。因此，向陌生人表示关心的时候，要告诉对方你没有恶意，你只是想和他交流，打消对方没有必要的顾虑。因为当一个人心存顾虑的时候是不可能和你畅所欲言的。

3. 勿踏入别人的敏感区域

对于别人的一些敏感区域，要多加留心，避免触到对方的雷区。比如对于一个刚刚失恋的人来说，你关心他的婚姻状况无疑是揭他的伤疤。当然你会说，对方失恋你怎么知道呢？那么说话的时候就要察言观色，要学会选择合适的话题，不要在矮子面前说短话，触犯对方的忌讳。否则，你的关心就会变成嘲笑和讥讽。

4. 过于隐私的东西别关心

对于一些过于隐私的东西最好别关心。比如对方的银行账号、密码等。这些东西本身具有很强的隐秘性，即使对好朋友也是隐私，更何况你是一个陌路相逢的人呢。关心这些，别人会觉得你另有所图，进而远离你。这样就不可能达到消除心理戒备，敞开心扉交流的目的。

5. 适当的说出自己的事情

在对别人表示出关心的时候，也要适当的说出自己的事情。这样别人才会把你所关心的事告诉你。尽管你是没有任何恶意，但是你说出自己的事，对方才会把你当朋友，才会在内心之中接受你。如果你一再的打听别人的事，而别人对你一无所知，无形之中增加了对方的戒备心理。

✤ 从对方无意识的行为入手，让其开口说话

有些时候，面对不爱说话之人，往往很难和他进行语言交流，因为你不了解他的喜好，从而无从让他们开口说话；在这个时候，如果我们随便找一个话题投石问路，打开他的话匣子，往往会被他冷漠的表情打退回来，有时候甚至会惹恼对方，从而断绝了双方仅有的交往机会。这个时候不妨从对方无意识的行为入手，往往会让对方开口说话。

王新是小学一年级的班主任，平时比较细心，对孩子很有耐心。为此，经常受到学校的表扬和家长的称赞。

新学期又到了，上一年的学生已经读二年级了，学校又招了五十多名新生，新来的学生很多都活蹦乱跳的，但是老师发现其中有一个小孩好像很忧郁，刚开始，王老师还以为是那个小孩不熟悉环境，不喜欢跟陌生同学交流。

一个月过去了，王老师发现，那个小孩依然整天郁郁寡欢，从不说一句话，这个时候，王老师开始留意他了。

一天下课后，王老师走到那个孩子身边，问道："小朋友，你叫什么名字？"

那个小孩子一言不发，只是用眼睛看了看王老师，没有表现出任何的兴趣。

看着他的表情，王老师暗地里有些着急，想道："不好，小孩子不会是天生的耳聋吧，如果是这样的话，应该送到专门的聋哑学校才行，否则不是耽误了孩子的前程了吗？"

王老师带着这些疑问，放学后，悄悄的跟在那个小孩的后面，王老师看见小孩走进了一间用篱笆围住的房屋中，房子破败不堪，屋子里好像有老人说话的声音。王老师听见里面有人，便走了进去。

推开门，王老师被现场的情景震惊了，只见有一位大约有八十多岁的老

太太躺在床上,似乎得了重病,而那个小孩子正在换洗老太太的袜子。

定了定神,王老师开始向老人家说明来意。老人有些伤心,说道:"我是孩子的姥姥,孩子的妈妈去年和孩子的爸爸离婚了,离婚后孩子的爸爸一直没有再来看望过他们母子俩。"

老人用手抹干眼泪,继续说道:"从那以后,孩子似乎懂事多了,平时会主动帮忙忙干家务活,但同时话也少了很多,除了说'嗯'以外,几乎没听见他再说过其他话。"

听了老太太的话后,王老师有些心酸,他决定一定要让孩子开口说话,否则将会影响孩子的一生。

有一次,王老师发现那个小孩子无意识地用手舞动他的铅笔盒,于是王老师觉得机会来了,便走上前去说:"小朋友,可不可以把你的铅笔盒借给我玩一下?"

那个小孩子急忙说道:"不行,不行,这是我妈妈送给我的生日礼物,不能随便借给别人。"

王老师顺势说道:"你妈妈有没有让你在学校要听老师的话呢?"

小孩子说:"我妈妈说了,老师,你说吧!"

王老师顿时有一种成就感,于是便和小孩子交谈起来了。

一个月以后,那个小子也和其他小孩一样爱说爱跳了。

在这个案例中,那个小孩子自从父母离异后,从此便不再和别人说话了。对此,王老师通过从孩子无意识的行为入手,终于让孩子开口说话了,最后也像其他小朋友一样爱说爱跳了。因此,在生活中,很难打开对方的话匣子的时候,我们不妨从对方无意识的行为入手,让其开口说话。那么,我们要如何才能做到这一点呢?

1. 无意识地扶眼镜框暗示对方正在思考

有些时候,对方无意识的扶眼镜框,往往暗示着对方正在思考问题,而且很有可能就是你们互相正在讨论的问题,如果这个时候,你能够顺势说一下问题的各种利弊,可能恰好解开了困扰对方很久的疑惑,往往会让对方开口说话,然后你再按着自己的意图加以引导,最后很有可能达到你预期的目的。

2. 无意识地将手交叉在身后暗示对方很霸气

有些时候,面对你不熟悉而又不善言谈之人时,你可以从他无意识的将手交叉在背后这个动作,推断出这个人很霸气,这个时候,你最好说一些暗中夸奖他很威风,很霸气的话语,这时往往会提起对方的兴趣,从而开口和你说话。

3. 无意识地低头说明很谦卑,需要你给他自信

在生活中,面对不喜欢交谈的人时,你可以根据他无意识的低头迅速地判断出对方很谦卑,缺乏自信,如果这个时候你能适当赞扬他,谈一谈他的过人之处,也许会让对方重获自信,从而开口和你和说话。

4. 无意识地抬头意味着对方很高傲

有些人无意识的抬头,往往意味着他们心中很高傲,这个时候,如果你想让他开口说话,你最好不要夸奖自己的功绩,或者说一些贬低对方的言语,否则很有可能激怒对方,从而使双方都陷入尴尬的境地。

5. 无意识地摆弄自己手中的物品意味着对方的空虚

当你发现对方在无意识地摆弄自己手中的物品时,往往意味着对方感到很空虚,如果你这个时候想要他开口说话,那么你最好不要说一些不着边际的话,否则会让对方感觉到更加的空虚;你最好说一些务实的话题,也许对方立即就会开口和你交谈起来。

❖ 站在对方的立场上思考问题

在生活中,当人与人之间遇到不愉快的事情之时,有些人认为只有自己才有难处,而对方则是在无理取闹,于是便斤斤计较,闹得双方都不愉快;相反,有些人则能够站在对方立场上去思考问题,当发现对方确有难处之后,及时主动的向对方认错道歉,最后双方往往会成为挚友。因此,在生活中,

当我们遇到人际关系难题的时候，不妨多想想他人，站在对方的立场上来思考问题。

李娜和赵凯是同乡，而且同在一家公司上班，李娜在人事部，赵凯则在监察部，由于在公司只有他们两个人是同乡，于是两个人的关系越来越好。

有一天，李娜的一个亲戚找到了她，让她帮忙在她们公司给他找份工作，李娜满口答应了，思前想后，也只有财务处的出纳正空着，而且还是一个肥差。于是经过李娜的打点后，她的亲戚如愿地当上了出纳。

自从李娜的亲戚当上出纳以后，公司的钱经常与账目对不上，很多钱好像不翼而飞了，很多人开始怀疑是李娜的亲戚拿的，于是有人就向监察部举报了李娜的亲戚。

接到举报后，赵凯和其他监察部的同事一起暗中调查李娜亲戚的行为，最后终于被他们找到了证据。

监察部向公司董事会反映情况后，经公司研究决定，将李娜的亲戚开除出公司，并且收缴他私自拿走的钱财。

听到这个消息后，李娜非常生气，她不是生他亲戚的气，她是在生赵凯的气，她向赵凯抱怨道："虽然有举报信，但是你们可以装作不知，为什么要做得这么绝呢？"

赵凯说道："这是我的工作，没办法，请谅解！"

李娜说："想要我原谅你也可以，现在你就去和公司领导说证据有误，让他们通融一下。"

赵凯还是那句话："这是我的工作，没办法，请谅解！"

李娜的亲戚被开除以后，李娜自己也觉得无颜面对公司，于是怀着对赵凯的怨恨离开了公司。

李娜辞职后，决定换一家可以在监察部工作的公司。自从李娜在监察部工作以后，她慢慢的发现，她也和当初的赵凯一样，面对徇私舞弊的亲朋好友变得"冷漠"起来。

于是，她想通了，决定登门向赵凯道歉，两人又重归于好了。

在这个案例中，李娜刚开始面对亲戚被公司开除的情况，她并没有站在赵凯的角度来考虑问题,而是抱怨赵凯没有看在朋友的面上帮她一把,但是当她自己也在监察部工作以后,才理解了赵凯当初的做法。因此,在生活中,遇事想不通之时,不妨站在对方立场上来思考问题,也许你就会明白了。那么,如何才能做到这一点呢?

1. 站在对方的身份上

在生活中,有些时候由于双方的身份不一样,所经历的事情也不一样,比如老板对员工说话的时候总是会用一种命令的语气,而员工往往会低声下气的倾听,如果你是老板,虽然你不喜欢低声下气的人,往往会觉得他们没有骨气,但是只要你站在他们的身份上去想,你就会发现当你是一名员工的时候,你说话的时候也会小心翼翼的,生怕有一句话说错了,你也会低声下气的倾听老板的命令,因为稍不注意就会被炒鱿鱼。

2. 处于对方的心理上

在生活中,人与人之间的心理状况不一样,有些人胆小,与陌生人交往的时候总是畏首畏尾的;有些人则喜欢新鲜事物,和陌生人打交道的时候总能侃侃而谈。如果你是他们交往对象的时候,在表面上看,也许你会觉得前者对你不热情,后者过于显露自己,但是只要你站在对方的心理上去考虑问题,你就会发现其实他们对你和其他人都是一样的,并没有太多的偏见。

3. 置身对方的处境中

由于人与人之间的处境不同,因此人与人之间的做事方式或者语言习惯也不同,比如在面试场合,面试官处在一个裁判者的位置,他的喜好将会不可避免的影响面试者,而面试者处在一个被裁判的位置上,所以考官说的话总是有一种较强的气势,于是面试者总喜欢用一些好听的话去迎合考官。如果你作为一名考官,你可能会很厌恶,但是只要你想想如果你是面试者呢?你很有可能跟他一样。想到这些,你就会豁然开朗。

4. 考虑对方的担忧

每个人由于经历的事情不一样,所以每个人所忧虑的事情也会不一样,比如在谈生意的时候,有些人曾经受过骗,也许这次就会变得很谨慎,处处怀疑你。这个时候,如果你不站在对方的立场上去思考,也许你会觉得对方是在故意刁难你,如果你考虑到对方的担忧,也许你就会理解对方的难处。

5. 理解对方的情感

在生活中,每个人的情感是不一样的,虽然是同样一件事,有些人可能和它有说不清的感情纠葛,而有些人则觉得很陌生。比如对于一个人的评价,他已经离异的妻子可能说他是一个感情骗子,但是对他的朋友来说,他是一个重情重义的好男人。面对这样截然相反的评价我们该相信谁的呢?其实谁说的都没有错,只是各自站的角色不同而已。

叫对方的名字,是打开坚厚戒备心的钥匙

在生活中,有些人总是记不住对方的名字,或者即使记住了对方的名字,在叫对方的时候也不喜欢直呼其名,而是喜欢在别人的姓氏前面加一个小字,让对方听后感觉双方还很陌生,至少连名字都没有记住。相反,有些人总能在对方作自我介绍之后记住对方的名字,然后在下次见面的时候,直接叫对方的名字,对方往往会觉得他给你留下了深刻的印象,从而逐渐打开坚厚的戒备心。因此,在生活中,叫对方的名字是打开坚厚后戒备心的钥匙。

李强是一个游手好闲的之人,但是他记性好,爱好结交朋友,他自己有一套楼房,平时靠着收房租过日子。

有一天,楼房里新搬来了一个小伙子,是一个外地人,平时话不多,但是却很面善。在小伙子搬进来之时,小伙子除了交房租和身份证复印件之时和房东说过几句话之外,从来没和房东多谈过。

平日里,小伙子早出晚归,没人知道是在忙些啥,房东有些担心,害怕小伙子不务正业,整天和一些不良青年混在一起干出违法的事情,同时其他租房者也有同样的担心。

有一天,小伙子刚一回来,房东叫道:"王意,下班了?吃饭没有?上班

很累吧?"

小伙子回头,先是一惊,然后微微一笑,说道:"嗯,刚吃过了,上班不太累。"

房东感觉到了小伙子的变化,但是小伙子紧跟着就进了屋,房东也没好再多问什么。

第二天早上,房东早早的起床了,站在门口等待小伙子的出现,小伙子刚一出门,房东笑道:"王意,早上好!上班去了!"

这次,小伙子没再吃惊了,而是用很平和的语气微笑着说道:"李大哥早上好!晚上我们再聊。"

房东感觉和小伙子的关系亲近了不少,因为他第一次听见小伙子叫他李大哥。

晚上,小伙子找到房东之后,两人聊了起来,还没等房东问,小伙子主动地说:"我大老远地来这边,其实不是为了找工作,主要是想来这边投资做生意,但在做生意之前,我先要在同行里面干一两个月熟悉一下这边的环境。"

房东一边听一边露出羡慕的眼光。

小伙子接着说道:"我准备在这个地方办一家工厂,我现在正好缺一个助手,如果你愿意的话,我们俩不妨合作一下,工资待遇绝对高于同行业的平均水平。"

房东一听,乐了,心里正愁整天游手好闲地没事干,这下机会来了,于是欣然同意了。

几年后,房东和小伙子都成了远近闻名的富人。

在这个案例中,小伙子本来是一个怀有戒备心的外地人,从不轻易和邻居交谈,但是房东每次在叫他的时候都是直呼其名,让小伙子觉得房东是一个可以信赖的人,然后两个人就打开心扉的交往,最后成了生意上的好伙伴。因此,在生活中,叫对方的名字是打开坚厚戒备心的钥匙。那么,如何才能做到这一点呢?

1. 要记住对方的名字

在生活中,当新人到来的时候,往往会自我介绍,在这个时候,你最好将别人的名字牢记在心,如果你是一个健忘的人,你也可以用笔记下来,以便下次能够叫上别人的名字。能否记住一个人的名字往往是你认识这个人的第一步,比如当别人自我介绍完了之后,你连他的名字都没有记住,那么你即使记住了他的爱好或者工作成绩又有什么用呢?别人很有可能认为你根本就没有把他放在心上。

2. 要善于抓住时机

叫对方的名字,最好抓住恰当的时机,比如一个人在叫你的名字的时候,你恰好处在闹市中,你往往听不见,或者你正在和别人谈话,你的注意力根本就没有在对方上,即使对方叫你的名字,你不会因此而对他有任何不同的好感。但是当你一个人走在僻静的小道上的时候,别人直呼你的名字,也许正好赶走你的孤独,让你觉得这个世界上还有人记得你的名字,你不是一个被遗忘的人。

3. 注意对方的辈分和年龄

一般来说,长辈对晚辈、年长的对年幼的、平辈人之间或者年龄差不多的人之间可以直呼其名,这样显得亲切;相反则不能直呼其名,否则就会让人觉得你目无尊长,惹人恼怒。因此,叫对方的名字之前,最好注意对方的辈分和年龄。

4. 叫名字时眼睛要注视对方

眼睛是心灵的窗户,当你在叫别人的名字的时候,如果你的眼睛望着别处,会让人觉得你是在拿他的名字开玩笑,认为你不尊重他;相反,如果你在叫对方名字的时候,眼睛注视着对方,那么对方会觉得他在你心目中的位置很重要,对方就会逐渐敞开心扉和你交往。

5. 叫名字时语气要柔和

同样一句话,用不同的语气说出来蕴含的意义是不一样的,比如上级对下级一般用命令的口吻,下级对上级用请求的口气,平级之间用一般的口吻。如果你把握不当的话,往往会让对方觉得你是在命令他或者请求他,从而导致对方继续对你保持戒备心。这时你不妨用柔和的语气叫对方的名字,对方也许就会敞开心扉和你交流。

🎗 热情打招呼，可拉近彼此之间的距离

在生活中，与人初次见面，互相之间往往会有心里戒备，有些人会因此步步设防，处处提防对方，这样互相的距离就会越拉越远；相反有些人，通过一个微笑，一句真诚的问候，一个热情的握手，让对方感觉到你的真诚，感觉到他对你的重要性，从而可以拉近彼此间的距离。即使是对经常见面的朋友来说，见面时，一个微笑、一个拥抱都会让你们的友谊更加深厚。因此，热情的打招呼，可以拉近彼此间的距离。

小王是一名大学毕业生，今年刚通过公务员考试考进市政府接待办，领导对他也很器重，为了进一步地锻炼他，主任经常让小王接待来往的客人。

最近，省里有文件通知，要求各市扩大招商引资规模，通过招商引资提高农村剩余劳动力的就业率，增加地方税务收入。

有一天早上，小王刚到办公室，主任就说："小王，今天有重要的客人来访，是来洽谈招商引资的，如果成功的话，将会对我市的经济发展有很大的推动作用，因此，这次你务必要把客人招待好，这也是对你能力的一次考验。"

小王点头说："主任，你放心吧，我一定把客人招待好。"

小王虽然言语上很自信，但是内心深处还是很担心，毕竟没有太多的经验。

没等小王多想，客人就到了。

小王立刻微笑着走上前去，一边和每一个人握手，一边说道："欢迎你们的到来，我们可是盼望了很久了，你们一路辛苦了！"

然后一边领着客人走向会议室，一边向客人问寒问暖，好像是多年的好朋友一样。

下午下班后，主任找到了小王，说道："小王，你今天的表现非常出色，来

访的客人都夸奖你很热情,招商引资的项目也顺利的签了协议。"

在这个案例中,小王虽然刚大学毕业,社会经验不足,但是他在见面之初热情的打招呼,拉近了自己和客人之间的距离,最后顺利的完成了主任交给他的任务。这说明热情打招呼在很多时候往往是成功的钥匙,可以拉近彼此间的距离。那么如何才能做到这一点呢?

1. 始终面带微笑

见面之初,很多时候你不知道对方的底细,如果贸然行事,往往会造成一些不必要的误会;但是微笑是大家都乐于见到的表情,当你面带微笑,对方往往很容易受你感染,也会露出微笑,对方的心情也会变得愉悦;当你愁云满面的对别人,别人也会因你的忧郁而内心变得压抑,最终因感到心情抑郁而远离你。因此,见面之初,不妨面带微笑。

2. 不妨试试握手

握手是一种礼仪,是一种交流,一般说来,握手往往表示友好,可以沟通原本有隔膜的情感,可以加深双方的理解、信任。很多时候,握手可以让对方感觉到他在你心目中的重要性,让双方从远距离的语言或者表情交流转化为肢体接触,从而拉近双方的距离。

3. 最好来个拥抱

拥抱往往是熟人之间的专利,如果给人一个热情的拥抱,往往会让对方觉得你已经把他当成自己的好朋友了,并且会在心里加深对你的好感,从而拉近彼此之间的距离。因此,打招呼的时候不妨来一个拥抱。

4. 语言要饱含真情

打招呼就像打开了一扇双方交往的大门,饱含真情的语言能够让对方感觉到你的真诚,而不是敷衍了事的应付场面,对方自然也会敞开心扉和你交往起来;如果打招呼的时候,语言虚假,往往会让对方觉得你不真诚,在内心立刻和你划清界限,以后你和他说话,他都会有三分戒备。

5. 眼睛最好注视着对方

眼神的交流也是人与人之间的交流的一个重要部分,打招呼的时候,一个专注的眼神,会让对方觉得你很在意他,对方在心里也会和你拉近距离;

如果在和别人打招呼的时候,你的眼睛看着到处,会让对方觉得你是敷衍了事,心里没有把他当回事,所以很容易使双方产生隔阂。

❧ 牺牲个人的自我,成全他人的"自我"

在生活中,当双方遇到利益纷争的时候,有些人喜欢斤斤计较,甚至得寸进尺,往往导致双方互不相让,最后甚至兵刃相见。有些人则比较大度,目光长远,能够牺牲暂时的自我,成全他人的"自我",但却搞好了关系,赢得了人心,为长远的提升自我准备好了人际基础。前者往往是大愚若智,后者则是大智若愚。因此,在生活中,遇到利益纷争之时,我们不妨退一步,牺牲个人的自我,成全他人的"自我"。

王明是一家公司的技术人员,年纪轻轻就学得一身好技术,公司里的人都很敬佩他。他做人很低调,但做事从来都很高调,常常被公司总经理称赞。

有一次,公司技术部经理退休了,出现了职位空缺,公司董事会决定让职员公开竞聘这个岗位。公司公布这个消息后,王明和技术部的另外一名老员工同时参加了竞聘。

平常,同事们经常开玩笑地说:"小王,技术部经理那个位置非你莫属,以后你要多多关照啊!"

但他总是低调地说:"竞聘不是还没有开始吗?我是抱着学习的心态去竞聘的。"

有一次,总经理也对他说:"你肯定没有问题的,加油!"

此时,他看见他的竞争对手经常愁眉苦脸的,而且有些影响工作。通过他多方打听得知,他的竞争对手现在正好有两个儿子在上大学,要花费很多钱,如果他能够当上技术部经理的话,家里的经济负担就会减轻很多。

知道这个消息后,王明心中立刻就做出了决定。

一个星期后的早上，公司如期举行了竞聘会，轮到王明上去发言的时候，王明说道："我是抱着向老同志学习的心态来的，其实我当技术部经理，完全不够格，我觉得我的资历尚浅，因此，我决定退出。"

他说完后，下面的听众先是感到一惊，然后响起热烈的掌声。

他的竞争对手顺利地当上了技术部经理。

两年以后，在技术部经理的推荐下，王明当上了公司的副总。

在这个案例中，王明知道竞争对手的难处后，敢于牺牲个人的利益来成全他人，最后他当上了公司的副总，却获得了更大的利益。因此，在生活中，遇到利益纷争的时候，我们不妨主动后退一步，牺牲个人的自我，成全他人的"自我"。那么如何才能做到这一点呢？

1. 要有长远眼光

在生活中，斤斤计较之人往往是鼠目寸光，看不到长远利益的人，他们往往只被眼前的小利益所蒙蔽，最后往往是眼前的小利益没得到，而长远的大利益也给弄丢了。如果我们能够把眼光放长远一些的话，往往会发现，眼前的小利益往往是一个小陷阱，一旦跳进去之后，后面的大利益就只有被他人所得了。因此，要有长远眼光，敢于牺牲个人暂时的自我，成全他人的"自我"。

2. 换位思考一下

当利益很难平分之时，如果我们只顾自己的利益，永远把他人排除在自己的考虑范围之外，往往会弄得两败俱伤。这个时候，如果我们能够换位思考，理解对方的难处，然后做出让步，我想对方也会被你感动得不由自主地做出让步的。因此，我们不妨换位思考一下。

3. 心胸开阔一些

心胸狭窄之人，往往不会牺牲个人的自我，面对眼前的利益，往往分寸必争，总是想办法将对方置于绝境，最后往往让对方绝处逢生战胜了自己。其实，如果我们能够把心胸放得开阔些，淡泊名利，为他人着想，也许双方会成为挚友。

4. 不妨多一些爱心

在生活中，每个人都有遇到困难的时候，如果每个人都只顾自己的幸福,而不管他人的死活,当你也身处困境之时,你也不会得到别人的帮助,得到的只是社会的冷漠;相反,如果我们多一些爱心,勇于牺牲个人的自我来成全他人的"自我",也许社会就会阳光很多。

5.尽量多一些谦让

谦让往往既成全了别人,又提升了自己,谦让之人,对方往往会记得你的好,双方很有可能会成为挚友,在下一次遇到同样问题的时候,对方也会成全你;相反,如果互不谦让,必然是两败俱伤,对谁都不好。正如案例中懂得谦让的王明,他成全了竞争对手,竞争对手后来也成全了他,推荐他当上了副总。

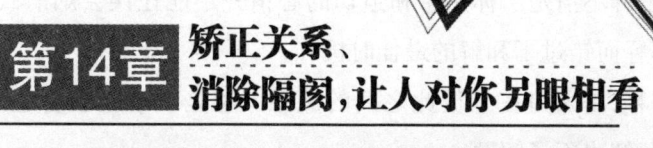

第14章 矫正关系、消除隔阂,让人对你另眼相看

在人际交往当中,难免会因为彼此之间不能很好的协调而发生矛盾和纠葛。发生了不愉快之后,如何迅速的矫正关系,消除彼此之间的隔阂就显得尤为重要。有的人很好地化解矛盾,使得人际关系越来越好,而有的人则没有化解,导致了双方之间更严重的矛盾发生。由此可见,能否有效化解矛盾也是衡量一个人能力的依据。那么,究竟如何化解尴尬与矛盾?如何让水火不容的两个人和好如初呢?

这就需要一些技巧和方法了。这一章,我们将详细的为你解答这个问题。

遇到误会，急切解释不如平心静气地沟通

由于每个人的脾气、性格都不一样，相处的时候，发生矛盾，产生误会在所难免。有了误会之后，最想做的就是尽快解释清楚，可是很多时候，你越想解释清楚，越解释不清楚。你焦急和迫切的心情并不能让误会烟消云散，反而因为无法解释而错过了和解的最佳时机。

之所以想解释，是因为在乎彼此之间的关系。越是在乎越会着急。但是你要明白，着急解决不了问题。

王刚和赵鸣曾经一起在小区门口卖菜，慢慢的熟了起来，有时候王刚进的菜没有了，便会从赵鸣的菜摊上拿一些去卖。同样，赵鸣也享受着和王刚同样的待遇。两家互相帮助，生意越做越好，两家的感情也越来越好。

后来，由于小区治安管理，王刚和赵鸣在小区内各自办了一个蔬菜门市部。两家虽说不在一起卖菜了，但是两家的感情依旧是非常的好，依旧享受着互惠互利的待遇。

一天，王刚的菜店里没有了辣椒，他打发妻子去赵鸣的店里拿一些辣椒过来。王刚的妻子来到赵鸣的菜店里说明了来意，赵鸣的妻子笑着说："我们的店里也不多了啊。"可是王刚的妻子清清楚楚的看到一大筐新鲜的辣椒摆在一边。她二话没说，愤愤的离开了。

第二天，赵鸣的店里缺了蘑菇，他火急火燎的跑到王刚的店里去借菜。王刚的店里有大量的蘑菇，但是王刚就是不同意借给赵鸣，为此两人吵了起来。在争吵中赵鸣才知道之前发生的事、他一再的解释说自己当时不在店里、可是王刚夫妇说什么也不相信。

一边是赵鸣急等着要蘑菇，一边是王刚夫妇因为之前借菜被拒绝，不肯原谅，亦不肯借菜给他。赵鸣急得像热锅上的蚂蚁团团转、可是越急，说话就没了把持，最后尽然对王刚夫妇说道："你们到底是帮不帮忙，今天这个忙

不帮也得帮!"

王刚生气地说:"不帮!怎么地,还想抢不成?"

赵鸣急得额头直冒汗,辩解道:"我不是这个意思……"

王刚进一步说:"那你什么意思,威胁的话都说出来了,还不是这个意思,你想怎么地?要是想动粗,我奉陪到底!"

赵鸣越急越是说不清楚,最后被王刚夫妇赶出了菜店。

故事中的赵鸣在跟王刚夫妇道歉,可是因为心情急切,将道歉的话说成了威胁,结果不但没有消除误会,还加剧了彼此之间的矛盾。由此可见,当双方发生误会的时候,最好心平气和的和对方沟通,而不是火急火燎的只顾着表达情绪,这样会让对方觉得你是撂狠话,是在威胁他人。那么,当发生误会的时候,究竟该如何才能做到心平气和的交流和沟通呢?

1. 稳定心绪,心态缓和一些

发生了矛盾,产生了误会,这是双方谁也不愿意看到的。但是,误会既然产生了,那么就要想办法解释清楚。很多人想着尽快消除彼此之间的误会,如果你能心平气和地和对方沟通,那么对方的情绪也会平静下来。别忘了,别人也有情绪,你的紧张和急躁也会让对方情绪不稳,这样更加说不清楚了。相反,你的焦急心情会加剧对方的对抗情绪。这时候,不妨接受已经产生误会的现实,心平气和的来解决矛盾才是主要的。

2. 说话语气中别带不满情绪

有些人很在乎彼此之间的情感,觉得出现误会是很不应该的。所以总想在第一时间内将误会解除。可是一着急,话语间就有了情绪,对方的心情本来就不好,而你说话的时候带了情绪,会让对方更加恼怒,这样,双方的心情都很焦躁,更不利于沟通和协调。因此,说话的时候千万别带情绪。

3. 别抱怨,多找自己的问题

出现了矛盾,这是既定的事实,再抱怨也改变不了这个事实。但是,有些人就是没有办法接受这个事实,出了问题就知道抱怨、要么是抱怨自己,要么是指责他人。不管是怎样,你的抱怨语气又会增加彼此之间的误会。因为别人会觉得你在为自己开脱,或者是推卸责任。试想,这样去沟通,误会能解除吗?

4. 沟通的态度不妨诚恳一些

既然你想要解除彼此之间的误会,那么沟通的时候态度不妨诚恳一些,让对方感受到你想要和解的诚意。如果你说话很冲,那么对方觉得你不是在沟通,不是来解除问题,消除误会的,而是来找麻烦的。那么对方自然不会给你好脸色看了。这时候,诚恳的态度是消除误会必不可少的。

5. 多站在对方的立场上考虑

双方产生了误会,很难说问题出在谁身上。很多人觉得是别人不理解自己,别人心眼小,把眼光聚焦在别人的身上找问题,要求别人理解自己。可是却忘了,恰恰是因为自己的错误,伤害了彼此之间的情感。这样,你越想消除误会,双方的误会也会越深。所以,这时候,不妨站在对方的立场上来考虑,你的所作所为对对方造成了怎样的伤害。

❧ 犯错后,表达要尽显你的悔意

是人都会犯错误,但是有的人犯了错,很快就能得到大家的谅解,但是有的人犯了错误,却被人唾弃。究其原因,在于犯了错是否有悔意。只要能悔过自新,即使再大的错误,别人也会给你机会悔过自新。但是,如果你没有悔意,那么再小的失误,别人也不会原谅你。因此,关键在于你对错误是否有清晰的认识。

文强和蔷薇交往已有两个多月了。两个人的感情在一步步的升温,但是对于蔷薇来说,她越爱文强越会感到不安,不是她不喜欢他,而是因为她曾经有过一段刻骨铭心的爱情,因为爱,她把身体给了一个用生命爱她的男人。

她为此而感到恐慌和不安,她不知道当文强知道她的这段经历后,是否还能接受她。她想告诉他,但是她也害怕文强会因此而离开她,她越爱文强,这种恐惧和不安就会越发的强烈,很多次,她都鼓起勇气想说,但是话到嘴边,她又咽了回去。

这天晚上,公司要聚餐,文强说要去接她。可是一顿饭吃了整整三个小时,这三个小时,对于文强来说,实在是痛苦和煎熬。从晚上六点一直等到九点,北京的十一月,天气冷得要命,文强愣是在零下十几度的晚上等,一等就三个小时。当蔷薇从酒店里出来之后,看到冻得瑟瑟发抖的文强,眼泪忍不住留了下来,她觉得她不应该再隐瞒下去了。

于是她把她的那一段经历告诉了文强。文强静静地听着,什么话也没有说。实话说,他心里非常的难受。但他是爱她的,他不知道这个时候,他是应该给予安慰,还是淡淡的一笑,说声没什么。实际上,他并不在乎蔷薇曾经和怎样的一个男人相爱,他更在乎他对蔷薇的爱。

蔷薇拉过文强的手说:"那时候还小,对于爱情过于盲目,总觉得爱一个人就把所有的都要给他。但是经历过这段感情之后,我成长了不少。我不后悔和他相爱,但是如果时间能倒流的话,我一定不会那么傻,那么无知的。"说着低下了头,表情中流露出悔恨。

看着蔷薇楚楚可怜的样子,文强说:"没事的,你不要太自责了。谁也没法预知我们彼此就会在对方的未来出现。我爱你的现在,就要接受你的过去,并想着和你一起憧憬未来。我们携手,向幸福的未来出发吧。"

看着文强一脸的真诚,蔷薇感动得热泪盈眶。她站起来,紧紧地抱住了文强。

……

故事中的蔷薇在向文强坦白过去的时候,言语中流露出悔意,进而触动了文强的心,最终获得了文强的原谅。由此可见,当一个人犯错后,要及时地把自己的悔意表达出来,从而让对方从内心深处原谅你。这时候,如果你装傻充愣,势必会惹怒对方。那么,究竟该如何表达自己的悔意呢?

1. 说话声音要柔软

一般情况下,当一个人占住理的时候,说话声音会大一些,正所谓有理声高。那么在你犯错之后,说话的声音就要低沉一些、柔软一些。这样在你的言谈中别人就能感受到你的悔意,感受到你因为犯错内心的不安。一般情况下,别人都会原谅你。如果你犯了错,还扯着嗓门说话,即使再宽容的人也会记恨在心的。

2. 言语中尽显歉意

既然是你犯了错,那么就要及时的向对方表达你的歉意。在你的表达中,别人也会感受到你的悔意,因为你认识到自己错了,才会道歉。表达歉意的时候,别一味的说对不起,要多说一些你的错误给别人带来的伤害,并为此而感到不安和羞愧。既然你表达歉意了,那么别人便没有必要和你计较下去。

3. 谈谈犯错后领悟

当一个人有了悔意的时候,就说明他对自己的错误有了清醒的认识。在向对方表达你的悔意时,一定要把你的认识谈出来。如果这时候,对方说叨你,就要点头称是、千万不要和对方争论和辩驳。因为这时候,不管你说的对不对,对方都会觉得你态度有问题,并没有真正的认识到自己的错误。

4. 不要为自己开脱

很多人犯了错,都会找很多的理由为自己开脱,要么找客观的理由,要么把责任推卸别人的身上。事实上,你为自己开脱,也就是认为自己没有错。不管你找的理由多么合情合理,别人都会觉得你没有悔过的意思,都不会轻易的原谅你。

5. 表情动作要到位

除了言语表达你的悔意之外,在道歉的时候,还要从表情和动作上来传递你悔过的意思。比如说你真诚的目光;或者低下头,双手相搓;或者摸一下头等等。你的这些表情和动作往往让对方觉得你很不好意思自然会接受你的道歉。

⚜ 赢得对方的信任，点滴之处透露你的诚意

生活中，当双方发生矛盾，产生隔阂的时候，往往会拉远心的距离，继而让对方对你产生不信任的情绪。如果别人不信任你，那么就会处处提防着你，给你的生活和工作带来不便。这时候，就需要你从一些微不足道的小事上透露出你的诚意，让对方对你的戒备慢慢地降低，最终达到解除戒备，和你和好如初的目的。

张峰和邓海是学生，又住在同一个宿舍，再加上他们来自于同一个省，因此觉得分外亲切。自从到了大学之后，两人便形影不离的，一起学习、一起玩。可是最近，两人却闹了一场不小的矛盾。

原来，他们两个人出去吃饭的时候，总是邓海在买单，有时候张峰感觉到不好意思了，就推故说自己没拿钱包，让邓海先付，自己下次再付，可是下次，张峰依旧装作没事人的样子，吃完饭依旧没有想要买单的意思。

时间久了，邓海开始疏远张峰，再也不和他一起学习，一起玩，更不和他一起去吃饭了。张峰几次主动找他，都被他以各种理由给推脱掉了，而且似乎对张峰充满了敌意。张峰也意识到了自己的错误，但是邓海并没有给他机会解释。

从那以后，张峰时不时的关心邓海的学习和生活，晚上闲了没事，也会买一些零食和邓海分享。一开始邓海对他严词拒绝，慢慢地邓海对他的提防少了很多，有时候他们还会聊聊天。但是，却不像从前那样亲密。

一次，晚上闲来没事，张峰买来了很多的酒和邓海一起分享。喝酒当中，张峰有意无意的提及了以前两人在一起的欢乐时光。邓海刚开始没怎么发言，酒过三巡，邓海说："你这小子，真不够意思，咱俩兄弟一场你还老算计着我，老子跟你做朋友真是倒了八辈子的霉了。"

张峰趁机说："是啊，后来想想，我这人还真不怎么地。邓哥，你大人不

计小人过,别跟我一般见识。"

邓海喝着酒说:"没事,兄弟,以后咱俩还是好朋友,只是你可别再算计我了。"

张峰笑着说:"邓哥,哪能呢。"

……

故事中的张峰在遭到好朋友邓海的远离之后,通过在小事上表露自己的诚意,最终获得了邓海的原谅。由此可见,在两人发生矛盾,产生不信任的时候,不妨在小事上表露你的诚信,让别人感受到你的诚意,进而原谅你。那么,如何在点滴的小事上表露你的诚意呢?

1. 多关注对方生活

双方产生矛盾之后,对方对你有了很强的戒备心理,也就没有了信任。这时候,如果你想化干戈为玉帛,就要关注对方的时候,在必要的时候给予温暖和关怀。尽管这时候,别人或许对你的好意无动于衷,但是,你要记住,对方在看你的表现,不要因为一次被拒绝就放弃了。用你的诚意去感动别人,当对方感受到你的真诚后,自然会原谅你。

2. 适当地学会吃亏

往往很多人之间产生矛盾,是因为太过于算计,太计较个人的得失,而损害了别人的利益。所以,当你发现对方对你不够信任的时候,不妨主动地吃一些亏。从而让人感觉到你的诚意。不要觉得亏白吃了,对方会记着你的好,继而从心里原谅你。

3. 对别人表达热情

人与人之间在相互的付出和回报。当别人觉得你并不值得交往的时候,就会形成很强的戒备心理。这时候,不妨主动一些,对他人表现得热情一些,让别人感觉到你还是很在乎他,还是愿意为你们之间的关系付出的。当别人得到了这些信息的时候,心理戒备就会慢慢的消除。

4. 一步一步地走近

很多时候,双方感情本来很好,一旦对方对你有了想法和成见,就会远离你,因为对方有了心理戒备,你也会感觉到别人开始不信任你了。如果你还是当作什么事也没发生,还是试图和对方走得很近,那么势必会遭到对方的抗拒。这时候不妨一步步的、慢慢向对方靠近,等着对方再次对你建立信任。

5. 勿忽视身边细节

当你发现你身边的人对你不信任的时候,不要忽视身边的一些细节。对方判断你值得或者是不值得交往,往往从一些细节问题上来观察你。因此,要想尽释前嫌,还是要从细节之处表达你的诚意,让对方的心受感动。

❦ 幽默沟通能令彼此轻松地冰释前嫌

当双方产生误会,发生矛盾的时候,双方的注意力往往都在矛盾上。这时候如果你和对方来辩解谁对谁错,事实上都没有任何意义,不管问题出在哪里,都无法抚平双方之间产生的裂痕。更有甚者,还会使关系进一步恶化。

这时候,不妨采取幽默一点的沟通方式,给对方讲一个笑话,或者是自我嘲解一番转移他人的注意力,当对方忍俊不禁笑起来的时候,便没有心情再和你纠结了,事实上你们之间的误会已经化解了。

画眉是机械系大三年级的学生会主席扬帆的女朋友,两人牵手也有半年多了。感情在稳步的发展着。像很多恋人一样,他们常常也会因为一些小事而发生矛盾。这天,他们为一顿饭又吵上了。

画眉想去吃火锅,但是扬帆最近老是上火,想吃得清淡一些。两人争执不下,画眉赌气往学校走。要是真的回去了,那这场矛盾有可能成为一场分手闹剧。这时候,只见扬帆三步并作两步走,追了过来,愣是堵在了画眉的面前。画眉往左走,他往左堵,画眉往右走,他往右堵。画眉抬起头,瞄着他。

这时候,扬帆笑着说:"看啥啊,没见过刘德华二世吗?"

画眉忍不住想笑,但是最终没笑出来,说:"呸,还刘德华二世呢,我看像马德华再世(马德华是猪八戒的扮演者,这里是暗示丑陋)。"

扬帆:"管他是牛(刘)还是马,敢拉出来在你面前溜,那说明还是获得了特别通行证的,所以遇到了贵宾你得让着走。"

画眉眉开眼笑的说:"懒得理你!"说完,不再回学校了,径直向前走去。扬帆快步的赶了上去,牵了她的手,两人说说笑笑的向一家川菜馆走去。

故事中的杨帆和女朋友画眉吵架了之后,画眉往学校走,也就拉远了和杨帆的距离。如果这时候杨帆不及时的阻止,那么两人之间势必有了隔阂。也就是在这个时候,扬帆急中生智,用幽默迅速转移了注意力,化解了这场矛盾。那么,在双方有了隔阂之后,如何用幽默迅速的冰释前嫌呢?

1. 急中生智,将矛盾玩笑化

当双方发生矛盾的时候,尤其是矛盾正激烈的时候,如果继续纠结下去,不管结果怎么样,都会让双方陷入痛苦中,这时候要急中生智,将矛盾玩笑化。有些事,当你较真的时候,对方比你还较真,如果你当作一个玩笑说出来,对方也会把它当作玩笑一样。事实上,这时候你是给了自己一个台阶,也是给别人给个台阶。

2. 自嘲自己的相貌和动作

当一个人说别人的相貌和动作的时候,便是嘲笑,而说自己的相貌和动作的时候,便是玩笑,能制造出幽默的效果。比如说故事中的两人,因为吃饭的问题产生了矛盾就是通过自我解嘲化解的。矛盾产生的你不妨这样说:"我都如此激情燃烧了,再烧我就会成为一缕青烟,轻轻地来,也轻轻的走了。"我想,对方听了,也不好意思再和你纠结下去了。

3. 关键时候,说两句经典话

现在网络发展的非常迅速,网上的经典雷人话语非常多。尤其是一些耳熟能详的话,带有很强的幽默色彩。当双方产生隔阂之后,要及时的根据现场套用一两句经典的话,调动对方的情绪。比如当对方要求你做一件你非常不愿意做的事情的时候,你不妨来一句:"这个真没有。"让人很快想起了赵本山的小品《不差钱》。

4. 在幽默中暗含恭维话

如果能在说幽默的同时暗含一些恭维的意思,让对方在情绪愉悦的情况下再被恭维,即使是再深的矛盾,也会瞬间释然。比如两人因为钱的事情,有了矛盾。这时候,不妨学着《大话西游》里面的唐僧,来段"only you"既表达了幽默的意思,又恭维了对方。即使对方内心再不高兴,也会原谅你。

5. 不妨讲一个捧腹的短笑话

当双方剑拔弩张的时候,你不经意的一句话,一个动作都会引起对方的强烈反应。但是无所作为只能让矛盾越积越深。这时候不妨讲一个捧腹的笑话,让对方笑出声来,只要对方开怀大笑了,便不好意思再绷着脸和你较真了。当然笑话一定要有可笑度,而且不能太深,太长。以免对方无法领会,或者是厌倦而起不到相应的效果。

❧ 言谈间适度表现一下,让对方对你重视起来

人际关系的正常交往,是因为有了同等的身份和地位,在自己被对方尊重的前提之下。如果别人看不起你,或者说轻视你,那么双方之间的关系就会发生微妙的变化,彼此之间也会产生心理隔阂。当你发现你身边的人开始不重视你,不尊重你的时候,不妨在言谈中适当的表现一下自己,引起对方的重视,让对方尊重于你。

对于现年28岁的甄斌来说,目前最重要的事情不是落实工作,而是尽快的结婚。可是他生性比较腼腆,又不喜欢和女孩子打交道。所以,至今依然是单身。这可急坏了他的爸爸妈妈。于是两位老人四处托人介绍。

好不容易在亲戚的帮助下,打听到一个各方面都和甄斌相匹配的女孩子。而且双方都见过照片,基本上算作靠谱。于是这天,在亲戚的积极安排之下,甄斌和他的父母与女孩以及女孩的父母见面了。

其间，女孩的父母打听了甄斌的收入，了解了他的家庭状况。由于甄斌的家在农村，爸爸妈妈都是地地道道的农民，再加上甄斌大学毕业之后一直在外面发展自己的事业，按照当地人的话说没有正当稳定的工作，而女孩家在城市，家境相对来说比较富裕。

当了解了这些信息之后，女孩的父母言语间透露出对甄斌的轻视和嘲笑。这让坐在一边的甄斌非常难受。几次他都想找个借口离开，但是父母亲戚都在，他不能让他们下不来台。他只好硬着头皮坐在那里听着别人的轻视和看不起。

父母和亲戚在一个劲的恭维着女孩和她的父母，可是对方享受着被恭维的喜悦，口头上却说着不咸不淡的话。最后，对方的父母让甄斌说一些这些年的经历。甄斌清了清嗓子，字正腔圆地说："我是北京大学文学院毕业的，毕业后在北京一家知名的杂志社担任主编，其间出版了几本小说，还兼职担任中央通讯社的特约编辑和中央电视台的特约评论员。"

女孩的父母听了，说话的语气立即变了，由之前的不屑一顾变成了点头哈腰，他们握着甄斌的手不住的说："小伙子，你真了不起，真了不起啊，是中央的人啊。"言语中表现出欣赏和惊喜。很显然，甄斌的话对他们起了一定的震慑作用。

……

故事中的甄斌因为种种原因，被别人看不起。在他的言语中，他将自己的成就表现了一下，最终赢得了应有的尊重。由此可见，当别人看不起你、轻视你的时候，要记得适当的表现自己，从而赢得别人的尊重。那么，如何表现自己，让别人对你不敢轻视呢？

1. 显露自己的成就

一个人的能力如何，往往能从他曾经和现在所取得的辉煌成就上表现出来。人都会比较尊敬那些有本事的人，而看不起那些没本事的，觉得他们是窝囊废。所以，当你和对方交谈的时候，感觉对方对你有轻视的时候，不妨适当的提及一下你曾经和现在取得的成就，让他人对你产生敬意。像故事中的甄斌，摆出了一系列的成就，让对方刮目相看。

2. 透露自己的社会地位

对于社会地位高的人，人都会不敢轻视，反而是恭维。因为对方的社会地位高，意味着比他有更高的能力，更强的本事。所以，在言谈中，适当的透露自己的社会地位，给对方造成心理上的压力。这样，当别人的社会地位比你的低的时候，气场便会比你弱，在说话的时候，便不敢从心理上轻视你。

3. 提及自己的收入水平

当今的社会，一个人的收入水平的高低，往往决定一个人价值的大小。如果你的收入高，那么就意味着你的价值高，别人也会尊敬你，如果你的收入水平低，别人也会瞧不起你。因此，在谈话的时候，不妨把自己的收入水平说得高一些，让别人觉得你的社会价值比他的大，比他有本事，那么他便不敢轻视你。

4. 及时显露自己的才华

有才华的人往往令人羡慕和钦佩。尤其是一些别人无法企及的才能，更能让对方钦佩得五体投地。因为别人在这方面永远无法与你相比，所以你在气场上已经牢牢的占据了上风。这时候，他人没有嘲笑你的理由，更多的是赞美和钦佩。事实上，这是对你最大的尊重。

5. 说与你相关的有本事的人

在很多时候，人考虑的都是自己的利益，当对方觉得你没有什么利用价值的时候，便会轻视你。与人交谈的时候，不妨提及你与一些有本事的人的关系。因为他们有本事，可能会让对方觉得有利用的价值，而对方又无法认识他们。这时候你的价值就凸现了出来。再说了，结交有本事的人，也是一种能力。这时候，那些瞧不起你的人便会对你尊重起来。

❦ 言语暗示，毫无尴尬地消除解彼此隔阂

很多时候，两个人之间产生了隔阂，互相都不肯服输，更多的时候，两人都有了想要和好的意思，但是却因为好面子，而不肯轻易做出退让。这样一

来，本来是很小的一个矛盾，却因为面子问题而导致了更大的矛盾产生，给双方的情感造成了很大的伤害。

向对方做出让步无疑是承认自己错了。这对于很多人来说本书很难接受。但是在言语中适当的用一些暗示的话，让对方明白你想要和好的意思。对方也会踩着你给的台阶及时的下，这样一来，双方在保留了面子的前提之下，毫无尴尬的化解了彼此之间的矛盾。

小雨和小鱼是双胞胎姐妹，她们从来没有见过面，在她们十五岁那年，爸爸妈妈把小鱼从姥姥家接到了城里。

刚出生的时候，小雨身体很差，妈妈找算命先生求签，结果人家说，要想让两个孩子都平安无事，就必须把她们分开，等到她们都十五岁的时候才能团聚。就这样，两姐妹一分开就是十五年。

因此，小鱼一直都很记恨小雨，她觉得要是没有小雨，自己也就不会失去父母疼爱。见面后，小鱼从来都没有叫过小雨一声姐姐，而且只要是她看中的东西，总是会想方设法的从小雨手中抢过来，小雨虽然很生气，但是想到妹妹失去爸妈的疼爱那么多年，所以也就一再忍让。

其实小雨一直想和妹妹和好，不管小雨怎么做，小鱼始终是敌对态度。她讨厌姐姐说"什么什么东西是我的"、"这是我家的"之类的话，因为小鱼觉得小雨一再在她面前提"我"，是在向她宣誓专属权。

刚开始小雨并没有意识到这些，对妹妹很关心，她希望可以和睦相处。这天吃午饭的时候，小雨说了一句："这个菜是我最喜欢吃的，而且只有妈妈做的我才会喜欢。"说者无意，可是小鱼听着很不舒服，她冲着小雨吼道："你喜欢吃，全给你吃，吃死你。"然后很生气地离开了餐桌。

后来，小雨思索了半天，才发现原来妹妹很在意她说"我"，于是小雨决定改变策略，以此来暗示想和妹妹"化敌为友"。

第二天，吃饭的时候，小雨看着满桌子丰盛的饭菜，幸福的说："今天妈妈做了我们最爱吃的饭菜，谢谢妈妈。"说话的时候，小雨偷偷地看了小鱼一眼。小鱼一改昨天的对抗，脸上挂着幸福的微笑，事实上，尽管今天的菜不是完全适合小鱼的口味，但是她还是吃得津津有味。

在以后的日子里，小雨总是会把"我"有意识的改成"我们"，不管是在吃饭还是做别的事，小雨都会说"我们怎样怎样"，就这样时间不长，妹妹慢慢的不再敌对她，也开始叫小雨"姐姐"了。

故事中的小雨通过将"我"说成了"我们"，这给了小鱼暗示，自己想要和她搞好关系，化解矛盾的意思。由此可见，言语的暗示，能传递你想要化解矛盾的意思，同时又让你不失面子。那么，究竟如何言语暗示，才能让别人明白你想要和好的意思呢？

1. 多顾及对方的感受

说话做事的时候，我们要多顾及别人的感受。不能脑子一热，想说什么就说什么。尤其是想要表达和对方化敌为友的时候，更要多顾及一下对方的感受。当对方听到你理解他，你在考虑他的感受，无疑是向他传达你的友善，表达你想要和对方化敌为友，和睦相处的意愿。内心深处自然不好意思再和你纠结，也会考虑你的感受。

2. 积极肯定对方的表现

一般情况下，产生矛盾的双方看到的是对方的缺点，觉得他应该怎么样，而不应该怎么样。当你想要和对方化解矛盾时，不妨积极的肯定对方的表现。这样，挑刺就变成了肯定，对方自然也不好意思盯着你的"不应该"不放。这样一来，双方的隔阂也会在互相的赞许声中毫无尴尬地得到了化解。

3. 多说"我们"少说我

"我们"是一个集体，而"我"是一个个体。当你在说话的时候，多说"我们"，少说"我"。这样，给对方传达的信息就是，你和对方是自己人。这样的"称呼"能显示自己的心胸，能向对方暗示你的包容和豁达，对方和你隔阂再深，也不好意思再纠结下去，从而毫无尴尬的化解了彼此之间的隔阂。

4. 为共同进步做出表率

要想和对方化干戈为玉帛，暗示和对方和好如初，那么就要积极地做出表率。你所做的别人会看在眼里，会记在心里，也会跟着你作出相应的举措。这样一来，双方都在积极为化解矛盾而努力。两人之间的隔阂也就慢慢的得到化解。这样避免了言语间的尴尬，又顾全了面子，可谓一举两得。

5. 适当地做出牺牲

有时候彼此之间都不妥协,最终导致两败俱伤。但是一方妥协,就意味着要做出相应的牺牲。因此,如果双方剑拔弩张,不妨做出一点牺牲,向对方暗示,我在保护你,我在努力向你靠近。这样,当对方看到你牺牲自己的利益来维护对方的利益,自然明白了你希望和对方化解矛盾的想法。

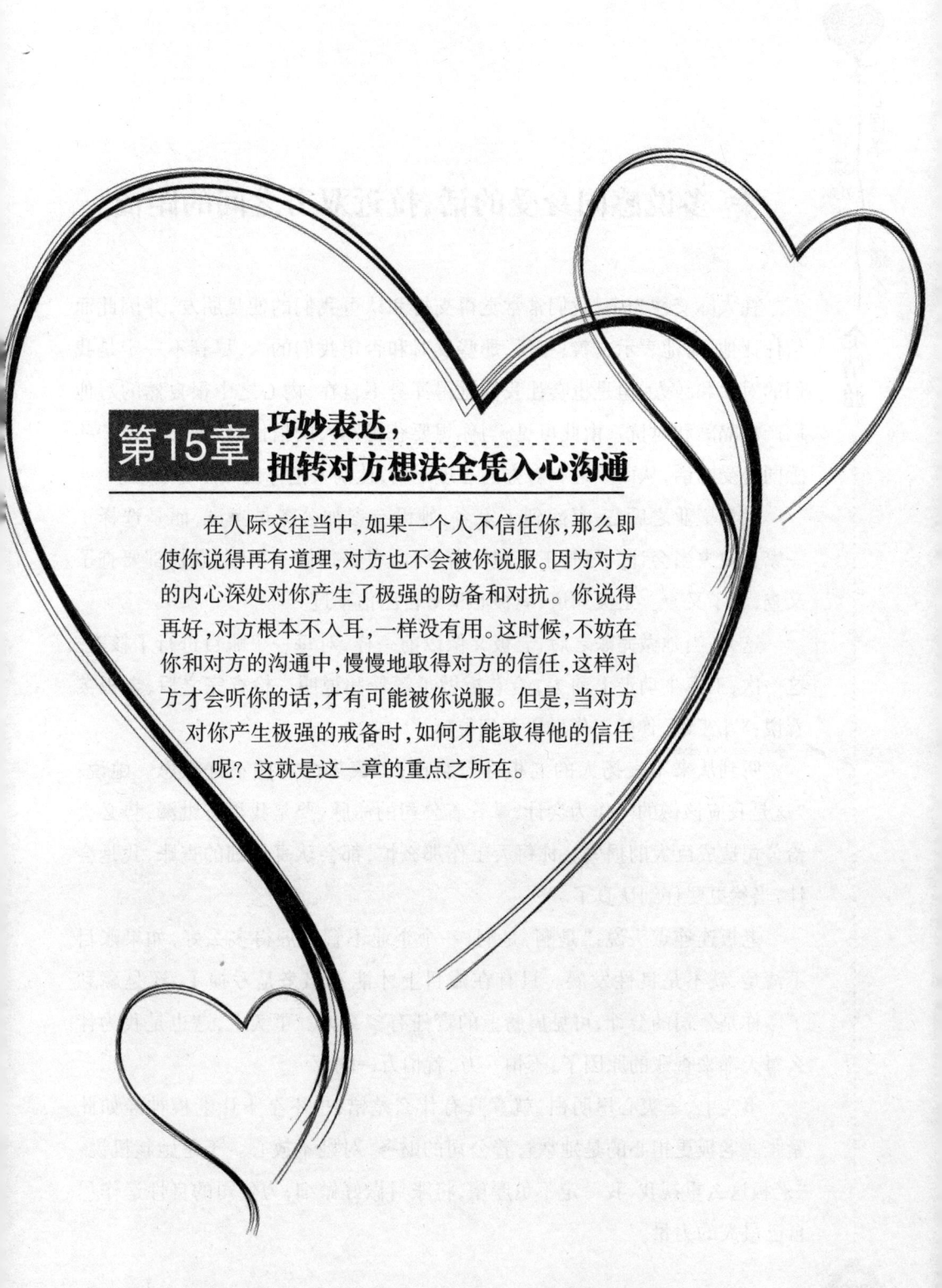

第15章 巧妙表达，扭转对方想法全凭入心沟通

在人际交往当中，如果一个人不信任你，那么即使你说得再有道理，对方也不会被你说服。因为对方的内心深处对你产生了极强的防备和对抗。你说得再好，对方根本不入耳，一样没有用。这时候，不妨在你和对方的沟通中，慢慢地取得对方的信任，这样对方才会听你的话，才有可能被你说服。但是，当对方对你产生极强的戒备时，如何才能取得他的信任呢？这就是这一章的重点之所在。

多说感同身受的话，拉近双方之间的距离

在人际交往当中，我们常常觉得支持和认可我们的便是朋友，并因此而信任让他，对他表示友善；相反，那些反对和否定我们的人，尽管不一定是我们的对手和敌人，但是也会让我们觉得浑身不自在，内心之中很自然的对他们产生隔阂和对抗。由此可见，当你想要获得别人的信任时，不妨多说一些感同身受的话，从而拉近和对方的心理距离，让别人把你当做知心朋友。

大学毕业之后，王爽回到了家乡，她没有参加公务员考试，而是选择了一家企业去当会计。尽管王爽担任着会计，可是每做一次账，老板都要查了又查，看了又看。王爽知道，老板心里对自己信不过。

这天，当她做完账之后，老板又像以前一样，对每一个账目进行了核查。这一次，王爽主动走上前去，给老板做了解释和说明。检查完之后，老板笑着说："小王啊，你的工作做得很到位嘛。"

听到从来不表扬人的老板在夸自己，王爽多少有些不好意思。她说："这是我应该做的。作为会计，掌管着公司的命脉，要是我稍有纰漏，势必会给公司造成巨大的损失。你每天工作那么忙，都会认真仔细的查账，我是会计，当然更要仔细认真了。"

老板连连点头说："是啊，是啊，一个企业不管发展得多么好，如果账目不清楚，就不是良性发展。只有在账目上才能看出来是亏损了，还是赢利了。你是公司的会计，可见肩膀上的责任有多么大。事实上，这也是我为什么每天都来查账的原因了，不怕一万，就怕万一啊。"

事实上，王爽心里明白，就算真有什么差错，也不至于让老板神经如此紧张。老板更担心的是她掌管着公司的财务，对她不放心。于是她趁机说："老板这么重视我，我一定不负厚望，将账目做好做细，为公司的良性运作尽自己最大的力量。"

从那以后,老板查账的次数慢慢的少了很多,有时候一个星期来查一次,后来,变成了一个月来看一次了。

故事中的王爽因为工作的原因,掌管着公司的命脉,所以老板当初对她并不信任。通过她和老板的这次交流,从而赢得了老板的信任。由此可见,在关键时候,要多说一些感同身受的话,让别人觉得你理解他,继而在心理上拉近和你的关系,信任你,重用你。那么,如何说话才能让别人觉得感同身受呢?

1. 站在对方的立场上去想

很多人之所以没有办法理解别人,是因为总是习惯于站在自己的立场上去想问题。如果转换一下角色,你变成对方,你会怎么去想?很显然你所持的观点和说的话会完全不一样。所以,多站在对方的角度,对他人表示理解和认可。这样会拉近和对方的心理距离,让他人对你连连称赞。

2. 把话说到对方的心坎上

说话的时候,要洞察对方的心,弄明白对方究竟想要表达一种什么样的情感和态度。把话说到对方的心坎上去。这样,别人会觉得你很理解他,你是知己,你懂他,进而让对方觉得你是自己人,从而对你友好,对你赞许。如果你在认可和肯定别人,却说着不着边际的话,别人对你也不会有多大的好感。

3. 不妨多领会对方的情感

一个人的情感不被理解是件非常痛苦的事情,相反,如果你理解别人的情感,别人会把你当成知心朋友一样,自然会点头对你赞同。所以,说话的时候,要从情感处着手,在理解和认可对方的想法和作为之余,要多去领会和理解他们之所以这样的情感,表示对对方的理解和同情,这样更能走进对方的心。

4. 为对方的感受找到依据

在你说感同身受的话的时候,不但要认可对方的说法,还要给这种说法找到一种合情合理的理由。这样才能让对方觉得你不只是随声附和,而是和他有共同的认识。也只有这样,别人才会认可你,才会打心眼里把你当作知心的朋友而信任于你。否则,即使你在不断的迎合别人,但是他人并不赞成你,亦不会真正的信任你。

5.有不同意见勿随意乱提

很多时候,别人的说法你基本上很赞成,但是也有一些地方是不合自己心意的。在认可对方的同时,如果对方没有要求,不要随便乱提想法,没有人喜欢别人跟自己挑刺。你的认同让别人对你敞开心扉,但是你的意见又在无形当中拉远了彼此之间的距离。这样,是得不到别人的信任的。

说话自信才能获得对方信任

一般情况下,说话声音大,目光不游离的人内心坦诚,更容易获得别人的信任。而气若游丝的人则会让人感觉到内心有鬼,而事实上,要想做到说话声音洪亮,抬头挺胸,目视前方,没有绝对的自信是不可能的。因此,要想让别人信任你,首先你得信任你自己,如果你连自己都不相信,又怎么让别人相信你呢?

大学毕业之后,舒同和别的同学一样,拿着厚厚的简历四处找工作,可是都不满意。除了一些做业务的工作外,大部分的岗位都需要有丰富的工作经验。舒同只能站在一旁望洋兴叹。

这天,舒同百无聊赖,在网上闲逛,无意中打开了一家人才招聘网站。看到一家企业在招秘书,而且要求也不是很高,自己完全能胜任,于是投了简历。老实说,她并没有抱多大的希望。

可是奇迹往往在不经意间发生。第二天,舒同竟然接到了对方通知面试的电话。于是这天下午,舒同提前来到了对方公司,等对方的经理上班了之后,再参加面试。与她一起面试的还有四五个女孩。

她们依次参加了面试。轮到舒同面试的时候,她坐在经理的对面,抬头挺胸显得非常自信。在和经理的交谈中,她没有像别的女孩子扭扭捏捏,装淑女,而是很大方,很清晰地回答了经理的提问。

面试结束后的第二天,舒同接到了上班的通知。在和经理的交谈中,舒同得知,正是因为她的自信表达,给经理留下了深刻的印象。因为她的自信,让经理觉得她所说的每句话都是真的,是没有水分的。

就这样,舒同凭借着自己的自信表达最终获得了经理的信任,得到了工作。

故事中的舒同在面试的时候,言谈中尽显自信。也就是在她的自信言谈中,经理看到了她的真诚和实在,继而对她产生了信任。最终,舒同如愿以偿的得到了这份工作。由此可见,说话的时候要自信一些,用你的自信去换取别人的信任。那么,说话时,如何才能表现出自己很自信呢?

1. 说话声音要大一些

一般情况下,自信的人说话字正腔圆,声音比较洪亮,底气比较足。而缺乏信心的人则表现得底气不足,说话声音很小。同样,说话声音大的人比较真诚,而说话闪烁其词的人则很多时候内心有鬼,因为在说谎,所以会心虚。这样一来,别人就会认为,说话声音大的人说的是实话,而说话声音小的人有可能在说谎。由此可见,说话声音大一些,更能赢得别人的信赖。

2. 勿逃避对方的目光

很多人说话的时候,目光没有在对方的脸上,而是在地上或者是天花板上。或者是你和他进行目光交流的时候,对方很快躲开。很显然这样的人在说谎,因为害怕目光会暴露心虚,所以会躲避。所以在和人交流的时候,不要轻易逃避和别人眼神的交流。否则会让别人觉得你内心有鬼,而怀疑你。

3. 千万不要答非所问

自信的人和人沟通和交流的时候,会让别人感受到自己的真诚。但是如果你答非所问,会让别人感觉你根本没心思跟他说话,或者你心里有别的想法。因此对你产生误解,不信任你。说话的时候态度端正一些,认真倾听,认真回答。这样才能让别人感受到你的自信,才能打心眼里信任你。

4. 说话要有逻辑性

很多时候,自信的人说话很有逻辑性。同时,你具有逻辑性的言谈也能让你更加的自信,这也会给别人一种真实的感觉。如果内心有问题,那么说出的话绝对缺乏逻辑,即使能自圆其说,别人也能听出来破绽。所以,在说话之前,要理清思绪,把话说得富有逻辑性一些,这样更能让别人对你深信不疑。

5. 让自己的气场变强

气场强,一般给人的感觉你是真诚的。如果你不真诚,那么你内心深处就会对自己有一个否定。这样,你就不可能认为自己理所当然。一个人被自己被自己否定之后,气场会变得非常弱。相反,一个人自我肯定了之后,才会理直气壮,这时候气场才会强。因此,在说话之前,要想办法让自己的气场变得强一些,让别人觉得你是真诚的,是值得信赖的。

表面不以说服为目的,委婉曲折更易深入人心

生活中,谁也不愿意承认自己是个无用的人,不认为自己的意见和建议没有任何价值。所以,当你对对方进行说服的时候,因为自尊心的缘故,对方自然不愿意就此乖乖的顺从。这时候,要把说服对方的目的掩饰起来,不妨设置一些悬念,用委婉曲折的故事打动对方,让对方很自然的向你靠拢,从而被你说服。

哈蒙特毕业于耶鲁大学,又在德国弗莱堡做了三年研究工作,照常理来说,他可是很多矿厂主求之不得的人物,可是事实并非如此。

来到美国后,哈蒙特挑了一家很大的矿厂去应聘。老板叫做琼斯特,是个非常固执的人,只要自己认定的事情,就没有人可以改变。

当他看完哈蒙特的简历之后,微笑着摇了摇头说:"对不起,年轻人,我们不需要你这样的人。"哈蒙特非常不解,他问道:"那么,您能告诉我这是为什么吗?"

琼斯特笑着说:"很简单,我不满意,你曾经在弗莱堡做过一段时间的研

究,你的脑子里肯定充满了一堆理论,我可不需要只会讲理论的工程师。"

哈蒙特说:"我告诉您一个秘密,但是您得答应我不能告诉我爸爸。"

琼斯特非常好奇,随后点了点头。

哈蒙特说:"其实,在德国耶鲁大学进修的时候,我并没有专注于理论研究,而是利用四年的时间去打工挣零花钱,四年内我积攒了不少。而且,在德国弗莱堡研究期间,我的大部分时间并不是在实验室度过的,而是在街头,因为我在街头卖唱。"

听完哈蒙特的话,琼斯特哈哈大笑了起来,他拍拍哈蒙特的肩膀说:"小伙子,我决定聘用你了,你明天去人事部办一下入职手续。"

故事中的哈蒙特在遭到别人的拒绝之后,并没有努力想办法去说服对方,而是采用委婉曲折的方法解释自己,最终赢得了琼斯特的欣赏,达到了让琼斯特接受自己的目的。由此可见,把自己想要说服对方的目的隐藏起来,这样可以减少对方的心里抵触,在你的曲折委婉的暗示和诱导之下,让别人悄悄的被你俘获。那么,如何才能委婉曲折的俘获人心呢?

1. 不妨讲个类似的故事

当你与别人的想法和看法不一致的时候,想要别人来支持你,那么首先做的就是要说服对方的心。直接讲道理摆事实未必能起到相应的作用。这时候你只需要讲一个类似的例子,在案例中把你的寓意暗含进去。让别人从你讲的类似的故事中慢慢的领会你的意思。或许他人并没有被你说服,但是却被故事影响,也就会慢慢的向你倾斜。

2. 谦虚地向别人请教

当别人不接受你的建议和意见的时候,不妨虚心一些,向他人请教。比如说你在做销售时要说服客户认可你,如果客户拒绝了你,你虚心的向他请教,无疑把对方推到了"老师"的位置,这样,客户在教导你的时候,也会慢慢的接受你。事实上,接受了你也就接受了你的产品,最终你实现了说服他人的目的。

3. 用对方理论为自己辩解

如果你发现别人的想法和你的不一样,那么为了让别人顺从于你,不妨用他的观点来说服对方。这样,对方便不能再与你相搏,因为否定你就是否定他自己。比如故事中的哈蒙特得知对方的要求后,巧妙的向琼斯特靠拢,实际上就是用琼斯特的观点反驳了,最终得到了对方的认可。

4. 先接受,不要直接否定

在交谈中,如果你与双方的观点相反,甚至水火不容的时候,不要直接否定别人。没有人喜欢被人否定,即使对方是错误的,被人否定的时候,也会想方设法的找理由找借口辩驳。如果你先接受对方,先肯定他,然后再指出问题和毛病所在。一般情况下容易被人接受。很多批评高手在批评别人的时候往往先表扬对方,从而更容易被人接受。

5. 先认错,反而赢得主动

很多时候,人都觉得自己是对的,别人是错的。即使在对错很明显的情况下,也不会主动认错。正所谓"可以输掉结果,但是不能输掉气势。"也正是在这种心理的作用之下,人很难被别人说服。不管这时候你是对还是错,要主动的承认自己的问题,这样你就会绝对的占据优势。因为你在主动的解决问题,而别人在被动的应付于你。可想而知,最终的结果自然是对方被你说服。

遇上"硬柿子",巧妙试用激将法

生活中,很多人貌似很强势,从来不会被轻易说服。他们当中,有些人是很有主见,坚持自我,而有些人则纯粹是好面子,觉得顺从别人就是示弱,故而死扛到底。不管出于哪种情况,对方都有软肋,当他们表现得强悍,不肯妥协的时候,不妨用激将法刺激他们,让他们在你的诱导下一步步的向你靠拢,最终走向被你所俘获的境地。

小胡是软件公司商场促销专柜的销售员。

这个周末,客户特别多,小胡忙得团团转。但是有一位30多岁的男人总是在柜台边转来转去,不停的向小胡咨询软件方面的问题。可是整整一个上午,这个男人拿起产品看了又看,问了又问,就是不买。

这时候小胡说:"我们的产品质量都非常的好,就是价格稍微有点高,你不会因为这个原因犹豫不决吧。"

男人满脸通红,说:"怎么可能呢,这点钱对我来说根本就是九牛一毛,我怎么可能舍不得花呢?"

小胡接着说:"但是凭我的感觉,我敢和你打赌,你今天是不可能购买我们产品的,对吗?"

男人笑着说:"你还别激我,我今天就当着大家的面,买给你看。"

可是等他把钱包拿出来的时候,一脸的尴尬。

小胡接着说:"你空着两只手,拿什么买我们的产品啊?就会吹牛。"

男人神奇的从钱包里抽出一张卡来说道:"谁说没钱就不能买啊,你看好了,我现在刷卡了。"说完,问小胡要过了刷卡机,顺利的完成了消费。

小胡赔着笑脸说:"看来我今天真是看走眼了。"

男人瞪了一眼说:"姑娘,别把人看扁了。"说完头也不回的走了。

小胡露出了开心的笑容。

故事中的小胡在看到客户不想购买软件的时候,继而用客户买不起的话,刺激对方的自尊心,客户最终刷卡买了软件,只是为了证明自己有能力买,当然最终的获益者是小胡了。由此可见,巧用言语刺激他人,而在博弈中获得最终的"胜利"。那么,用言语刺激别人的时候要注意哪些方面呢?

1. 在人多的场合下进行

激将法主要是利用对方好面子的心理,在人多处使对方不得不就范。如果不顺从,就说明对方没有能力,事实上谁也不愿意承认自己没能力。所以为了证明自己有这个能力,对方一般都会顺从,就算原本不想顺从,就算是打肿脸充胖子,也得顺从。所以,激将法一定要选在人多的场合进行。让他们在不情愿、不乐意的情况下,一边嘴里说着不愿意,一边顺从。

2. 不要针对人格和尊严

在运用激将法来迫使对方就范的时候,一定要注意了,说话的时候千万别针对对方的人格和尊严。针对对方的人格和尊严,这让对方根本无路可退。结果只有一个,那就使别人跟你拼命。试想一个人被人羞辱会多么的气愤,更何况还在大庭广众之下丢脸,自然不会轻易罢休。所以,在用激将法的时候,一定要注意言辞和针对性。

3. 找到强硬坚持的理由

一个人表现得强硬,不肯随便妥协,那么他一定有理由相信自己所坚持的是正确的,是值得坚持的。那么,要想改变别人的想法,让他来顺从你,那么你就要找到对方坚持的理由,弄明白他为什么会坚持,然后想方设法在他理由的对立面巧加刺激,对方为了不被你说中,势必会反其道而行,这样,在无形之中,让对方向你靠拢。

4. 说话时要拿捏好分寸

用激将法刺激对方的时候,说话一定要拿捏好分寸。要明白你是在刺激对方,想让对方向你靠拢,而不是嘲笑、讽刺、甚至谩骂。话说得恰当,能引导对方向你靠拢,但是如果说过了头,和对方形成敌对状态,你的激将法势必会形成双方的争斗,最终对方也是绝对不可能改变想法、和你站在一起的。

动之以情地说服,对方更易动心

很多时候,我们在说服别人时,道理讲了一大堆,可是对方就是坚持着不肯妥协。这让很多人不知所措,觉得对方是不可理喻之人。但是,我们却忘了,人是情感动物,内心深处需要情感的温暖。你动之以情,让别人看到你的真实情感,从而走进你的内心深处。事实上,也只有让对方从情感上接受你,才是真正的接受你。

沐阳今年28岁,在老家这已经是大龄青年了,尽管他觉得婚姻对他来说是太过遥远的事情,但是父母却焦急万分,他们觉得让沐阳结婚是他们的头等大事。否则要被别人耻笑。于是,在父母的四处奔走之下,他认识了现在的女朋友沁惠。

两人接触有小半年了,可是一直没有提及结婚的事情。这让沐阳的父母更加的着急。他们开始不断的唠叨,后来甚至到了逼迫的程度。沐阳每天受着这种煎熬,苦不堪言,可是对于沁惠来说,她需要一段感情。

一天,沐阳第一次提到了结婚的事情。可是不管他怎么摆事实、讲道理,沁惠就是不同意这么早结婚。在她看来,半年的相处还没有让她感觉到眼前这个男人值得她托付一生。沐阳也想好好谈一场刻骨铭心的恋爱,但是他知道,现实不允许。

沟通无果之后,沐阳动情的说:"沁惠,你知道我对你的感情,是没有任何人可以代替的,能遇到你是我这辈子最大的福分。对我来说,我何尝不想和你轰轰烈烈的爱一场。幸福你渴望,我也渴望。"

沁惠望了一眼沐阳,没有说话。

"但是,沁惠,如果我们像我们期望的那样爱下去,是不是太过自私了呢?我爸爸妈妈年事已高,身体一天不如一天,他们就是希望我能早点成个家。为人儿女,你应该能体会到他们的这份心情。如果不能随他们的愿,抑郁成疾,那么我就是罪人啊。你想想,他们养我们这么大,容易吗?我们还没有来得及尽尽孝心呢,他们就……"

沁惠的心仿佛被狠狠地抽了一通,看着神情沮丧的沐阳,她紧紧地抱住了他,流下了眼泪。没过多久,沐阳和沁惠携手走进了婚姻的殿堂。

故事中的沐阳在晓之以理的劝说沁惠结婚无果的情况下,采用了动之以情的方法,终于让沁惠的心受了深深的震撼,最终不再坚持了。由此可见,动之以情,往往能把话说到对方的内心深处最柔软的地方,让对方被你的真情感动,最终被说服。那么,如何才能将话说得动之以情呢?

1. 说话最好饱含情感

说话的时候要用自己的真心、诚心去感染听众,而不是用华而不实的话去敷衍听众。换位思考一下,如果你自己是一个听众,别人对你说话的时候总喜欢用一些华而不实的词藻,不着边际的谈,相信你也会感到反感。在你的言语中饱含真情,每一句话不仅仅传递的是信息,更主要的是传递情感。所以,当你尝试了讲道理不能让对方妥协的时候,不妨流露出真情。

2. 说话不妨坦诚一些

一般情况下，只有你有一颗坦诚的心，你才会有真情流露，才能感染别人。实际上，谁也不喜欢听一些空话、套话。因此说话的时候，不妨坦诚一些，你流露的真情会感染别人的情绪。要善于用一颗真诚的心把话说到对方最柔软的内心深处，引起对方的情感共鸣，继而向你妥协，被你说服。

3. 说话要说到心坎上

每个人的内心深处都有最柔软的部分。只有把话说到对方的心坎上，触动对方内心深处最敏感的神经，才能震撼对方，让对方为之而感动。每个人都有自己的坚持，但是这份坚持都有底线，超越这个底线就会妥协，尤其是情感上。所以，说话的时候，要把话说到对方的心坎上，说到对方内心深处最柔软的地方，这样，对方自然会向你妥协。

4. 用眼神和对方交流

眼睛是心灵的窗户，也是人最难加以掩饰的地方。在表露真情的时候，要用眼睛和对方进行眼神交流，加上你饱含真情的阐述，对方是会被你感动的。很多时候，人都习惯通过别人的眼神来判断所说的话是否属实。你通过眼神交流把话传递到别人的心里，别人也会通过眼神来判断你说的是否属实。这样，在眼神的交流中，双方才能实现心灵的交流。

5. 适当碰触对方身体

空间的距离往往反映的是心理距离。当你在动之以情的向对方表达的时候，如果只靠语言，那么别人会觉得你说的很有感情，但是却没有办法真正的触动对方的心。这时候，不妨拍拍对方的胳膊或者肩膀，进而拉近彼此之间心的距离，让你的表达真正的渗入到对方的心里去。

先认可对方，再提出建议维护对方自尊

每个人的想法和观念不同，要想说服别人来肯定你、顺从你不是一件容

易的事情。如果你直接说对方的观点是错误的,你的观点是正确的,势必会给对方的心理造成伤害。即便你所说的,所想的是正确的,别人也不会轻易顺从于你。而是想方设法的和你理论,即使你真的把对方说服了,别人也不会心服口服,你得到的不是信任,而是敌对。如果你在说服别人的时候,先肯定对方,然后再提出建议。这样对方就能从心理上接受,继而将你当做他的真心朋友。

姬童大学毕业之后留在了北京,她想在北京闯出自己的一番事业来。但是几年过去了,她也就每月挣着几千块钱勉强度日。随着年龄的增长,父母希望她能回到老家,一来找个稳定的工作,二来解决个人婚姻问题。

可是对于姬童来说,这些似乎是太过遥远的事情。她从来没有去认真考虑过。因此,在是继续留在北京还是回到老家的问题上,姬童和父母发生了严重的分歧,每次沟通免不了争吵。时间久了,姬童往家里打电话的频率也降低了很多,有时候一个月也接不到她的一个电话。为此,爸爸妈妈心急如焚。

这天,爸爸主动拨通了姬童的电话,他说:"姬童,你最近很少往家里打电话了,爸爸知道之前的沟通给你带来了伤害。爸爸妈妈都是为你好,你不要往心里去,好吗?"

姬童听了,宽慰说:"爸,你别那么说,你和妈妈都是为我好,我怎么可能记恨你们呢。"

爸爸:"那就好。不过爸爸还是希望你能够回来。你先别急,先听爸爸把话说完,好吗?"

姬童:"好,爸你说吧,我听着呢。"

爸爸:"爸爸知道你不甘愿就这么平凡,你想闯出属于自己的事业。爸爸也年轻过,完全理解你的心情。年轻人有梦想、有闯劲,是该干一番轰轰烈烈的大事情。这一点爸爸非常的认同你,而且很支持你。"

爸爸的一番话,完全出乎姬童的意料,她内心的防备渐渐的放松了下来。

爸爸接着说:"但是孩子,人不能永远生活在梦想中啊,留在北京你是可以获得更多的成功机会。可是北京的房价那么高,咱们买不起,而且你岁数也不小了,婚姻大事总不能一直拖下去吧。"

姬童:"爸,婚事你们就不要为我担心了。"

爸爸:"现在老家这边的政策也很不错,你回来之后稳稳当当的找个工作,再成个家,我们一家人天天在一起,不好吗?"

姬童第一次陷入了沉思。一直以来她都觉得爸爸妈妈没有办法理解她,可是今天爸爸的一番话却触动了她的心。她开始怀疑自己的决定是否真的正确。

没过多久,姬童离开了北京,回到了爸爸妈妈的身边。

故事中的父亲在说服女儿的时候,没有一口否认女人的想法和决定,而是站在了女儿的角度上,对她的所作所为给予了认可和肯定。然后再提出了建议,最终说服了女儿。由此可见,在说服别人的时候,不要直接的否定,而是要给予认可和表示理解,之后再提出建议,维护对方的自尊。那么,如何才能做到先认可对方,再提出建议维护他人的自尊呢?

1. 站在对方的立场上理解他人

一般情况下,你之所以觉得对方的想法和观点是不对的,是因为你站在自己的立场上想问题。那么,要想改正对方的想法,使对方顺从你,就要站在对方的立场上去理解他人。如果你一味的肯定别人,却说不出个所以然来,别人会觉得你在敷衍他。因此,要站在对方的立场上,去理解他,这样别人会觉得你能真实的明白他的感受,从而信任你。

2. 在理解中包含有赞许和恭维

在对他人表示理解的时候,不妨适当的添加一些赞许和恭维的话。这样,给别人一种你很欣赏他的感觉。对方心里会因此而感到高兴,对你的防备自然也降到了最低。尽管最终还是被你说服,但是你的赞美和恭维就是对对方的肯定,即使被你说服,顺从于你,对方也会满心欢喜。

3. 适当降低对他人的否定程度

在否定别人的时候,可以适当的把话说得委婉一些。在否定的程度上尽量的降低一些,这样对方尽管被否定了,但是心理上也是能接受的。比如想要别人更正和调整的时候,说成"稍微调整",或者是"调整一下"等词。这样对方会觉得你基本上是认可他的。把否定的程度降低到最低,同样,得到对方的对抗情绪也是最弱的。

4.语气缓和表示给予的是建议

不管是否定别人,还是说服别人。语气一定要柔和一些。一般情况下,语气的强弱可以表达心理对抗的强弱。柔和的声音可降低对方的敌对情绪,让别人感觉你是在和他商量,你是在提建议,而不是在说要求。没有人喜欢被别人呼来唤去,你商量的语气让别人受到了应有的尊重,从而信任你、顺从你。

5.表明建议后穿插征询的提问

一般情况下,人在听到意见和建议的时候,往往会处于一个模糊状态——不反对,也没有立即接受。这时候,如果你适当的加一些征询式的提问,比如"行吗?""好不好?""怎么样?"等。则能引导对方向你靠拢。除此之外,这样的询问更让对方觉得受到了应有的尊重,认为你是在商量,而不是在提要求。

抓住对方的"软肋",合情合理地说服对方

很多时候,人之所以不肯顺从于你,那是因为他觉得自己是对的。即使他自己的想法和看法不是很全面,但是对方同样怀疑你的意见和想法。如果你不能拿出有力的证据证明,那么对方是不会轻易只凭借着你的一些话就被你说服。这时候,不妨抓住对方的"软肋",合情合理地说服对方。

最近,廉租房的指标下来了。王乐听到这个消息后,迫不及待地赶到了社区为获得这个名额而积极努力。按理说,他有房子住,不应该去抢。但是王乐有自己的小算盘,现在房价这么贵,要了再向外租,那可是一笔不小的收入呢。

社区主任看到王乐也来抢名额，不满的说："王乐，你跟着瞎起什么哄啊？你不是有房子住吗？"

王乐辩解道："我那房子是我父亲的，迟早他要收回去的。要是被收回去了，我上哪里去住啊？再说了，我没有正式工作，属于零就业困难家庭，难道不应该得到国家的优先照顾吗？"

王乐说的也在理，可是他不管怎么说目前有房子住，社区内还有很多人住在简陋的危房中呢。可他的条件确实不行，特殊照顾也是理所当然的。主任有点为难，是给他开介绍信还是不开呢？

正在这个为难之际，王乐却在一旁焦躁不安的抱怨。如果这样下去，势必造成很坏的群众影响。而且王乐还扬言，要是不给他开介绍信，他就去民政部门反映情况。很显然，要劝说王乐放弃是不大可能的事情。

这时候，主任突然想起了一个人，她就是王乐的老婆江某。王乐是出了名的怕老婆，只要提到他老婆，就会"谈虎色变"。想到这里，主任突然说："王乐，你申请这个廉租房跟你老婆商量了吗？这个可不是白给的，也是要交六七万的定金的。"

王乐听主任说起了自己的老婆，顿时像泄了气的皮球一样，不再嚣张了。他知道江某是绝对不会同意拿着那点家底来"赌博"的。主任见王乐有所顾忌，接着说："你回去和你老婆商量好了再来，省得日后麻烦。"

王乐顿时没了热情，低着脑袋从人群中挤了出来。

故事中的主任明白，要想让王乐放弃自己的打算，除非找到他的软肋，而他的老婆江某就是这个软肋。所以，主任轻而易举的说服王乐放弃了争夺名额的念头。由此可见，想要让不肯妥协的人放弃自己的决定，而顺从于你，就要找到他的"软肋"，用权威效应让他灰溜溜的投降。那么，如何才能找到对方的"软肋"呢？

1. 多留意对方的忌讳

一般情况下，人的忌讳之处，凝聚的情感最多，也最怕被人提及。因此，当对方态度坚决、不肯妥协的时候，不妨多留意对方的忌讳，在对方最柔软的地方做文章，当对方被刺痛的时候，气场就会弱下去。这时候你再动之以情、晓之以理，对方没有了强大气场做盾牌，内心防线就很容易被所攻破。

2. 看准谁能影响对方

每个人的一生中，总有一个最在乎的人、这个人对他的影响一定不小。所以，当你想尽一切办法也无法改变对方主意的时候，不妨在他最在乎的那个人身上做文章。只要能说服对方最在乎的人，利用此人对对方进行说服，这样得到的效果远远比你说服更有利。当然在利用对方最在乎的人来说服的时候，要让你的意思通过别人的嘴说出来。当然，说服此人是关键。

3. 在对方的担忧着手

世上没有绝对的事情，任何事有利也有弊。别人之所以坚持着不妥协，是因为在他的眼里看到的是利的一面，那么有害的一面势必为对方所担忧。所以，在说服别人的时候，不妨多强调有害的一面、扩大对方内心的担忧。这样，再加上你的说服，对方势必会再权衡利弊，这时候，也是对方向你靠拢的第一步。

4. 对方的缺点可以用

对于人性的一些缺点，在说服的时候完全可以利用。比如说有的人比较贪婪，那么说服他的时候，不妨拿一定的利益来诱惑他，利用对方占小便宜的心理，从而成功的俘获对方的心。这一点，销售人员用得最普遍、利用一些小优惠，让本不想购买的客户最终购买商品。

5. 看中对方矛盾关系

人是社会群体中的一员。那么错综复杂的人际关系中，势必会有矛盾关系。这时候，要利用好这种矛盾关系，给对方坚强的意志以打击。比如故事中的王乐，因为惧怕老婆，主任正是利用了他们之间的矛盾关系，成功的让他放弃了之前的决定。所以，对方人际关系中的矛盾完全可以拿来做文章，让对方屈服。

第16章 灵巧回旋，聪明沟通更易搞定难缠之人

　　生活中，不乏死缠烂打之人，要是不达到他们的目的，他们是不会善罢甘休战，跟你打持久战，消耗你的精力，挑战你的耐性。对于他们的软磨硬泡，很多人最终为了省心，还是顺从了他们。但是，如果什么事情都由着他们的性子来，势必会给你带来不必要的麻烦。那么，对于这些死缠烂打的人，如何才能灵巧的回旋，在和他们的博弈之中占据优势呢？这就是这一章我们要解决的问题。

"夸奖"得法,让你轻松拒绝对方

面对别人盛情难却的邀请时,你往往没有足够的理由拒绝对方,又不好意思直接拒绝,这个时候不妨利用天花乱坠的"夸奖"来轻松拒绝对方。比如当朋友邀请你帮他参谋一下购房问题时,买贵了,很可能遭到朋友的猜疑;质量不好,可能会被朋友埋怨,但又不好直接拒绝,这时你不妨说:"你是房界的精英,看房子在这个地盘上就数你最拿手了,以前我自己买的那套房子就买贵了。"一般人都会听得出来,你是在委婉的拒绝他,但对方又没有理由生气。

张凯和吴方在大学的时候是好朋友,张凯的学习成绩比较优秀,吴方则喜欢贪玩。参加室内设计竞赛的时候,他们两人也一起参加,吴方什么都不会,主要是想跟着张凯混一个奖励证书。大学毕业以后,两人都找到了工作。

有一天,领导找到吴方说:"你大学的时候,参加过室内设计竞赛,而且还获得过全国大奖,我们公司现在准备重新设计一下,由你来负责,如何?"

吴方也不好意思说自己参加室内设计得的奖是混得来的,也不好意思推辞,于是硬着头皮就答应了,老板给的期限是五天。

吴方对室内设计其实一点也不懂,于是他打电话让张凯给自己出主意,张凯听后,心中有些不快,因为在大学的时候帮他的忙是想让他多获得点课外学分,可是他自己本身就不会室内设计却以室内设计来谋生。

张凯本来在工作上的事情就很多,要在五天之内完成室内设计,简直就不可能,但是他又不好意思直接拒绝老同学,却又找不到合适的拒绝理由。

思考许久后,张凯给吴方打了电话,说道:"你的头脑很聪明,其实在大学的时候,我们做的室内设计完全是根据你的灵感来创作的,要是没有你,我们的室内设计也不可能获奖。"

吴方听后心里乐滋滋的,在生活中,很少有人这么夸奖他,因为他的学习成绩非常差,于是他信心十足,于是说道:"过奖了,我打电话给你其实也是想和你聊聊天,毕竟毕业这么长时间了。"

张凯感觉到吴方有些骄傲了,他明白吴方已经中了自己的计了。

在这个案例中,吴方和张凯本是一对好朋友,面对吴方在工作上的请求,张凯由于自己也很忙,不好意思直接拒绝,于是想到了利用天花乱坠的"夸奖",让对方轻松接受了他的拒绝。因此,在生活中,利用天花乱坠的"夸奖"往往能够让你轻松地拒绝对方。那么如何才能做到这一点呢?

1. 要学会因人而异

人的素质有高低之分,年龄有长幼之别,因人而异,突出个性,有针对性的赞美比一般的赞美能收到更好的效果。虽说"好汉不提当年勇,"但对年老者来说,他们曾经或许有过骄人的成就,希望别人能够记住他们,所以赞美老人多提及他们曾经的辉煌;对年轻人不妨赞扬他们的才华和能力,说明他们前程似锦。

2. 将"夸奖"说到对方心坎上

在生活中,你会发现有些人滔滔不绝地说了半天,旁边的听众个个无精打采;而有些人只说一两句话,便能够引起听众的共鸣。其实是后者更能够把握住别人究竟喜欢听什么,然后把话说在别人的心坎上,从而一语奏效。发言前先学会倾听,倾听别人的谈话的重点,就可以准确地判断出这个人对什么事物感兴趣,然后就可以投其所好。

3. 夸奖对方时,眼睛不妨注视着对方

眼睛是心灵的窗户,当你注视着对方的眼睛的时候。那就意味着将你的心向对方敞开了。对方从你的眼神中看到了你的真诚,从而感觉和你更加亲切,进而接近你。因此,对于女性来说,说话的时候用眼睛注视着对方,更能走进他人的心里。但是一定要注意了,别盯着对方看。因为对于男人来说,女人的注视或许会,变成了诱惑。

多用敬语，利用"特别尊重"疏远难缠之人

一般情况下，关系比较好的人之间说话往往比较随意，有时还会调侃几句，但是遇到自己敬畏的之人时，我们往往会用一些敬语如"您""请"等。有些时候，面对难缠之人，他们往往和我们的关系还不错，但是你确实又不想和他纠缠下去之时，你不妨利用敬语，让他感觉到你们的关系其实并不亲近，识趣之人往往会主动走开。

王山是一家公司的财务部会计，平时干活兢兢业业地，但是经常有人来找他报假账，常常遭到了他的拒绝，因此，公司里有很多人都对他不满。

有一次，公司采购部的李经理跑到财务部办公室里去转，看见王山后，李经理悄悄地对他说道："小王，我的儿子想考会计证，今天下班后能不能麻烦你帮他辅导一下？"

王山一听不是报假账方面的事情，为了搞好人际关系，于是就答应了。

下班后，李经理开车把王山接走了，车开到一家大饭店门口就停了，王山有些诧异，问道："李经理，你家原来在开饭店呢？"

李经理笑道："我家哪是开饭店的，我请你帮我儿子辅导会计方面的知识，总得先吃完饭吧？"

王山一听，觉得有理便没有再说什么。

到饭店以后，李经理点了一大桌子的好酒好菜，王山连忙说："李经理，你用不着这么破费，我帮你孩子辅导一下功课只是小事一桩。"

李经理有些得意地笑了笑，并没有说话。

席间，当李经理有些喝醉的时候，他说道："小王啊，现在我就跟你实话实说吧，反正你酒也喝了，饭也吃了。"

王山有些诧异，但还是继续听李经理说话。

李经理说道："其实我们公司最近又采购了一批货物，大概你也听说了

吧,我是想让你在报账的时候帮帮忙,多报一点,反正是公司的钱,不拿白不拿。事成之后,我给你两万,如何?"

王山说道:"李经理,你喝醉了,我们还是改天再说吧。"

李经理,有些不高兴,说道:"别假正经了,我再给你五万,如何?"

王山没有回答李经理,直接叫人将李经理送回家中了。

第二天早上,李经理又跑到财务部,看见只有王山一人在办公室,于是说道:"昨天晚上我们说的那事,你考虑得怎么样了?"

王山假装没有听见,眼睛盯着李经理,大声说道:"您说什么?我没听见,您能不能大声的再说一遍?"

李经理见状,有些尴尬地笑了,说道:"你怎么还跟我客气了,昨晚上我们不是说得好好的吗?"

王山大声地说道:"您昨晚上跟我说什么事情了,请您再说一遍行么?"

李经理顿时明白了王山是不想帮自己的忙,于是灰溜溜地回采购部了。

在这个案例中,面对李经理的无理要求,王山多用敬语和他交流,让李经理感觉到两人的关系其实也不是那么的亲密,最后李经理只好灰溜溜地走了。因此,在生活中,多用敬语,利用"特别尊敬"往往能疏远难缠之人。那么,如何才能做到这一点呢?

1. 说客气话的时候态度要严肃

在用客气话来拉远双方距离的时候,一定要注意了,说话时的态度一定要严肃一些,让对方感觉到你是很认真的在跟他说话,而不是开玩笑。关键时候,不妨将你的话重复两遍,让对方明白你的态度。你在言语上是没有拒绝,但是在态度上拒绝了对方。

2. 语气缓和,但是要坚定

在用客气话和对方拉远距离的时候,说话的语气要缓和一些,不要为了表达拒绝的意思而咬牙切齿,这时候,对方知道你在表达拒绝的意思,但是如果你的语气带了情绪,势必引起别人的不满,从而和你发生争吵。所以,说话的语气一定要缓和,但是要坚定,暗示对方不可能再有回旋的余地。

3. 要盯着对方的眼睛

说客气话拉远距离的时候，要用眼睛盯着对方，用眼神暗示对方，我很认真，我问心无愧、我做决定是经过深思熟虑的。这样对方从你的眼神上，从你的语气上，从你所说的客气话上自然能判断出来你的意思。

对待小人，沟通中不伤和气但也无需情意

生活中的小人无处不在，难以避免，但是我们往往又不能忽视他们的存在，因为一着不慎，可能全盘就输在小人的身上了。这个时候，如果我们能够掌握好对策，就能在在沟通中不伤和气地将小人制服，比如夸赞对方还没形成的优点，暗示对方去培养。

王强和刘明是一家公司销售部的两名员工，王强为人正直、心胸开阔、说话直率，刘明比较有心计，喜欢向领导打小报告。

有一天下班后，有一个经常和他们公司有业务往来的郑凌，由于朋友的关系想请王强吃饭，但是刘明也在，于是便把他们两个一起请了。但是王强担心刘明会打小报告，因为公司有规定，不准员工私自让客户请客。

于是，在饭桌上，王强对刘明说道："刘兄，咱俩一起敬王强一杯如何？"

刘明说道："好啊，一起来吧！"

当喝酒喝到一定程度的时候，王强假装醉意朦胧地说："刘兄，我发现我们俩就是公司里的两个好伙伴，是不是？"

刘明敷衍了事地说道："嗯，是的。"

王强继续说道："我知道你很恨私下里给领导打小报告的人，其实我也恨，你放心，这次绝对没有其他人知道我们俩和老郑来喝酒，只有我们三人知道，哈哈！"

刘明也跟着赔笑。

王强继续说道："我告诉你一个小秘密，我已经盯上了一个喜欢打小报

告的人,一旦我逮到机会,我会弄死他。"

听完王强的话,刘明吓得酒杯掉在了地上,满脸大汗。

王强见状,心中大喜,但是假装困惑地说:"你怎么？我又不是说你,你最恨打小报告的人了,你怎么可能会打小报告呢？"

刘明连忙唯唯诺诺地点头。

从此,在公司里再也没有发生过给领导打小报告的事情了。

在这个案例中,王强面对喜欢打小报告的刘明,他没有正面表示对他的不满,而是旁敲侧击,在和气的暗示刘明打小报告的后果,最后刘明再也没有打过小报告。因此,在生活中,对待小人,沟通中不伤和气但也无需情意。如何才能做到这一点呢？

1. 夸赞对方还没形成的优点,暗示对方去培养

夸奖对方还没有形成的优点是一种不满情绪的表达,是一种赞扬性的批评。因为你在这方面没有优点,甚至是严重的失误,本该受到批评,但是却受到了表扬,而且缺点成了优点。乍一听是在赞扬,实际上传递的却是不满。别人只是在强调这些方面,希望能引起你的注意。

2. 夸赞对方表现过度的优点,暗示对方过犹不及

表现自己的优点可以让人更容易了解自己,但是如果不把握好度,表现得过多,就会变成骄傲,惹人讨厌。这时候,我们不妨采用赞扬对方优点的方式来提醒和暗示对方,传递你表达过头了,引起别人反感了的信息。这样既不会伤到彼此之间的和气,还可以很好的表达自己的不满情绪。

3. 自言自语不经意说出对对方的不满

人们都不太容易接受直接的指责,但是只要你在表达自己不满情绪时,以一种无意的心态说出,更容易让对方接受。比如,你自己觉得这件事对方做的不对,但又不好直接说出来,这时候你就要学会对自己讲、让对方听。因为没有针对性,所以没有攻击性,自然就不会有反击,但是却有暗指对象。一般面对这种情况,对方更容易从心理上意识到你对他的不满情绪。

4. 表现出对其关注的淡漠,暗示其自我反省

在人际交往中,如果自己对对方有不满情绪,那就在相处过程中表现出

对对方的冷漠，不要过度的关注对方，一改自己热情好客的态度，向对方表现出淡漠，使得对方意识到问题的存在，从而更好的在自己的身上找好毛病。表现对其关注的淡漠，很好的传达了自己的不满情绪，暗示对方进行自我反省，从而改正缺点和毛病。

用言语刺激对方神经，激发"拖后腿者"的热情

有些时候，在一个团队里，难免会有些人拖整体的后腿，这个时候，如果我们大家都坐视不理的话，往往会让大家都跟着落后，如果能够激发拖后腿者的热情，那么大家往往会跟着上一个台阶，如何才能激发拖后腿者的热情呢？不妨用言语来刺激对方的神经。

王娜是初二（二）班的班主任，初二年级五个班经常在期末会进行各班的平均分比较，王娜这个班的学生是两极分化比较严重的班级，像方志一样的部分学生就是班里的瞌睡大虫，成绩几乎是个位数字，有时还是零分，这严重拖全班的后腿。

有一次，在班会课上，方志照例睡大觉，王老师有些气不过，悄悄走到方志的跟前，用随身携带的摄像机对着方志，然后说道："该起床吃早餐了，再不起床，早点就没有了！"

方志手忙脚乱地从睡梦中醒来，发现自己趴在桌子上，于是说道："早点呢？谁吃了我的早点？"

见此情形，全班同学都笑了。

过了几分钟，方志才从睡梦中清醒过来，才发现自己原来是在教室。

在班会课上，老师将摄像机所拍摄的视频放在大屏幕上让同学们观看，惹得同学们一阵阵大笑。

王老师说道："这就是班里的某些同学的表现，真是令人汗颜！"

王老师继续说道："人要有志气，我们希望落后同学迎头赶上！"

王老师的每一句话深深地刺痛了方志等一批学习成绩差劲的学生。

从第二天开始,班里再也没有人打瞌睡,班里的学习氛围比以前好了很多。

期末,班里的平均分排名终于在整个初二年级得了第一名。

在这个案例中,王老师面对拖后腿的学生,采用了语言刺激,激发他们的热情,最后使他们知耻后勇。因此,在生活中,用言语刺激对方的神经,往往能够激发"拖后腿者"的热情。那么如何才能做到这一点呢?

1. 说客气话的时候态度要严肃

在用客气话来拉远双方的距离的时候,一定让对方感觉到你是很认真的在跟他说话,而不是开玩笑。关键时候,不妨将你的话重复两遍,让对方明白你的态度。

2. 语言要刺激到对方的神经

要想激发"拖后腿者"的热情,话不在多,而在精,要说到对方的心坎上,刺激到对方的神经。比如:批评不爱干净的人时,你可以问他"有几年没有洗澡了?"就这么一句话,往往能够让他自己联想自己身上脏,越想越觉得很丢脸,越能刺痛他的神经。

3. 要盯着对方的眼睛

要用眼睛盯着对方,用眼神暗示对方,我很认真,我不是在开玩笑,我说话是经过深思熟虑的。这样对方从你的眼神中,从你的语气上,从你所说的客气话里自然能判断出你的用意。

4. 不要给对方还口的机会

在用言语刺激对方的神经时,不妨逻辑严密一些,事实论据充分一些,不要让对方有任何还口的机会,同时在对方还口的时候,迅速找到他的言语或逻辑上的错误,穷追不舍,让其找不到任何借口来为自己"拖后腿"的行为辩解。

对于热衷"杀熟"的人,妙语拉远与其的距离

在生活中,往往会发现有很多人热衷于"杀熟",即喜欢拿熟人开刀。面对这种人,如果直接跟他正面交锋的话,往往会伤害彼此之间的情感,但是委曲求全,自认倒霉,又觉得心有不甘。这时候,如果能够委婉地用妙语和他拉远距离,暗示自己并不是和他很熟,这样对方便不好意思再拿你开刀了。

王华和李杰是同事,平常关系非常好,但是李杰发现王华有一个毛病:王华喜欢当着外人的面揭露自己的一些丑事。这让李杰有些尴尬,但是又不好当面反驳,因为王华是带着微笑说的,而且说的都是事实。

有一次,王华和李杰一同去客户家里维修产品,维修完后,正好到了晚上吃饭的时间,客户留两人吃晚饭。

在饭桌上,王华说道:"李杰,你平时不是说客户都是铁公鸡吗?你看现在这家客户还像铁公鸡吗?"

李杰哑口无言,客户也尴尬地笑了。

顿时气氛就紧张了很多。

客户这时便连忙倒酒,说道:"来,来,来,喝酒!喝酒!"

李杰有些不高兴,但是王华并没有觉察到。他继续说道:"你啊,就一毛病,嗜酒如命,有一次,咱俩到客户家去维修,不巧看到他们在喝酒,却没有请你喝,你就生气地说:'下次再让我上门服务的时候,一定做些手脚。'"

李杰的脸色非常的难看。但是碍于客户在场,又不好意思发作。他笑了笑,对王华说:"谢谢您的指导和教诲,现在我向您敬一杯酒,请王总务必不要推辞,您要是再客气了,我可真是无地自容了啊。"

李杰突然将你改成了"您",王华感觉到他和李杰的关系突然远了很多。看着李杰一本正经的样、他只好站起来把酒喝了。喝完酒后,李杰深深地鞠了一个躬,然后说了声谢谢。

王华有些尴尬，但是他再也没有说与李杰有关的话题。从此，在外人面前，王华再也不敢"杀熟"了。

在这个案例中，王华是一个很喜欢"杀熟"的人，对此，李杰用客气话无形之中拉远了与他的距离，暗示他：我和你不熟，你说的话别人不会信，从而让王华身处尴尬的境地。因此，在生活中，面对热衷于"杀熟"的人，不妨采用妙语拉远与他的距离。那么，如何才能拉远跟熟人之间的距离，避免被"杀熟"呢？

1. 不妨说一些客气话

生活中，由于彼此之间关系比较熟，所以对方总是肆无忌惮的向你提要求，也正是因为关系比较熟，所以很多人不好意思拒绝，结果让自己很难受。这时候，在和对方的谈话中多说一些客气话，比如多说"您"或者"谢谢"等词。以此来告诉对方，两人之间并非那么亲密无间。这样，对方便不好意思，自然会有所收敛，从而可以有效地避免"杀熟"的现象。

2. 把对方的话当玩笑

当熟人向你提不合理的要求时，要机灵一些。把对方的话当成是玩笑，让对方明白你的意思，熟人之间开玩笑是很正常的，这样他自然不好意思再说下去了。当然这时候，需要你的表情和语言的配合，装傻充愣。比如，拍拍对方的肩膀，哈哈大笑说："你真是太幽默了"或者是"你真会开玩笑"。

3. 及时转移话题

当你身边的人想要"杀熟"时，在对方刚一开口的时候就要迅速转移话题。千万不要等对方把自己的念头表达出来了之后，而你又难以拒绝。因为熟人之间可以聊的话题很多。当话不投机的时候，你和对方的心就有了距离，别人自然不好意思继续和你聊下去。

4. 不断地恭维对方

一般情况下，关系熟的人之间不需要恭维。那么当你明白对方想要"杀熟"的时候，不妨恭维对方，进而拉远和对方之间的心理距离，当对方明白自己和你并不是想象的那么熟的时候，"杀熟"的话便不好意思再说出口了。这时候，你也完全可以和他讨价还价了，不要觉得不好意思。

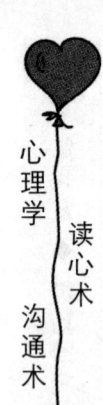

对于"死缠烂打"之人,不如放点狠话

生活中,有一些人在请求被别人拒绝之后,并没有就此放弃,而是采用死缠烂打的方式,消磨你的意志,让你最终被他征服。当你答应了自己并不喜欢的事情之后,又往往觉得很后悔,觉得自己被人强迫了。

这些人之所以死缠烂打,是因为他们从你的言语和神情中看出,你并不是非常坚决。这样,他们便会用他们想要你妥协的意志来控制你并不坚决的拒绝的决心。因此,要想不让自己后悔那么就要适当的放点狠话,让他们明显的感觉到你的强硬态度。

小丽已经坐到了主管的位置,再加上有姣好的容貌,魔鬼般的身材,还有那不错的家庭背景,因此小丽在公司里可谓是"金枝玉叶"。有很多人都梦想着能够娶像小丽这样女子为妻。

有一天,小丽和老板一起外出应酬客户。在酒桌上,小丽认识了一位名叫赵德玉的年轻小伙子,对方的父亲刚好是小丽所在公司的合作伙伴。由于业务上的关系,小丽和赵德玉经常在一起工作。慢慢的,赵德玉对小丽有了感情。

之后,赵德玉就对小丽展开了爱情攻势。他经常约小丽一起吃饭,也会送小礼物给小丽,下班的时候总是在公司门口等小丽。面对赵德玉的穷追不舍,小丽总是选择逃避。赵德玉约小丽吃饭,小丽总说没空,送东西给小丽,小丽总是拒绝,可是这样,赵德玉的追求不但没有减退,反而越来越强烈。这给小丽的工作和生活带来了相当大的压力。

这天下午下班后,小丽刚走出公司,就看到赵德玉双手捧着玫瑰花,站在不远处向她招手。小丽很无奈,但是今天她没有像之前那样不予搭理,径直走开,而是微笑着迎了上去。

他们一起去吃了饭,一起去看了场电影,之后,赵德玉满心欢喜的将小丽送回了家。在家门口，小丽说："今晚玩得很开心，谢谢你送我回家。不过你的花还是要还给你，我们之间真的不合适、真的很抱歉。"

赵德玉紧追着问："为什么啊？难道我配不上你吗？"

小丽说："这跟配得上配不上没有关系，我对你没感觉。"

赵德玉说："感情可以慢慢培养啊，你知道我喜欢你。"

小丽说道："培养出来的是习惯，不是感情，再说了，我也没有兴趣和你培养下去。"

赵德玉走上前去，拉住了小丽的手说："给我个机会吧！"

小丽狠狠的甩开，说："放手，你想干什么啊？我不是告诉你了吗？我们之间不合适，你还要我说多少遍，你再这样，我们之间连朋友都没得做！"

这时，赵德玉尴尬地笑了笑，道了声"拜拜"，钻进车里离开了。从那之后，赵德玉再也没有纠缠过小丽。

故事中的小丽在拒绝赵德玉的时候，之前选择逃避，结果对方的猛烈攻势让自己相当的被动。后来她选择了直接面对，在赵德玉死乞白赖的纠缠下放了狠话。破灭了赵德玉的侥幸心理，成功的拒绝了对方。由此可见，在面对别人的死缠烂打的时候，千万不要心软，否则伤害的就是你自己，这时候要学会说狠话。那么，在放狠话的时候要注意哪些方面呢？

1. 不要担心得罪人

如果你总是担心话说很太狠了，会给别人造成伤害，会得罪人，那么你永远也说不出狠话，也拒绝不了别人的死缠烂打。别人既然敢死缠烂打，必定做好了相应的心理准备，你的言语肯定是伤害不了他的。这时候，你的话说得越狠，对方才会越有所顾忌。因此，要想不委曲求全，那么不妨把话说得再狠一些，千万不要担心会得罪人。

2. 语气一定要坚决

通常，人与人之间的博弈不是通过言语的对错，而是通过气势。要想表达你强烈的拒绝情感，说话时的语气一定要坚决，让别人在你的气势中感觉到没有任何回旋和考虑的余地。当别人明白了这个事实之后，自然也就放弃了，因为对于没有任何希望的事情，如果再坚持就是在跟自己过不去。你明白,别人一样也明白。

3. 表情要严肃

很多时候,有的人嘴上说着绝对不行,可是脸上却挂着笑容。别人不会因为你的一句"绝对不行"而就此放手,相反他们从你脸上的笑容,感觉到你说的话是违心的,是可以打折的。这样无形之中,又给了别人希望。既然有希望,别人自然不肯轻易放弃。因此,在表达你的拒绝时,表情一定要严肃,用你的神情来拒绝他人。

4. 不妨来一些威胁

如果你一再的表明态度之后,对方还是不肯罢手。那么你不妨来点儿威胁。告诉对方,如果他再这样,你将会采取怎样的措施。当然你采取的措施要给他带来一定的伤害。这样才能起到威胁的效果。比如故事中的小丽,面对别人的纠缠时,威胁他以后朋友都没得做。结果对方为了避免这种事情发生,只好放弃了。

5. 敲打外物来警示

如果你的拒绝没有引起别人的重视,还对你百般纠缠。这时候不妨敲打外物来给予对方警示,比如摔碎一件东西,或者是敲打桌面和墙壁等来发泄你的愤怒情绪。这样,就会暗示别人,你已经很愤怒,再纠缠就会有暴力冲突的可能。你的拒绝情绪表达到这个份上,我想没有人再敢死缠烂打了。

❦ 面对顽固之人,给他们制造困难令其自己改变

我们不得不承认,一些顽固的人让人很头疼,他们意志非常的坚定,从来不会因为别人的意见和建议而改变什么,无论如何他们就是滴水不进,只要做了决定,九头牛也拉不回来,正所谓"不到黄河心不死"。要想让他们改变决定,就得制造他们解决不了的困难,在困难和压力面前,让他们自己回心转意。

周末,爸爸妈妈带着12岁的阿龙去逛商场。在孩子们的玩具商区,阿龙看上了一艘贝壳做的航空母舰模型。按理说,看孩子喜欢玩具,做父母的应该满足他们的要求。可是一打听价钱,要一千多块。对于阿龙的父母来说确实有点贵。

可是阿龙却非要买。用他的话说这是他见过的唯一一艘贝壳做的,这个规模的航母模型、错过了这个机会,以后想买可就找不到了。原来,阿龙之前一直在找,始终没有找着,今天无意中碰到了,那是自然不肯轻易的放过。

于是爸爸走了过来,又是给他讲道理,又是哄他,最后爸爸发怒了,狠狠地批评了阿龙一顿。可是阿龙始终站在航空模型前,并紧紧的抱在怀里不松手。爸爸无奈的站到一边不管了。

妈妈走了过来,给他讲家里的艰辛,爸爸妈妈挣钱的不容易,可是阿龙始终不为所动。很显然他想要这个模型的决心很大。如果今天不能如愿,他是绝对不会妥协的。售货员见此情景,趁机过来游说阿龙的爸爸妈妈购买。

爸爸气不过,抓过阿龙来,狠狠的打了两巴掌。妈妈也站在一边不断的数落阿龙。可是阿龙就是不松手。就连妈妈也掰不开他紧握着的航母的手。他低着头,什么话也不说,只是不肯松手。

这一下,可真让爸爸妈妈有些为难。买了吧,确实有点贵,再说上个月刚刚买了一艘,不买吧,阿龙的表现他们也明白,他是绝对不会放手的。妈妈走过去对爸爸说:"看样子他是非要不可了。你看要不……"话刚说到这里,爸爸狠狠地瞪了她一眼。

爸爸什么话也没再多说,径直离开了商场,妈妈望着阿龙,无奈的也离开了。他们在商场外面等着阿龙走出来。阿龙见爸爸妈妈离开了,也只好放弃了。因为他自己没有钱,没有爸爸妈妈的支持,他是无论如何也解决不了这个问题的。

见阿龙闷闷不乐的从商场里走了出来,爸爸妈妈对视了一眼,什么也没说,带着阿龙回了家。

故事中的阿龙非常的倔强,不肯放手,不肯妥协。最后爸爸妈妈没管他离开了。他们明白,阿龙想买没钱,这个难题他是无论如何也解决不了的。事实上,也正是因为这个无法解决的困难,让阿龙放弃了。由此可见,要想让一些顽固的人改变主意,那么就要给他制造一定的困难,用困难来阻止和改变他。那么,在用困难来阻止顽固之人的时候,要注意哪些方面的影响因素呢?

1. 困难要大,确保对方无法解决

既然是要用困难来阻止对方,让其放弃之前的决定,那么你所创造的困难一定要大,确保对方尽其全力也没有办法解决。比如故事中的爸爸妈妈,把解决钱的问题和困难摆到了阿龙的面前,阿龙无论如何也解决不了这个困难,所以最终不得不放弃。因此,在制造困难的时候,一定要远远高于对方的解决能力,否则,对方就不会妥协和转变。

2. 表明态度,不要被模糊

在为别人设置了困难之后,一定要把你的态度表明,千万不要随着时间的推移,降低你的要求。比如你为对方创造了买宝马才肯结婚的困难,对方会提出买奥迪折中的要求,这时候你的态度一定要明确。这样,对方买不起自然会放弃你。这样你就可以轻松的拒绝了他人,不用再在为什么之间纠缠。

3. 在对方陷入绝境的时候及时出现

当对方在你设置的困难面前不知所措的时候,一定要及时的出现,告诉对方要尊重自己,尊重现实,懂得回头。这时候,因为困难很大,对方根本无法克服,就会迷茫,信心也会动摇。这时候你再来劝说对方回头,正好给对方给了引导。别人也不会因为担心回头了受你嘲笑面子上过不去的问题。这时候你的出现无疑给对方铺设了一个台阶。

4. 要适时表现你的冷漠和不关注

如果对方解决不了困难,来求助于你的时候,要适时的表现出你的冷漠和不关心。比如故事中的阿龙,如果不是父母离开了,不管了,他是绝对不会轻易放弃的。也正是因为父母的离开,困难和压力他得承担,而事实上他根本承担不了。因此,要及时的用你的冷漠和不关注来增大对方遇到的困难度,这样能让对方更快的转变。

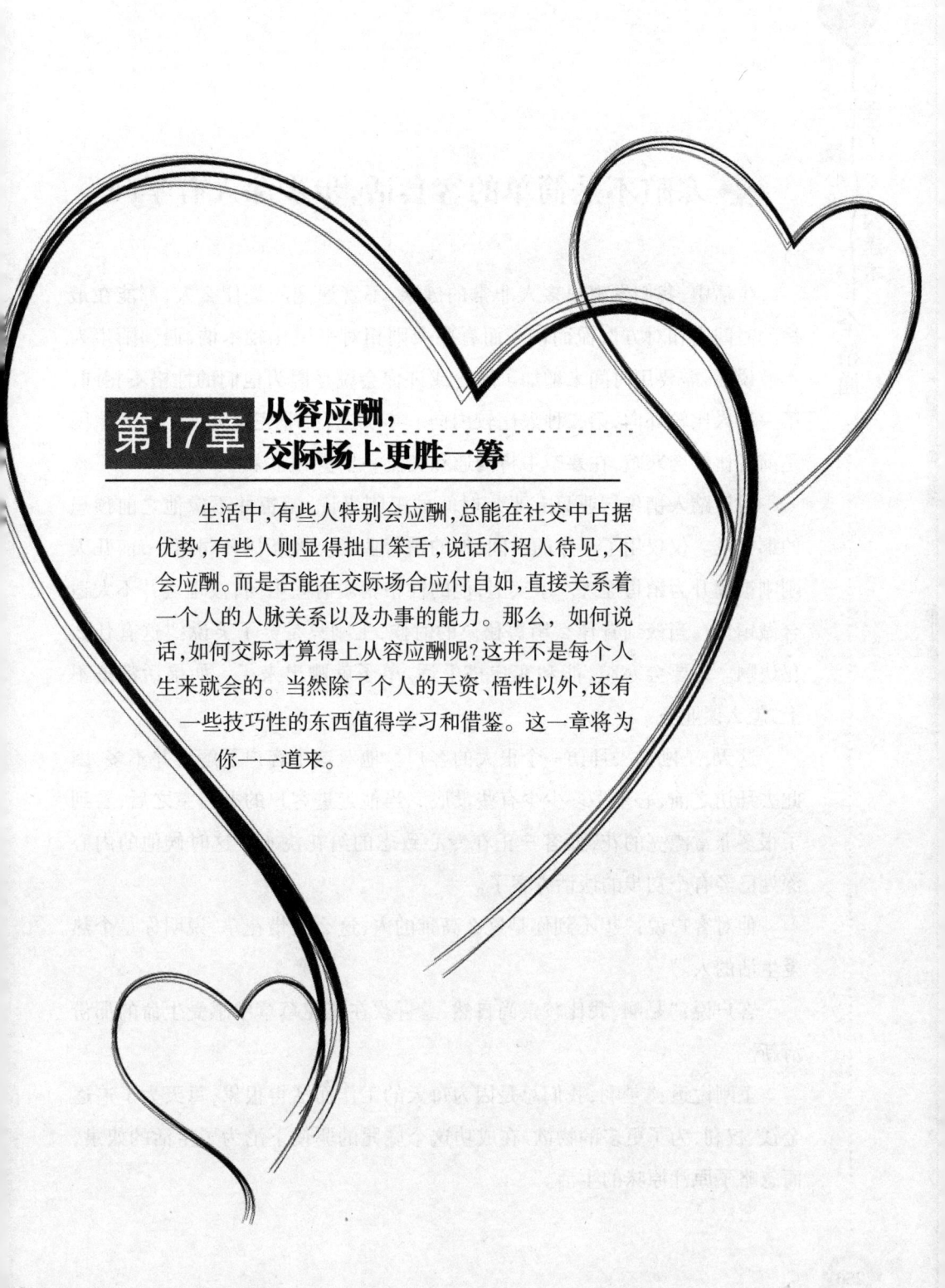

第17章 从容应酬，交际场上更胜一筹

生活中，有些人特别会应酬，总能在社交中占据优势，有些人则显得拙口笨舌，说话不招人待见，不会应酬。而是否能在交际场合应付自如，直接关系着一个人的人脉关系以及办事的能力。那么，如何说话，如何交际才算得上从容应酬呢？这并不是每个人生来就会的。当然除了个人的天资、悟性以外，还有一些技巧性的东西值得学习和借鉴。这一章将为你一一道来。

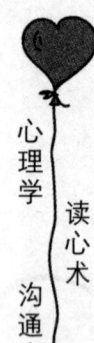

❖ 寒暄不是简单的客套话，步步深入有学问

生活中，我们发现很多人非常的健谈，不管遇到的是什么人，都能在最短的时间内和对方侃侃而谈。而有些人则相对来说比较木讷，遇到陌生人不敢说话，需要用时间来增加了解。或许你会说是因为他们的性格不相同，第一种人比较外向，第二种人比较内向。事实上，并非完全如此。究其原因是前者比较会寒暄，在寒暄中将沟通和交流一步步的加深。

对于踏入销售行业只有半年时间的王刚来说，销售并不像他之前预想的那么难。仅仅用了半年的时间，他的销售业绩已经跃居公司第一，前几天刚刚被提升为销售经理。事实上，他的性格稍微有些内向，按理说并不太适合做销售。当谈到有什么销售秘诀的时候，王刚只是笑了笑说："这有什么秘诀啊。只要会寒暄，能和客户搭上话，单子就聊出来了。如果话都搭不上，怎么谈业务？"

这天，王刚又去拜访一个很大的客户。他对这个客户了解得并不多，因此去拜访之前，心里多多少少有些没底。当他走进客户的办公室之后，看到了很多非常漂亮的花，而客户正在专心致志的给花浇水。这时候他的内心深处已经有个初步的谈话方案了。

他对客户说："想不到你是这么高雅的人，这么爱惜花草，说明你是个热爱生活的人。"

客户说："是啊，我比较崇尚自然，总喜欢在花花草草中感受生命的那份清新。"

王刚说道："是啊，我们总是因为每天的工作而活得很累，每天为了追逐金钱、权利，为了更多的物欲，在成功这个魔咒的驱使下沦为了生活的奴隶，而忽略了原汁原味的生活。"

……

他们以热爱生活为话题,谈了很多对生活,对生命的理解,继而谈到了对生活的态度,谈到了生活中的烦恼,两个人越谈越投缘,彼此相见恨晚。整整一个下午,他们俩窝在办公室里探讨生活。

后来,王刚离开的时候,客户拿过合同看也没看就签了。他握着王刚的手说:"想不到在浮浮沉沉的商海还能遇到个惺惺相惜的知音,真是太不容易了。有时间了一定要常来坐坐啊。"

王刚握着客户的手,郑重的点了点头。后来在和客户的接触和交往当中,对方又为他介绍了很多业务上的关系。

故事中的王刚之所以能迅速的获得客户的认可,那是因为他善于寒暄,能够在短时间之内和客户找到共同话题,并且一步步的交谈下去,最终走进了对方的内心深处。由此可见,在人际交往中,我们遇到的大多数人都是由陌生人一步一步的熟悉起来的。要学会寒暄,学会和陌生人找到共同的话题,展开交流。那么,和陌生人寒暄的时候,要如何才能做到一步步的深入呢?

1. 察言观色,迅速发现共同点

一个人的心理状态和精神面貌,或多或少的从他的衣着、表情和谈吐方面有所表现,只要你多留心一些,不难发现对方的职业、爱好以及性格上的特点。这时候,你会发现对方身上和你有很多相似点。当然,发现了共同点,也要和自己的兴趣有关,否则就算打破了沉默说几句话就没了话题,会使双方的谈话交流再次受阻。

2. 说话询问,积极探寻共同点

陌生人呆在一起不说话,会觉得沉闷,有时候随着空间距离的缩小和时间的延长,人们之间的彼此信任感开始增加。人开始试探着通过借报纸和帮助别人来打开交流的话题。这种融洽的效果似乎是很偶然的,实际上也是有必然的因素在里面的,只有通过询问才能发现共同的话题。

3. 听人介绍,努力捕捉共同点

去朋友家做客或者是参加别人的婚庆等等,都有可能与主人的亲戚和朋友见面,在见面的时候,主人都会介绍彼此,比如说张三是同学、李四是同学等,都是主人的客人,有时候就要待一起吃饭或者是聊天,彼此之间更需要进一步的交流,这时候抓住他们都是主人同学这个共同点上可以展开话题,这个时候,主人的介绍是 非常重要的。

4. 揣摩谈话,用心寻觅共同点

为了寻找和陌生人之间的共同点,也可以在别人谈话的时候花点心思去分析和揣摩,也可以在和对方的交谈中留意,从中发现更多的话题。留心别人的谈话,可以找出双方的许多共同点,进而增加交流,给彼此带来精神上的愉悦的同时,还增加了许多社会阅历。总之,只要你留心周围的人或者事,你是身边永远不会有陌生人的。

应酬场合不做"话唠",话要说得精致才讨巧

在应酬场合,由于是初次见面,为了不让对方感觉受到冷遇,所以很多人总是絮絮叨叨的说个没完没了。健谈是对别人的尊重,但是健谈并不代表胡侃乱吹,说一些对方没有一点儿兴趣的无聊琐事,会让别人觉得你是个很无聊的人,很肤浅的人。继而把你如火的热情演变成对你的厌恶和看不起。

28岁的方宇成了朋友们当中的结婚困难户,眼看着朋友们一个个的成了家。家里为他着急不说,就连方宇自己也觉得压力不小。于是在家里的安排下,方宇接二连三的去相亲。有好几次,方宇看上了对方,可是最终被对方拒绝。不是他相貌丑陋,家境不好,而是因为他不善言辞。

得到几次血的教训之后,爸爸妈妈告诫方宇,下次相亲的时候一定要多说话,让别人觉得你阅历很丰富,善于社交。于是,在爸爸妈妈的张罗下,又联系了一家。据说对方家境很好,女孩也聪明漂亮。因此见面之前,方宇做了充分的准备。

可是见到女孩后,方宇准备好的话一句也说不出来,因为女孩性格非常

的内向,方宇问一句,对方答一句。这样说了几句话之后,两人便没有了话题。场面多少有些尴尬。妈妈发现气氛不对后,借上厕所的机会将方宇叫了出来。

当方宇再次回到女孩身边的时候,满脸堆笑。他开始滔滔不绝地说。讲自己的生活,自己的工作,讲到高兴之处,笑得不亦乐乎。也许是方宇的放松感染了女孩,渐渐的对方宇表示出兴趣,时而询问两句。

方宇平日里不善言谈,可是此时说到光头上就刹不住了。他聊到了自己的童年往事,聊到了上学时候的一些趣事。后来女方忍无可忍,愤然离去的时候,方宇才意识到了自己的失态。

事实上,当天方宇给女孩留下的印象不错。方宇要是在说话的时候不做"话唠",这桩亲事是十拿九稳的。可是就是因为方宇没完没了的絮叨一些无聊的琐事,让对方觉得他的脑子有毛病,故而放弃了。

得知这个消息后,方宇越发的迷惑了。自己不说话被别人瞧不上,说的话多了也被别人看不起。那么,他究竟该如何是好呢?问题就出在,他把健谈和话唠混在了一起,要说,但是不要胡吹乱侃,把话说的精巧一些,才能赢得女孩子的芳心。

故事中的方宇为了让别人觉得自己很健谈,所以一个劲的胡侃乱吹,结果把自己苦心营造的良好形象给毁了。由此可见,要想让自己健谈一些,不妨多增加自己的知识,丰富自己的阅历,把话说得精致一些,才能赢得别人的欢心,给别人留下好印象。那么,如何才能健谈而不做话唠,把话说得精致一些呢?

1. 语言要简明扼要

在应酬场合说话,语言要做到简明扼要。因为彼此并没有那么多的时间去闲聊,你的时间很重要,对方的时间也很重要。把话说的简洁一些,有重点一些,让对方能在最短的时间内明白你的意思,从而对你加深印象。如果你将一件很简单的事情,说个没完没了,对于别人来说是相当痛苦的事情。

2. 逻辑要清晰明了

在应酬场合说话的时候,话语之间的逻辑关系一定要明了。让别人知道你在说什么,想要表达一个什么意思。如果你驴唇不对马嘴,说了半天,别人一头雾水,自然也就失去了和你交流的兴趣。这样一来,你的应酬显然很失败。相反,如果你的思路清晰,对方很快就能理解你的意思,也会对你留下好印象。

3. 把话说到心坎上

在应酬的时候,由于双方都不熟,所以交谈起来要多注意观察和聆听。知道别人想要表达什么意思,只有明白了别人内心中的意愿,才能做出相应的迎合,把话说到对方的心坎上,让对方内心愉悦。如果对方说的是东,而你却回答的西。试想,别人还有兴趣和你交谈下去吗?

4. 要尽量少说套话

尤其在应酬的时候,很多人都习惯了说一些套话,如果不说,就会显得不懂礼数。事实上,适当的几句客套话能增加彼此的情谊,但是如果满嘴的客套话,则会让别人觉得你没有诚意,是在敷衍对方。因为别人感受不到你的热情、感受不到你发自内心的真诚,感受不到你自身的东西。

5. 废话大话全杜绝

如果觉得没话可说,那么就要适当的引导对方,让对方多表达。很多人为了显示自己的热情,总是絮絮叨叨的说一些不着调的事情。要明白你是在应酬,对方不是没事了和你来唠家长里短。没完没了的叨唠会让对方觉得你在下逐客令。除了拂袖而去外,别人还能怎样面对你呢?所以,应酬的时候,一定要杜绝废话大话。

❧ 让对方多说你多听,巧妙套到有利信息

很多富有心计的人,在与陌生人初次见面的时候,话非常的少,总是引导别人在那里滔滔不绝的说,而他却在认真仔细的听,从而在对方的言谈中尽可能多的获取对自己有利的信息。你掌握对方的信息越多,对方却对你

一无所知，那么这时候，在人与人之间的博弈当中，你就占据了绝对的优势。

咏梅是个非常有心计的女孩子。平日里她总是表现得非常矜持，话很少，但是她并不笨，她心里琢磨的事情可多着呢。

最近，别人给她介绍了一个对象。她没有像别的女孩子一样，问对方的收入，问对方的家境等。她心里明白，要是这么问了，即使两个人再合适，也是没有结果的。她明白与物质有关就与感情无关的道理。

所以，在他们初次见面的时候，她总是保持沉默。男方为了讨她欢心，一直在主动找话题和她聊。说是聊，咏梅也只是笑一笑，点点头。她的心思更多的在男生的说话上。

男生聊了他的生活，聊了他的工作以及家庭、朋友关系等。在男生说得不亦乐乎的时候，咏梅对男生有了一个大概的了解。他家中有几口人，对方是否善于社交，是否能处理好人际关系以及对方的收入、家境，而男生对她却是一无所知。

由于她得知了男生家境不错，收入也很不错。所以在接下来的接触中，在谈恋爱的时候，提高了消费的档次，男生能接受得起，两人相处得非常愉快。由于她从来没有问过男生的各种条件，这让男孩觉得，她并不是一个物质的人，跟他在一起，更看重的是感情。而实际上，咏梅却是一个非常物质的人，只是她富有心计，把自己隐藏得很好，伪装得很好而已。

一段时间之后，两人牵手走上了红地毯。当她掌握了家里的财政大权之后，她给自己购置了大量的高档化妆品和金银首饰，给自己买了一辆豪华的家用小轿车，用去了家里的大量存款。

直到这时候，男生才明白，他看到的咏梅并不是更看重感情，而是更看重他的存款，他的收入。但是这时候他已经无可奈何，只好拼死拼活地养着这个富贵的老婆了。

故事中的咏梅在和丈夫第一次见面的时候，表现得比较沉默，比较矜持，这样，在对方百般语言讨好她的时候，她的心思全在对方说的每一句话上。她套到了她想到知道的信息。由此可见，在应酬交际的时候，把说话权让给对方，让对方多说话，从对方的话中套到尽可能多的有用信息，这样，你才能在和对方的进一步接触和交往当中占尽优势。那么,如何才能,从对方的说话中套取有利信息呢?

1. 适当地保持沉默

在人与人的交谈中,如果你适当的保持沉默,对方为了和你交流,就会想方设法的和你交谈。事实上你这时候已经占据了气场的绝对优势,这时候你的主要任务就是用心,认真的去倾听,因为对方是真心想和你交流,对你的防备也比较小,对方的话语中流露出来的信息也会比较多。

2. 及时地引导对方

如果对方觉得你心思重,不愿意多说话,那么就要及时的引导他。比如说问一些对方的事情,因为你发问表明你有兴趣,这样对方也会及时的得到鼓励,尽情的表达下去。如果你不询问,对方觉得自己所说的,对你来说没有任何的吸引力,就会打消继续说下去的念头。

3. 仔细捕捉信息

在别人表达的时候,要用心捕捉对你有用的信息。比如从对方的故事中,了解别人的为人处事,了解对方的脾气个性等等。对这些信息的掌握,有利于日后在和对方的交往中为你所用。别人暴露的信息越多,你越能占据绝对的优势。因此,在倾听的时候多用点心,对你想要了解的信息要有敏感度。

4. 把心用在言语"后"

和别人的交谈中,说每一句话都要有用意。但是如果说得太直白,则会让对方对你有了警惕心。因此,把你的心用在言语的"背后"。比如说你可以问对方的工作累不累,别人在谈工作的时候,有意无意中就会暴露自己的收入。说对方一定很爱家人,探知对方是否孝敬父母等。这样,你得到的信息也是真实的。

5. 不要暴露自己的心

你心里想什么,要隐藏得严严实实的,不要被对方看穿。如果别人知道了你缜密的心思,自然也会对你进行严密的防备。这样对你来说并不是什么好事。因此,说话的时候表情和神色都要从容大方,言行举止也要自然。这样,别人没有办法探知你的内心,对你来说便是最大的益处。

❦ 逢人减岁遇物加价的说话之道

事实上，人都有虚荣心，都好面子，都喜欢在别人面前显摆自己。喜欢让别人觉得自己越活越年轻，希望让别人认为自己生活过得还不错，买得起高价钱的物品。尽管岁数已经不小了，尽管买的东西也廉价。但是人的这种虚荣心却无时无刻的希望得到满足。

这也就使我们不得不佩服生活中有些人特别会说话。他们总能逢人减岁，遇物加价，把话说到别人的心坎上，满足别人的虚荣心，从而让人心情愉悦，心花怒放，因而大家伙都乐意与这样的人相处。

这天傍晚吃完饭后，张玉便带着孩子到楼底下遛弯。由于天气晴好，空气清新，所以楼底下的邻居特别的多。张玉和邻居王大姐拉起了家常。

不一会儿，楼上刚结婚的小媳妇邓梅也下来遛弯。由于邓梅老公家境不怎么好，所以结婚的时候也没怎么讲究。邓梅穿的衣服也很普通，不像一些有钱人家的小媳妇，全是大价钱的。

王大姐看到邓梅后，说道："哎呦，新娘子，你可真是花枝招展啊。这衣服真漂亮，多少钱买的啊？"

王大姐怎么能看不出来邓梅穿的衣服并不是高档服装，她这么说多多少少有些歧视邓梅。

听王大姐这么说，邓梅非常尴尬，说的价钱低了吧，肯定会被王大姐当场嘲笑，旁边那么多的邻居，她的脸面肯定下不去；说的高了吧，也担心会被别人揭穿，让自己很没面子。脸上红一阵，白一阵不知如何是好。

这时候，站在一旁的张玉笑着说："一看这衣服就是高档货，我前天在商场里看到了这个款式，觉得非常漂亮，本来打算买的，后来一看价钱，2000多呢！就打消了这个念头。没想到小邓也喜欢上这件衣服了。"邓梅感激的望着张玉，眼泪都快掉出来了。

王大姐这时候说道："还是年轻人好啊,穿啥都觉得物超所值,你瞧咱们这一大把岁数了,就算是买了再好看、再高档的衣服,也不好看啦。"

张玉说："谁说我们王大姐老了?你看这皮肤保养的跟18岁的小姑娘似的。要是不知道的人啦,还以为你还是没出嫁的姑娘呢。"

王大姐喜上眉梢,咧着嘴笑着说："这媳妇就会说话,把人说的心里甜蜜蜜的。走呗,到我们家吃饺子去。"

故事中的张玉巧用遇物加价的方式解了邓梅的尴尬,又用逢人减岁的方式博得了王大姐的喜爱,从而赢得了良好的人际关系。由此可见,在说话的时候,要理解别人的虚荣之心,及时的满足对方,把话说到对方的心坎上,让别人开心,从而营建良好的人际关系。那么,究竟如何才能做到逢人减岁、遇物加价呢?

1. 站在别人的角度理解他人

每个人都有自己的出发点和不同的情感。站的角度不同,人的感受也不同。比如故事中的邓梅由于老公的家境不好,所以买的衣服都很普通。王大姐的一句话无疑刺伤了她。张玉站在她的角度及时的帮她解了围。如果张玉没有站在她的角度来想的话,很可能会说出实情,让她下不了台。因此,要想把话说到别人的心坎上,不妨多站在他人的角度上去想问题。

2. 察言观色,揣摩对方的心思

一个人心里的所思所想,完全可以从对方的言谈举止中流露出来。一个眼神,一个表情都能将他的心出卖。因此,要想把话说的中听一些,不妨多注意观察对方,从一个个不经意的小动作中觉察出对方的心思。对方担忧什么、希望什么、喜欢什么、厌恶什么,当你明白了这些之后,再加以迎合,那么你说出来的话就能取悦人心。

3. 不要触到他人的忌讳和雷区

俗话说"矮子面前别说短话",对于有缺陷的人来说,是最忌讳别人说到的。同样对于一些人的忌讳和雷区也要多加留意。说者无心,听者有意。或许你并没有嘲笑和讽刺别人的意思。但是因为是对方的忌讳和雷区,所以比较敏感,不要因为你的一句不经意的话而让别人对你产生憎恨。

4. 心存善良，少说刻薄人的话

平日里说话的时候，嘴上积点德，说话和蔼一些，少说刻薄人的话。这样无形之中给别人留下好印象，一样能赢得好人缘。生活中的一些人，尤其是一些工于心计的女人，总喜欢在言语上挤兑别人，看着别人倒霉，她开心，看着别人开心，她心里不舒服。像这样蛇蝎心肠的人怎么能懂得体会别人呢。

5. 照顾他人的面子满足虚荣心

人都有虚荣心，都希望能表现得比别人优秀一些，都希望得到别人的夸奖，这样显得自己很有面子。事实上，这是人性，无可厚非。因此，在平时说话的时候，多说别人的好话，多赞美和认可别人，多照顾别人的虚荣心理，给他人留足面子。这样，别人会心存感激，拿同样的好来对待你。

你不可不会说的助兴祝酒词

在生活中，朋友聚餐，同事聚会，往往都会喝酒助兴。在酒桌上不会说助兴酒词会被大伙儿笑话。有时候还可能成为酒桌上的冤大头，被人灌了酒却哑巴吃黄连——有苦没处说去。因此，学会一些基本的助兴酒词，不但能在关键时候帮助你表情达意，拉近彼此之间的情感。还可以在朋友同事之间进行劝酒和互动，让酒宴的气氛更为热烈和融洽。

由于工作上的出色表现，小王最近刚刚被提拔为公司的副总经理，为此在同事们的一直要求下，小王在酒店里订了几桌酒席，来表达对领导的感谢以及祝贺自己高升。

办酒席的那天，公司全体员工全部参加了。每个人的脸上都洋溢着喜庆。在酒席开始之前，小王作了一个简单的讲话，讲话中感谢了领导的栽培和提拔，以及同事和下属的支持和帮助。随后在他的提议之下，大家举杯庆贺。

随后，小王来到领导们坐的那一桌，按着领导职位的大小，挨个给他们敬了酒。看着小王红光满面,经理提议说:"今天是小王的喜庆日子,我们大伙也来沾沾小王的喜气啊。"说着满上了一杯酒。随后,从经理开始,各个领导开始回敬。

大家一口一个王总,上司敬酒又不能不喝。小王只好来者不拒,不一会儿的功夫已经喝下去了十几杯。大家见小王满脸红光,怕喝醉了丢丑,也再没劝他喝酒。

高兴了领导,不能冷落了同事。于是小王又到各个餐桌前敬酒助兴。由于小王高升了,以后便是领导了,再加上是他作东,所以还没等小王说话呢,同事们就你一杯,我一杯的敬起酒来。

小王一看,心里一阵紧张,本来已经喝了不少了,再喝可就要出问题了。主要是几十人一人一杯,够他受的。于是赶紧举杯说道:"谢谢大家的厚爱,我敬大家,浓浓的敬意全在这杯酒里面。以后还要多多依仗各位的帮助和支持呢。"

于是没等同事们和下属们说话,小王已经举杯喝完了。随后他说:"大家吃好,喝好,玩好。我不胜酒力,就先不陪大伙了。谢谢大家了。"说完鞠了一躬,向下摆了摆手,示意大家入座继续。

故事中的小王及时的说出了助兴祝酒词,不但恭维了下属,而且把下属的敬酒挡了回去。可以说是起到了一箭双雕的作用。由此可见,会说一些祝酒词不但让你在酒桌上进退自如,还能让你在人群中获得尊敬。那么,我们需要掌握的助兴祝酒词究竟有哪些呢?

1. 划拳游戏来助兴

很多人在喝酒的时候,都喜欢通过划猜拳来助兴。通过划拳,达到交流感情,互动游戏的目的。北方一般玩的是传统的猜拳。在出拳的时候往往会带着对对方的祝福,对美好生活的祝愿,以及表达增加两人情感的意思。比如,六六高升、四季发财、以及哥俩好等等。还有的地方玩猜数字的拳,比如,十五、二十等,但是只是简单的游戏,没有任何的祝愿。

2. 代表恭维的敬酒

很多时候,在酒桌上,遇到年长者,或者是身份地位高者,或者是关系特殊的人,主人都会尽地主之谊,给对方敬酒。一般情况下,进酒是必须要喝的,不喝就意味着对主人大不敬。但是主人敬酒的时候也要说一些恭维和赞扬的话,以拉近彼此之间的感情。这样对方才会心甘情愿的喝你的敬酒。如果你什么也不说,会让别人觉得没意思。

3. 代表祝愿的碰杯

一般情况下,表达祝愿的时候都会碰杯。两个人拿着杯子相撞代表着互相帮助和朋友的意思。有的人为了表达感情深,碰杯的时候要出点声音。在碰杯的时候,提出者要说个碰杯的理由,比如说两个人感情好,或者是祝愿对方,感谢对方等等的话。提出者的杯口要低于接受者的杯口,代表着对对方的尊重。

4. 代表热情的劝酒

在酒桌上,一般没有理由,人是不会自己喝酒的。所以,为了让别人喝高兴,就要进行劝酒。劝酒表达着你对对方的热情。但是劝酒的时候也要说服对方,如果不能说服,对方一般是不会喝的。当然这就考验劝酒的人的嘴上功夫了。劝酒的时候也可以敬酒,可以划拳,目的是为了让对方喝高兴。

5. 拒酒需要有理由

面对主人或者是别人的热情劝酒,一些酒力不胜的人往往会找个理由来拒绝,让自己少喝酒。当然,反驳也要找到合适的理由,才能让对方放弃。一般情况下,身体有病喝不了酒,或者是开车等等原因,都能得到别人的谅解。否则别人会觉得你在假装,要是不热情招呼你喝酒,恐怕要被你说招待不周到了。

❧ 用机智的幽默巧妙解除应酬中的尴尬事儿

在交际的时候,往往会遇到说话不注意:触犯对方的雷区,造成尴尬的局面。这时候如果不及时的处理,势必会造成双方的误解,给继续交往制造障碍。这时候,最聪明的做法就是把场面幽默化,给双方都找个台阶下。尽管这时候,对方知道你并不是真幽默,但是也会将之当成玩笑,一笑了之。

一天,黄花带着女儿敏敏到邻居家做客,邻居王大姐非常热情,拿出很多美味的食物来招待她们。敏敏从小没有见过钢琴,所以到王大姐家之后被钢琴给迷住了。因此,一手拿着一瓶酸奶,一手在钢琴上摸着。后来,敏敏将酸奶放在了钢琴上,两只小手在钢琴上乱按着。

黄花听到后,喊道:"敏敏,你在干什么呢?"孩子一听,赶紧逃离,可是一不小心,将酸奶一下子撞到了,酸奶淌满了琴键。黄花看到后很生气抬手照着敏敏的脑袋就是一巴掌,声音非常的响。敏敏被吓坏了,"哇"的一声嚎啕大哭起来。

王大姐听到声音赶过来,愤怒的指着黄花的鼻子吼道:"你干嘛打孩子啊?你的手怎么这么欠?!"

这一嗓子吼出来,顿时空气像凝固了一样。黄花狠狠地瞪着王大姐。王大姐知道自己的反应太过激烈了,随后赶紧说:"你知道你这一巴掌是什么后果吗?这孩子原本可以当钢琴家的,就这一巴掌,把个好端端的大学教授给打没了。"

黄花也轻松的笑着说:"大学教授,她有那个脑袋,太阳就得打西边出来了!"

王大姐也笑呵呵的说:"谁说不是呢,你看看她天庭饱满,让人一看就能感受到里面的伟大智慧和聪明。"

黄花转身对敏敏说:"还不快谢谢王阿姨,你听听王阿姨怎么夸你呢。"

看着泼满了酸奶的琴键,王大姐内心很不高兴但是她并没有表现出来。相反她发现了敏敏音乐的天赋。于是对黄花说:"这孩子看起来很喜欢音乐,跟音乐有缘。要不让我教她钢琴吧。"

……

故事中的王大姐在黄花教训了孩子之后,冲她大吼了一声,这一声让双方陷入了尴尬。幸亏她及时的用幽默化解了这份尴尬,并且将对方从造成的失误中另辟蹊径地解救了出来。由此可见,在应酬的时候,出现尴尬的事情之后,要机智的用幽默来化解,从而解除尴尬。那么,究竟该如何用幽默来解除应酬中的尴尬呢?

1. 将不小心的批评转成恭维

很多时候,对方在说话的时候不小心说出了对你的不满,或者是刚好向别人抱怨完你,结果你出现在了他的身边。这种尴尬的场景生活中经常的出现。比如你在抱怨张三:"张三真不是人。"结果张三刚好出现听到了。这时候你不妨说:"竟然能在这么短的时间内办成这事,神仙也办不到啊。"这样,你的咒骂就有了恭维的意思。

2. 为无意中的对抗找个理由

生活中,别人说了什么话,或者做了什么事情。你在不假思索的情况下表达了你的愤怒,结果对方听到了,无疑和对方处在了对立面,当然这不是你想看到的。这时候,要及时的给你的表现找个合适的理由。比如故事中的王大姐,无意中指责黄花打孩子,结果话说出了口又觉得不合适,随后找到了把孩子音乐家的脑袋打没了的理由,两人的对抗情绪随之解除。

3. 用自嘲来解你自己的失误

有时候,我们因为自己的小失误,却导致了尴尬的出现。如果这时候不及时的处理,便会成为别人茶余饭后的谈资。比如说冬天走路的时候不小心摔了一跤,周围的人在驻足观看。这时候不妨说:"幸亏我弹性好,要不然地球上就要多一个黑洞了。"别人听了哈哈大笑,自然不会再留意你的尴尬。

4. 巧妙将别人口误变成调侃

我们和别人交往的时候,别人看到了你的缺点,但是碍于面子不好意思说、可是又在不经意间说了出来,两人陷入了尴尬。比如说你很胖,对方很小心的不表达胖,可是无意中还是说了你很胖的意思。这时候,你不妨自嘲一番,"胖子坐公交车可以买一张票,坐两个座位,实惠。"这样对方也会心领神会,不再有自责。

突发情况来临，需要处变不惊的沟通术

生活中，有太多的意外随时都有发生的可能。由于意外的不可预见性，往往在发生意外的时候，双方都处于惊慌失措的状态下。很多人因为激动和害怕，结果在抱怨和指责对方的时候，也伤害了对方，给双方的关系蒙上阴影。如果这时候能保持一份冷静，少一份抱怨和指责，那么对方不会是你的敌人，而是你的朋友。

张舒和刘军是非常要好的朋友，他们俩从小就认识，一起上的学，就连大学毕业后，也在一个公司上班，可以说是非常的熟悉。可是最近两人却有了很深的矛盾，结果导致水火不容。

原来前不久，两人辞职后一起创业，每人投入八万块钱开了一个火锅城。起初几个月运营得非常好，两人多多少少也赚了一些钱。可是后来，由于餐饮业越来越不景气，火锅城惨淡经营，入不敷出。最终面临着倒闭的危险。这时候他们不但把之前赚的那部分赔了进去，还搭了不少老底呢。

这时候，他们俩再也不是兄弟感情了，而是在不断地抱怨对方不认真，指责对方瞎指挥。最终为了变卖火锅店，还动了粗。他们都发誓老死不相往来。

一晃过去了半年，有一次，他们的共同好朋友邓娟从外地回来了。当她得知之后，在双方不知情的情况下将二位约到了一起。最终，在邓娟的调解下两人和好如初。

事后，张舒感慨地说："想想也可笑，我们几十年的感情，最后竟然为了钱而闹翻了，真是太不应该了。"

刘军也不好意思地说："是啊，本来做生意就有很大的风险，挣了钱我们就是兄弟，赔了钱就是仇人了。那咱们俩的感情也太经不住考验了。"

张舒说道："也怪咱们当时太不冷静了，一冲动做出了差一点让我们遗

憾终身的事情。幸亏邓娟这次来了,让我们哥俩解开了心中的疙瘩。"

刘军道:"我也真是的,出了问题不解决,却在一边推卸责任,想想实在也太不应该了。"

两人你看看我,我看看你,会心的笑了起来。随后他们一起去喝酒,回忆当年的那份真情去了。

故事中的刘军和张舒,在遇到突发情况的时候,没有及时的沟通,结果给双方的情感造成了很深的裂痕。由此可见,在与人相处的时候,面对突发的情况,要冷静的思考解决的方法,而不是抱怨,不是指责。只要沟通到位,双方会一起抵抗意外,但是如果沟通不到位,朋友就会变成仇敌。那么,在突发情况来临的时候,如何沟通才能处乱不惊呢?

1. 从容镇定,不要慌乱

在应酬交际的时候,谁也不会料到会发生突发情况,因此谁的心里都没有准备。这时候,双方的势必会很恐慌。人在这种状态下说话和做事是不理性的,也不成熟。一句话得说不合适就会给对方造成伤害,给双方的关系蒙上阴影。因此,发生突发事件之后,要从容镇定一些,不要慌乱。只有内心稳定,才会理性思考,才会知道该怎么办。

2. 迅速寻找方法解决

出现突发情况之后,除了保持冷静之外,还要尽快地想办法去解决突发情况带来的伤害。在这种情况下,知道了怎么办内心的恐慌便会减少很多。同时,你能迅速地找到解决的方法也能让对方感觉到一份安定。所以,不要慌乱,更不要脑子里一片空白。要迅速地冷静下来,解决问题才是关键。

3. 不要抱怨和指责

一般情况下,在出现意想不到的突发事件之后,人的反应往往是追究责任,在责任不明确的情况下,往往会互相指责,互相抱怨。这种指责和抱怨,往往比突发情况带来的伤害更严重伤害到彼此之间的感情、给两人的接触和交往蒙上了阴影。因此,不论发生什么事情,永远不要抱怨别人。

4. 无论如何要彼此信任

两个人之间最忌讳互相猜疑,尤其是遭遇突如其来的变故的时候、互相的猜疑将会使得自己对对方失去信任。没有了信任,双方的关系也就到了最危险的时候,没有人喜欢和一个连自己都不信任的人交往。因此,当突发情况来临的时候,不管造成的伤害多么的大,只要彼此信任,就能解决问题。

5.有问题不妨一起商量

很多人在出现了问题的时候,往往习惯自己来解决。事实上,这时候你不和对方商量对策,无疑让别人觉得你并不信任他。既然双方在交往,在接触,那么说明是拴在一根绳子上的蚂蚱,互相是有关系的。既然如此,出现了问题之后,不妨一起商量对策,说不定别人的主意能更好的解决问题呢。

第18章 顺心工作，沟通有心机职场才有人气

对于职场中的人来说，与同事相处是一门学问。既要和他们做朋友，又要时时提防着他们。如果他们不接纳你，时时处处地挤兑你，就算你再有能力也呆不下去，但是如果你真的把他们当作朋友了，那么在关键时刻拉你下马的或许也是他们。这就让很多职场人士感到迷茫和不知所措。究竟该怎样和同事相处，该怎样和他们沟通和交流呢？这是需要一定的技巧和策略的。这也是我们在这一章为你解决的主要问题。

❦ 沟通时不卑不亢，同事喜欢谦逊的人

身在职场，跟同事沟通和相处是避免不了的。有的人走到哪里都受人欢迎，而有的人则处处遭挤兑。究其原因，是因为他们不懂得和同事之间的相处之道。和同事相处，要学会不卑不亢。不要因为你是新人，就感到自卑，你的过分自卑会让别人小瞧你，觉得你没能力；当然也不要因为你能力高而骄傲自负，为他们所不容，你一样得卷铺盖走人。

大学毕业之后，黄林在一家 IT 企业找到了一份做行政的工作。在报到的第一天，她就接到了同事的一个下马威。

这天，领导让她负责统计这个月的考勤。在统计的过程中，她发现有一个叫作蔡玉的人上班经常迟到几分钟，按照公司的规定，迟到三次算一次旷工，旷三次工要被开除出公司的。可是蔡玉算起来，这个月足足迟到了半个月。按照公司的规定，黄林对蔡玉做出了处理意见，并上报了领导。

当天下午，领导将蔡玉叫进了办公室。可是领导并没有采取黄林的建议将蔡玉开除，而是批评了几句就算完事了。这下，黄林可就倒霉了。

原来，这个蔡玉不但是公司的业务骨干，更主要的是她还是公司老总的亲戚。同事们对她都非常的尊敬，就连老板也对她礼让三分。谁知，刚来的黄林却将她得罪了。她不给黄林小鞋穿才怪呢。

这天，黄林被安排值日。而公司的卫生这一块由蔡玉在监管。尽管黄林做卫生做得很认真，但是还是被蔡玉鸡蛋里挑骨头的当众羞辱了一番。黄林知道对方在打击报复，但是一时之间也没有想到别的办法来应对，只好忍气吞声。

仔细思索之后，她决定和蔡玉进行一次沟通。于是这天下班后，她在公司门口等着蔡玉。蔡玉出来的时候，她微笑着迎了上去，说："蔡姐，我想请你吃个饭，你看时间方便吗？"

蔡玉瞪了一眼,说:"别叫姐,我可担当不起。有话快说,有屁快放,我没工夫跟你瞎扯蛋。"

黄林非常尴尬,笑着说:"蔡姐,我刚来公司,很多事情都不懂,有冒犯你的地方,希望你多多包涵。"

蔡玉说:"你有啥不懂的,你不是做得很好吗?需要我担当什么啊?"

黄林说道:"不过,蔡姐,说实话,我今天找你,不是觉得我错了,希望你能原谅我。我觉得我没有错,作为公司的行政人员,这是我的职责所在。规章制度既然制订了,那么就要每个人都遵守,如果有人特殊了,那么规章制度还是制度吗?你说呢,蔡姐?"

蔡玉抬起头望了一眼黄林,没有说话。

……

几秒钟之后,蔡玉说:"走吧,我请你吃饭。"

从那之后,蔡玉再也没有迟到过,而且和黄林成了非常要好的朋友。

故事中的黄林并没有因为蔡玉是公司的骨干而对她卑躬屈膝,而是在谦逊的态度之下,不卑不亢地坚持了自己的原则,让蔡玉认识到了自己的错误。由此可见,与同事相处的时候,谦逊的态度是必不可少的,当然,沟通的时候一定要不卑不亢,让别人在你的谦逊之下,接受你,尊敬你。那么,和同事沟通时如何才能做到不卑不亢呢?

1. 要坚持自己的原则

在和同事相处的时候,一定要坚持自己的原则。对于一些不违背原则的事情,完全可以主动热情的去帮助同事,但是对于一些有悖原则的事情,不但坚决不做,还要积极阻止别人去做。这样一来,同事们会因为你做人有原则而欣赏你。同时,你为人处事的原则本身就是对不卑不亢的最好诠释。

2. 态度不妨诚恳一些

和同事相处,谦逊的态度非常的重要。因为你的谦逊恰恰从侧面尊重了你的同事。如果你的能力不如别人,那么你的谦虚无疑是向同事学习的表示,是对对方的尊重。如果你的能力比别人高,比别人强,那么你的谦逊无疑是低调处世,也是对别人的尊重。所以,在不卑不亢的和同事相处的同时,一定要注意在态度上要保持足够的谦逊,让被人受到尊重。

3. 不要低声下气讨好

很多同事在公司地位比别人特殊,因而就有一些人微言轻的人主动去讨好他们,以换取在某些方面的帮助或者利益。实际上,只要你勤恳的工作,遵守公司的规章制度,完全没有必要去阿谀奉承。一个具有高贵人格的人处处受人尊敬,而实际上这远比讨好别人获得的好处要多得多。

4. 不可目中无人

即使你能力超群,也不要目中无人。如果你身边的同事容纳不了你,处处挤兑你,那么你无疑就失去了生存的土壤。试想,你连生存都生存不下去了,你的能力还能展现出来吗?还有用吗?所以,不管怎样,都要谦逊一些,要尊重你的同事,即使他是个再没有本事的人,也要试着去尊重他。

5. 懂得方圆做人之道

为人处事,要懂得方圆做人之道。所谓"方",也就是做人要正直,所谓"圆"无疑是说要懂得圆滑处世。和同事相处,也是这个道理,为人上面要正直善良,处世方面要懂得变通,要圆滑一些。这样,同事们会因为你人格的"方"而尊敬你,会因为你处世的"圆"而喜欢你。实际上,这也是对不卑不亢的另外一种诠释。

⚜ 彼此出现异议,不予纷争而冷静探讨

同事之间,很多时候需要一起合作来完成工作。既然需要合作,那么彼此之间意见和想法不相同也是在所难免的事。这时候,如果一意孤行,不考虑别人的意见和建议,势必会造成与同事之间的矛盾。当出现异议的时候,千万不要争辩,而是冷静的和同事商量和讨论,拿出最合适解决问题的方法和策略。同时,多一个建议,就多一份把事情做好的可能。

张宇和李艳都是财政局的职员,而且他们还是单位的宣传干事。单位的文艺活动一直都是李艳负责组织,张宇负责实施,所以每次李艳都会把自己的想法拿来和张宇商量,最后才会定下来具体的实施方案。

最近市里面组织了各单位都参加的元旦晚会,要求各单位多准备几个节目进行筛选,最后评选出前三名参加元旦晚会。

李艳心里很清楚,这次的文艺节目一定要做得有特色一些,这样才有竞争力。为了准备节目,李艳花了很多心思,最后她决定准备一个藏族舞蹈节目。

像往常一样,李艳把这个想法拿去和张宇商量,同时她还邀请张宇参加自己的舞蹈。听完李艳的想法后,张宇觉得有些不合适,但他也很清楚李艳为这个节目所花的心思,所以也就不好意思直接拒绝。

想了半天,他对李艳说:"李艳,你真的太有想法了,能够想出这么好的点子,运用男女二重唱,并伴有舞蹈的节目,也许全单位就你一个吧。不过,你觉不觉得这样做会很不好管理,而且也不好协调,如果把男女二重唱换成女声独唱,把藏族舞蹈,换成现代舞,效果会不会更好呢?"

听完张宇的话,李艳若有所思,没有说话。几秒钟之后,她说:"换倒是可以换,只是事业单位,思想上相对来说比较传统和保守,而现代舞却青春活力,比较有节奏。你觉得合适吗?"

张宇想了想说:"你说的也有一定的道理。可是传统的藏族舞蹈太大众化了,根本展现不了特色啊。每个节目都千篇一律,容易让人乏味。"

李艳:"观看的领导都是四五十岁的人,在我们这类性质的单位里,你又不是不知道,领导要是不高兴、不喜欢,那不也是白搭吗?"

……

后来两人经过多次讨论,再加上领导的指示,最终他们选择了一段轻松愉悦、动力十足的现代舞,不过在舞蹈中加了很多民族风的东西。

故事中的张宇和李艳在出现了意见不一样的情况下,冷静的进行了磋商和讨论,避免了争吵,最终做出了一个令人满意的选择。由此可见,在同事合作的过程中,冷静的处理不同的意见和建议,积极的商量和探讨是解决问题的关键。那么,如何才能避免争吵,冷静的商量和探讨呢?

1. 要尊重别人的想法,不要直接否定

每个人都有自己的想法和看法,而且毫不犹豫的坚持自己是正确的。在这种情况下,直接否定别人,势必会给对方的心理上带来伤害。你否定了他的想法就等于否定了他,因而不管你的想法和建议是否其有可行性,对方也会毫不犹豫的否定你。所以,就算别人的主意再不好,也不要直接的给予否定,你的适度认可是对他人的尊重。

2. 说话的语气要缓和,不要太过强硬

当两个人的意见出现不一样的时候,谁都想尽可能的说服对方。在这个过程中,一定要注意说话的语气,听上去要缓和一些,让别人觉得你是在和他商量和讨论。如果你说话的语气太过强硬,那么别人会觉得你是在命令他,强迫他接受你,对方自然不肯乖乖听你的,争吵就在所难免。所以,一定要注意说话的语气。

3. 要懂得适当的妥协和退让以换取认可

我们知道,如果双方谁也不肯做出让步,那么最终的合作势必会破裂。同样,在合作的两个人之间出现意见相左的时候,要懂得用适当的妥协和认可来换取对方的妥协和认可。这样,拿出一个双方都能接受的策略,以保证相互之间合作的顺利进行。否则,两人发生争吵,内力相互消耗,最终的合力势必会减弱。

4. 如果一时达不成一致,可改日再谈

有时候,两个人谁也不肯妥协时,再谈下去也就没有了意义。这时候,不妨改日再谈。或许再谈的时候,双方的心情会好,有人做出让步的可能性也有。同时,也可以将因为达不成协议而导致的不满情绪排除掉。让双方都冷静一下,这样双方都有后退的余地,避免争吵的发生。

❧ 抓住上司心理，恭维要得体

是人都爱听奉承话，老板也不例外。但是，同样是，有的人得到了老板的赏识和重用，而有些人不但没有被老板认可，反而遭到了批评和斥责。同样是恭维，为什么两者之间会有这么大的差异呢？究其原因，是因为前者抓住了老板的心思，而后者却是胡拍乱拍。

大学毕业之后，邓超在一家媒体找到了一份实习编辑的工作。尽管工资不高，但是却很欣慰。工作不到一个月，他就感觉到严重的不适应，同事们心思都很重，与初入社会的他格格不入。再加上他不会说话，好几次惹得老板很不高兴。这让他忧心忡忡。

为了在老板的眼里重新塑造良好的印象，在朋友的建议下，邓超决定抓住机会恭维老板，和他套近乎。这天早晨，邓超看到老板穿着一套崭新的西服来上班，于是满脸堆着笑赢了上去，说道："X总，你穿这套衣服真是帅呆了。"

老板眉头一皱，莫名其妙的望了一眼邓超，什么话也没说，走进了办公室。邓超堆起来的笑凝固在脸上。面对同事们不怀好意的目光，他尴尬的笑了笑，回到了自己的位置上。邓超百思不得其解，为什么自己夸奖老板，老板反而皱起了眉头呢？

这天下班后，邓超没有急着回家。他看到公司的赵大姐在默默无闻的打扫卫生。于是走过去帮忙。赵大姐说："你啊，怎么能在大庭广众之下拿老板开涮呢。"

邓超委屈的说："赵大姐，我之前由于不小心在言语上让老板不高兴过。我想找个机会给他留个好印象，可是……"

赵大姐笑着说："你怎么这么笨呢？你想啊，要是有人当着别人的面恭维你，你会不会高兴？"

邓超想了想说："赵大姐,我明白了。"

赵大姐："小伙子,你还要记住,要在老板高兴的时候说让他更地高兴的话,这才行。"

……

过了两天,老板买了新房,搬了新家,整天笑呵呵的。邓超得知这个情况之后,趁别人不注意的时候,悄悄的溜进了老总的办公室。

实习期结束之后,老板拍着邓超的肩膀说："小伙子,你就留下来给我当秘书吧。我身边就缺机灵的人。"

故事中的邓超由于不懂得察言观色,结果不适当的恭维,引起了老板的不悦,后来在赵大姐的提示下,邓超揣摩好了老板的心思,在合适的时候给予了恰当的恭维,最终赢得了老板的赏识。那么,如何抓住上司的心理,使恭维得体呢?

1. 平日里要多注意察言观色

每个人的所思所想,从神情动作中看得出来。平日里多注意观察老板的言行动作,拿捏老板的情绪,将老板的心思揣摩清楚。只要你多注意观察,一定能抓住对方的心思。否则,你所说的不是老板想听的,那么就失去了恭维的作用了。

2. 和老板身边的人搞好关系

很多时候,老板身边人对老板的事了解的比较多一些。那么平日里多和这些人搞好关系,从他们嘴里得和老板身边发生的事情。这样,就可以对症下药,将话说到老板的心坎上,从而得到老板的赏识。当然,和这些人套近乎的时候,不要表现得太直接,否则会引起他们的戒心。同样,你也得适当的付出,请他们吃饭或者喝酒等。

3. 恭维老板的话适度就好

恭维的话适当就可以,说得过了会让别人觉得浑身起鸡皮疙瘩,觉得太假了。尤其是恭维老板,说得太过了,会让老板反感,并从内心深处抵制你。再加上老板要是觉得你在恭维他,担心你另有所图,故而对你有了戒心。如果是这样,你的恭维不但没有起到取悦老板的效果,反而让结果更糟。

4. 恭维的话也要说得委婉些

恭维老板的时候,如果你把话说的太直白,则会让老板对你有了看法,觉得你整天不干正事,注意力在歪门邪道上,继而对你有了成见。如果你能把恭维的话说得委婉一些,既让老板高兴,又不会让他觉得你是在恭维他。这样才能达到真正取悦人心的目的。这样拍,才能把马屁拍到位。

5. 恭维一定要及时

恭维也要讲时效的。如果对方的高兴之时已经过去很久了,你再恭维,同样起不到效果。因为老板的兴奋情绪已经过去了。因而,恭维的时候要讲究时效,最好在对方情绪高涨的时候,如果不方便,可以当天或者第二天。除此之外,还要注意在二人独处的时候,千万不可在大庭广众之下。否则,即使老板高兴,也会装作很冷漠的。

⚜ 交谈沟通时切忌不要参与谈论他人的隐私

在职场上,同事们之间沟通交流可以加深彼此之间的了解,以便在工作中更好的协调和配合。但是在这个过程中,他人的隐私往往会被当成茶余饭后的话题,这也就为同事之间发生矛盾埋下了伏笔。只要你参与了讨论,那么迟早会传到对方的耳朵里,要是褒赞的话也变罢了,要是批评和嘲笑的话,对方势必要与你论个是非曲折了。

这天,到了吃午饭的时间。艾华便和几个公司的同事一起去吃饭,路上他们谈起了黄易。原来黄易是公司销售部的业务员、来公司不到半年,但是她却和公司主管销售的副总刘某打的一片火热。

按理说,男欢女爱这本无可厚非。可是刘总已经结婚了,而且孩子都两三岁了。黄易在明知道刘总有家庭的情况下,还整天和刘总嘻嘻哈哈,这里面的故事就有的说道了。是她想做第三者破坏刘总的家庭?还是她只是利用美色来取得工作上的便利呢？同事们对此颇有看法。

同事老刘说："这个女人真不要脸，在公司里当着我们的面和刘总拉拉扯扯的，也不知害臊的。"

小王接着说："人家凭着漂亮的脸蛋活着，活的有滋有味的，再看看我们，每天苦的灰头土脸的。看来啊，这老天真的是不公平的。"

听了小王的抱怨，赵姐接着说："咋地呢，小王，你也想学她啊？你长的也不赖啊。"

小王一听急了，说："算了吧，人家不知道害臊，我可知道要脸的。我啊，还是老老实实干我的工作，凭着我的双手活着吧，这样踏实。"

这时候一直没有说话的小陈说："其实啊，昨晚上下班之后，我走的晚，不经意间看到好像是黄易进了刘总的办公室，好长时间都没有出来。"

艾华惊讶的说："不是吧，我的天哪，她怎么这么肆无忌惮呢，要是让刘总的夫人知道了，那还了得。"

老刘叹了一口气说："哎，也不知道现在的小姑娘脑子怎么想的，真不明白。"

……

第二天下班后，黄易在公司门口等艾华，看到艾华出来了之后，黄易走上前去就是一巴掌，并且污言秽语的将艾华骂了个狗血喷头。

原来，艾华和同事们议论的话传到了黄易的耳朵里。别的几个同事个个都不是好惹的主，只有艾华文文静静，平日里也不怎么说话，结果成了黄易出气的对象。

艾华受了委屈，有苦说不出。只好自认倒霉，从那以后，她记住了再也不论人是非了。

故事中的艾华参与了讨论黄易隐私的事，后来被黄易得知，结果成为出气的对象。由此可见，在和同事们沟通和交流的时候，不要参与讨论他人的隐私。话只要从你的嘴里说出去，迟早会传到对方的耳朵里，为你埋下祸患的种子。那么，沟通交流的时候，如何避免参与讨论他人的隐私呢？

1. 不要随便发表意见

在与同事沟通和交流的时候,如果听到别人论人长短的时候,不要随便发表意见,不要以为谁都在说,你说一两句也无妨。保不准,别人说的话传不到当事人的耳朵里,而你说的话恰恰就传了过去。比如故事中的艾华,成为别人出气的对象。试想,如果当初她什么也不说,对方自然找不到她头上。所以,祸从口出是有一定的道理的。

2. 不要轻易表明态度

有些时候,尽管你不说话,你表明对他人的所作所为的态度也是祸患。尽管这时候你什么也没有说,但是你却对他人的行为做出了对和错的论断。这样,你的意见说不定也会迅速的传到对方的耳朵里。尤其是同事之间,即使一时半会别人不知道,但是却被关系不好的同事抓住了小辫子。有朝一日,发生利益冲突的时候,他人便说出来给你挑事。

3. 三缄其口少说话

平日里关系不错的同事之间难免会聊一些私人的话题。在这个过程中,难免会涉及到他人。你在不经意间或许已经卷入了论人是非的境地。为了不让自己陷入祸患,最好三缄其口少说话,即使是关系不错的同事,也不要随便的掏心窝子,更不要觉得说了也没有外人。如果可以,最好别多说话。别人问你的时候,不妨来一句"不知道"或者是微笑便可。

4. 远离挑拨是非之人

在职场里,同样也有一些人喜欢挑人是非,说人长短。所以,在工作之余,尽量远离这样的人。以免自己被他人误伤。俗话说:"常在河边走,哪有不湿鞋。"和这样的人交谈和沟通,即使你小心了又小心,冷不丁也会说出一两句是非话。只要说出来了,便埋下了地雷。再说了,这样的人常论人是非,势必结圆众多。和他们在一起,很容易被归为一类,从而被人厌恶。

5. 逃离论人是非群

如果和你沟通的人突然间转移了话题,说起了别人的是非。那么这时候最明智的便是尽快的远离这个人群。参与在他们中间,即使你什么也没有说,当事者则认为是那一群人在论他是非,嚼他舌头,因而扩大了打击面。而你却成为了最无辜的受害者。所以,远离是非之地,远离是非人群是得以保全自己最明智的做法。

谈判沟通有技巧,做好全方位的准备再上场

在职场中,谈判是经常性的事情。在谈判中,如果准备不充分,那么势必要被对方占尽失机,给公司造成严重的损失。因此,在谈判之前,要做全方位的准备,把可能发生的事情都要考虑到,并做好相应的预案。只有你做好了充足的准备,才有可能在谈判桌上和对方刀光剑影的来一场比拼,所谓"不打无准备的仗",说的就是这个道理。

小王是某布料厂的销售员。按理说他在这个岗位上摸爬滚打了三年,也算是个老业务员了。可是最近却被客户"黑了",给公司带来了很大的损失。

原来,这天公司的一个大客户打电话过来,让厂里派销售员去商谈一个大订单的合作事宜。刚好小王有时间,所以厂里领导把这个任务交给了小王。当小王来到服装厂之后,被办公室的接待员带到了会议室。

会议室里坐着三个人,分别是对方的业务经理,销售主管以及分管售后服务的经理。三个人严阵以待,小王没有想到对方谈一次业务合作会这么正式。因此,心里不免有些发怵。

双方的谈判很快就展开了。由于之前是老顾客,所以谈起来相对容易一些。别的问题都很顺利的谈了下来,最后在布料价格的折扣上产生了分歧。按照以往的合作规定,价格都是 75 折算的。可是这次,服装厂以订单大,布料昂贵为理由,要求小王将折扣算到 70 折上。这多少有点让小王为难。

由于是在对方的工厂,所以服装厂的谈判代表说起话来非常的强势,三

个人轮番上阵,对小王进行狂轰滥炸。小王一个人哪里是三个销售高手的对手,很快他就有些支撑不住了。这时候,会议室的门被推开了。一个40岁左右的男人走了进来,这个人就是服装厂的总经理,他了解了谈判的情况之后,阴着脸出去了,连正眼都没有看小王一眼。

这时候,业务经理说:"我们经理很不高兴,他认为我们给出的70折扣高了5个点。但是我们三个既然和你谈了半天,说出的话,又不好意思收回去,这样吧,我们去跟总经理沟通一下,说说好话,要是70折你们还是接受不了的话,我看我们也没有谈下去的必要了。"

在那样的强大气场下,小王根本没有思考的余地,拿过合同就签了。等他回到厂里的时候,他才明白,这一次,他给公司造成了几十万的损失。

很显然,这是服装厂的一个阴谋,他们为谈判做了充足的准备,使用了各种伎俩,最终让毫无准备的小王吃了哑巴亏。由此可见,谈判就是一场没有硝烟的战争,胜利永远属于有准备的一方。在谈判的过程中要学会用一些技巧,更要做好充足的准备。那么,在谈判的过程中到底需要哪些技巧呢?

1. 营造出强大气场

在双方谈判的时候,如果你的气场足够的强,说出的话就有一定的震慑性,那么别人在你面前便口笨舌拙。整个谈判也就由你来操控了。因此,在谈判的时候,说话的声音要大一些,每一句话要掷地有声的落在对方的心上,而且把话说的富有逻辑性,让对方不得不在你的意识领导下跟着你走。这样一来,你便获得了谈判的最终胜利。

2. 适当地保持沉默

如果谈判的双方针锋相对的时候,那么不妨保持适当的沉默。不要先说话,等着对方先说话。这时候谁先说话,在气场上便输掉一筹,因为是对方沉不住气了。这时候,你再强调你的立场和要求,那么对方之前已经漏了气,也会适当的向你做出妥协。你的沉默在谈判中将会为你赢得巨大的利益。

3. 合作唱"红黑脸"

在与对方谈判的时候,要学会和同事一起唱"红黑脸"。一个扮演恶人,另外一个扮演善人,这样无疑从心理上将你的对手拉到了你这个"善人"的身边,这样一来,你的"建议"也就很容易被对方采纳。如果没有唱"红黑脸",那么你的要求要想被对方接受的话,势必要花一点力气了。

4. 选择熟悉的地方

对于熟悉的地方,人都会有先入为主的心理定势。如果选择你熟悉的地方,那么在你的心里,你会觉得这个地盘是你的,那么在谈判中说话的时候底气也会足一些。相反对于一些陌生的地方,你则觉得是在别人的地方,你是客人,因而会觉得不好意思。故事中的小王到对方的工厂去谈判本身就是个不明智的选择。

5. 敢于向失败靠拢

在谈判中,如果你总是担心谈判会失败,那么你就没有勇气和对方对抗。事实上,对双方来说,谈判比拼的就是心理。合作是双方的事情,对你有利,对对方更有利,如果失败了,对你是损失,同样对对方也是损失。因此,不妨放大胆和对方进行叫板、不要害怕对方的威胁。只有你敢于向失败靠拢,才能最终获得成功。

真情关切同事与领导,亦要保持好适度距离

在公司内,同事和领导是你事业上的同行者,要是没有了他们,你的路一样的不好走。说白了,他们和你之间只不过是纯粹的利益关系。如果你靠得太近,让他们了解你太多,那么,有朝一日为了利益,他们必定会伤害你。因此,要给予他们真情的关切,但是一定要保持好距离。

王瑜和赵鹏是同一时间到公司的,由于当时只有他们两个是新人,因此在工作上都互相帮助,渐渐的两人的关系慢慢的熟悉起来了,成了无话不谈的朋友。下班的时候两个人一起走,吃饭的时候两个人一起去。

由于两人的关系越来越好,他们在私底下也经常约到一起玩。一次,喝

醉了酒,王瑜将自己的一段痛苦的经历告诉了赵鹏。

原来王瑜之前的男朋友是以前公司的销售主管,而王瑜担任的是之前老总的机要秘书,他们两人感情非常的好,在一起同居了。后来,对方和经理发生了矛盾离开了,王瑜帮助他偷了公司的机要文件,最终也被公司开除了。可是王瑜离开了公司之后,对方也离开了她。

对于王瑜的这段痛苦经历,赵鹏深表同情,他安慰了王瑜。在王瑜的要求下,他发誓绝对不会将王瑜的事情告诉任何人。事实上,他也真的没有和任何人说过。

后来,公司的行政主管离开了。公司经过研究决定,要在王瑜和赵鹏中间选一个来担任这个职务。由于王瑜和赵鹏都非常的不错,所以公司高层一时半会也没有做决定。可是第二天,公司突然决定要提拔赵鹏,却将王瑜辞退了。

王瑜百思不得其解,前去人事部询问。人事部的经理不冷不热的说:"王瑜,你之前做过什么亏心事,难道你不知道吗?我们跟你之前工作的那家公司联系过。"听完人事部经理的话后,王瑜明白了,是赵鹏出卖了她。

直到此时,她才后悔当初错信了赵鹏,将他当成了自己的知心朋友,要是没有这次公司选拔领导,她都有可能接受他做男朋友呢。想到这里,王瑜暗自庆幸让她看清楚了赵鹏的真面目。

故事中的王瑜和赵鹏是同事,同时他们也做了朋友,但是她却忘了之前的教训,和赵鹏走得太近,并且将自己的心里话说给了他,结果又一次被人出卖了。由此可见,在和同事相处的时候,可以适当的走近,相互帮助,但是一定要记着不要和对方走得太近,说不准对方会踩着你的肩膀往上爬。那么,究竟如何既关心帮助同事,又和他们保持距离呢?

1. 在工作上多帮助和关心同事

同事每天都和你在一起工作,要多关心和帮助他们。尤其在工作上,你帮助了别人,别人也会帮助你。这有助于相互配合完成工作任务。如果你对别人冷酷无情,别人也会对你冷酷无情,这样对你来说,并没有多少好处。

如果你的同事谁都不待见你，那么你在这个岗位上表现得再好，也待不长久、因为大家容不下你。

2. 不要把同事引进自己生活中

同事，顾名思义是一起共事的人。那么既然是为了工作而认识的，那么就让他们保持在工作的范围之内，不要轻易将他们带到你的生活中来。只要让他们出现在你的生活里，那么你的一些琐碎的事，隐秘的事就会被他们得知。或许你觉得和他们关系好，无所谓，当真正发生利益冲突的时候，你就会发现，他们有多么的物质。

3. 千万不要对同事掏心窝子

同事说白了就是纯粹的利益关系。所以，千万不要觉得这时候和他们关系好而掏心窝子。这无异于给自己身上绑了一颗定时炸弹。如果有朝一日，对方和你的关系不好了，或者是你对他有利用价值的时候，对方会毫不犹豫的将你出卖来换取好处。所以，千万不要对同事掏心窝子，他们会在你不经意的时候在你背后捅刀子。

4. 对同事的关心和好不要当真

也许你会说，同事对你很好，你得拿相同的好来回报对方。你的想法没错，但是在付出的时候要多留个心眼。不要把同事的好太过当真。说不定这是对方撒出的一个诱饵呢。要记住你和他们是同事关系，是工作上的关系。只要时刻记着利益的得失平衡，你就会在和同事的接触中不至于授人以柄。

遇到难题，学会灵巧地请教同事和上司

没有人什么都会，尤其在工作上，有些东西你还得学习。但是，并不是每个同事都愿意帮助你。即使他们愿意帮助你，你也不好意思去问。向同事请教，无疑承认自己不如别人，向领导请教，则会让领导觉得你能力有限，

继而轻视于你。这时候,你不妨学会灵巧地向同事和上司请教。这样既维护了你的尊严和面子,又获得了别人的帮助。

刚从大学毕业,小马应聘到一家大公司做管理工作。刚加入公司时,小马一个人要管理100多人,可想而知,压力有多大。

由于刚从学校毕业,小马工作经验严重不足,面对这么多的管理工作,慌了手脚。他每天都是在尽力的做到最好,可是结果却不尽如人意,无奈之下,小马想从公司找个帮手,可是自己刚来公司就成了公司的管理人员,很多同事都不服,即使是公司的一位清洁工阿姨也总是对自己爱理不理的,更不用说别人了。

小马忙得焦头烂额,每天回到家就倒头大睡。姐妹们看到小马累成这样都很心疼,于是就劝她找人帮忙。小马说:"我也想呀,可是公司人都看不起我,谁又会帮我呀?"这时候小马的姐妹说:"上学的时候你是最会奉承人的,现在到了工作岗位,你就什么都不会了?"这句话一下子提醒了小马。

一天小马假装若无其事的来到前台,对小青说:"小青,你看我们两个年龄差不多,可你看起来比我年轻多了,你是怎么保养的呀,教教我呗!"听完小马的话,小青不好意思的说:"哪里,马姐过奖了。"

小马又说:"你每天面对那么人都可以应付自如,真有能力。还有这些资料,经你整理过之后从来没有出过错,我太佩服你啦!"这时候小青笑得更开心了。

看小青沉浸在了自己所戴的高帽子中,小马乘机说:"哎,我和你真没法比呀,你整理这么多东西,都可以做到井井有条,可是我就连个拆分信件都做不好,每次总是张冠李戴。"小青听到这话,笑着说:"要不我来帮你弄吧,反正每天的信件都会先送到我这里。"一听这话,小马明白自己的高帽子戴成功了,于是就赶紧对小青说:"那好呀,那就谢谢你了。"

就这样,小马成功的拉到了前台接待小青来帮助自己。而后小马又用了同样的方法,成功的争取到几个普通职员的帮助。虽然小马让他们做的都只是一些简单的工作,但是在一定程度上大大的节约了时间。

其实小马很需要别人的帮助，但是由于公司同事对自己的不服气，这让她不好意思直接向对方提出寻求帮助的意愿。后来，她用给对方戴高帽子的做法，暗示对方的能力很强，最终赢得了别人的帮助，解决了自己的难题。由此可见，在向领导和同事请教的时候，一定要多动点脑子。那么，遇到难题的时候，如何机灵的向领导和同事请教呢？

1. 暗示对方能力强

俗话说，世界上没有不求人的人。职场中，我们经常会遇到向同事和领导寻找帮助的事情。有时候直接求助不一定能取得相应的效果，这时候，就要学会暗示对方的能力很强，进而使得对方在心里上获得一定的满足感，这样也就会很容易的对对方传达你想要获得帮助的暗示，从而让对方主动的帮助你。

2. 给对方戴高帽子

很多时候，似乎我们对于开口向别人求助，觉得是件很不好意思的事情。因为很多人觉得需要别人的帮助，就代表着自己能力不行。因此放弃了求助于别人。事实上，这时候你需要帮助，不妨给别人戴个高帽子，让别人自己有这个责任和能力来帮助你。这样，你就成功的向你的同事和上司寻求了帮助。

3. 博取对方同情心

显示自己的软弱，是一种生存的智慧。在自然界进化的过程中，越善于显示自己软弱的生命体，就越能有效保护自己，适应环境的变化，同情弱者是人性天生的弱点。因此要想获得别人的帮助，就要唤醒对方的恻隐之心，调动对方的怜悯之情，使对方在感情上与你靠近，产生共鸣。向同事和领导展示自己的软弱，以此来博得对方的同情，进而获得他们的帮助，来替你解决难题。

4. 要和对方套近乎

一般情况下，人都喜欢帮助自己人，对于外人则表现得置之不理。那么，当你需要同事和领导帮忙的时候，不妨跟他们套套近乎，让他们觉得自己和你是一个整体，是自己人。这样，对方便会向你生出援手。

5. 激起对方求胜欲

很多人非常的自负,总觉得自己什么都行。如果你需要他的帮助,那么一般情况下,他是不愿意帮助你的。但是如果你否定他,那么对他来说便是羞辱,因此便要证明自己。在对方证明自己的同时也就帮助了你。所以,当你需要帮助的请求被拒绝之后,不妨用激将法,激起他人的求胜欲,让别人在证明自己的过程中帮助你。

参考文献

[1] 吴文铭.人脉经营术[M].北京:中国长安出版社,2010.

[2] 吴文铭.受益一生的心理学启示[M].北京:中国纺织出版社,2008.

[3] 成果.心理学的诡计[M].北京:中国纺织出版社,2010.

[4] 史玉娟.会说话的女人受欢迎[M].北京:中国纺织出版社,2008.